# 送给教师的健康书


顾　　　问：桂希恩
主　　　编：张存泰
常务副主编：张力华
副　主　编：杨　波
　　　　　　邹世清
　　　　　　梅元武
　　　　　　王祖惕
　　　　　　鲁　直



长江出版传媒
湖北人民出版社

**图书在版编目(CIP)数据**

**送给教师的健康书** / 张存泰主编.
武汉：湖北人民出版社,2014.8
ISBN 978－7－216－08318－8

Ⅰ.送… Ⅱ.张… Ⅲ.教师－保健－基础知识 Ⅳ.G478.2
中国版本图书馆CIP数据核字(2014)第154432号

出 品 人：袁定坤
责任部门：大众纪实分社
责任编辑：邓宁辛　胡心婷　赵世蕾　丁　雪
　　　　　刘舒扬　曾若雪　朱时君　黄佑志
封面设计：天行健
责任校对：范承勇
责任印制：王　超
法律顾问：王在刚

**出版发行**:湖北人民出版社　　**地址**:武汉市雄楚大道268号
**印刷**:中印南方印刷有限公司　　**邮编**:430070
**开本**:880毫米×1230　毫米1/32　　**印张**:17.5
**版次**:2014年8月第2版　　**印次**:2014年8月第4次印刷
**字数**:359千字　　**插页**:5
**书号**:ISBN 978－7－216－08318－8　　**定价**:68.00元

本社网址：http://www.hbpp.com.cn
本社旗舰店：http://hbrmcbs.tmall.com.
读者服务部电话：027-87679656
投诉举报电话：027-87679757
(图书如出现印装质量问题，由本社负责调换)

# 序　一

教师承担着传道、授业、解惑的重任，为培养下一代作出了巨大贡献。

许多教师因工作繁忙，忽视了自己的健康。有的人病魔缠身却浑然不知，甚至被病魔夺去了工作能力。

湖北人民出版社组织专家编写了这本《送给教师的健康书》，介绍常见病的简易诊断、治疗及预防方法，并针对各种突发情况，介绍急救方法及传染病防治等与公共卫生相关的健康及保健知识。

本书敦促教师更加重视自己的身心健康，希望教师都拥有健壮的体魄，并将健康的理念传授给下一代。相信本书会受到教师们的欢迎，并促进教育事业的健康发展。

桂希恩

2014年7月30日

# 序　二

现代生活的节奏如此快捷，工作与生活的不断变化使我们不得不承受相应的压力。我们每天与时间赛跑，手忙脚乱，以致无暇顾及自己的身心是否健康。不少人患病在身却浑然不觉，不少人讳疾忌医酿成悲剧，不少人失去或部分失去健康以后才明白健康的重要性。

教师是太阳底下最光辉的职业，承担着“传道、授业、解惑”的重任。他们奉献自己，帮助学生成长，但对于自己的小病痛却总是不在意，一拖再拖；生病时，也常常因工作繁忙，不能坚持服药、打针；有时候，为了不让健康问题干扰心绪，他们会以“体检无大碍就是健康”来安慰自己，认为日常的保健是年老以后的事情；至于情绪不佳、心绪不宁等易引发健康问题的心理波动，就更不放在心上了……其实，“千里之堤，溃于蚁穴”，教师的健康问题往往也因为平时的马虎大意越积越多。

很多教师处于亚健康状态，虽然没有明确的疾病，但却出现不同程度的精神不振和适应能力下降的状态，如果这种状态不能得到及时的重视和调整，很容易引起身心疾病。

教师的健康问题是大事，不仅直接影响教师个人及其家庭的生活，还关乎“百年树人”的千秋大业。全社会都应该对教师的健康问题予以关注。基于此，湖北人民出版社和桂希恩、张成泰、张力华等一批医学专家共同策划并组织编写了这本《送给教师的健康书》。本书针对教师群体的工作性质和特点，用尽可能通俗的语言，介绍尽可能符合教师生活实际的健康、保健知识。

书中介绍了身体报警信号和体检的相关知识，提醒教师们自行留意身体可能的疾病隐患；针对教师常见的职业病、多发病，提供了自诊、检查、预防、运动锻炼以及居家食疗、按摩的方法；告诉教师们如何通过清理人体各种垃圾来“治未病”，如何运动、助眠、自我调节，达到身心愉悦；还为女教师和老教师特别安排了贴心叮咛；针对教师在校园内外会遇到的各种突发情况，介绍了急救方法和传染疾病防控等公共卫生方面的知识。除此之外，书中还结合广大教师的日常需求，特别增加了一章涵盖中医理论的内容——“教师的四季养生”。

本书定位为教师的健康必备实用工具书。

我们希望通过本书传达社会对教师健康的关心和呵护，希望以自己的绵薄之力，让教师们更加重视自己的身心健康，关注亚健康，在拥有更强健的体魄的同时，还能把健康的理念传授给广大学子。

由于时间和水平所限，书中难免有疏漏或不完善之处，真诚欢迎广大读者不吝指正，以利于我们修订完善，不断提升本书的品质和价值。

湖北人民出版社本书项目组

2014 年 7 月 30 日

# 目录

## 4 求医用药的诀窍



## 5 教师的四季养生



## 6 清除“人体垃圾”

## 11 给老教师的温馨提示



## 12 预防癌症



## 13 教师必知的急救常识



## 14 日常生活中的公共卫生

# 1 关注教师健康

“春蚕到死丝方尽，蜡炬成灰泪始干”，曾几何时，这句原本形容感情的诗，慢慢演变为赞美老师奉献精神的经典名句。

如此奉献牺牲，当然感天动地。只是换一个角度，春蚕何需耗尽，蜡炬何必要燃干，即便从奉献的角度，多关心、爱护他们一点，让老师们保住身体健康这个“革命的本钱”，从而吐更多的丝和发更久的光，岂不妙哉！

## 中国教师健康调查

作为“人类灵魂的工程师”，教师劳心费力，工作既费脑力也耗体力，很容易积劳成疾。然而，由于多年来我们一直过于强调奉献，很多教师明明操劳过度，还隐忍不言，强忍身体不适或心理的压力带病工作。更加重要的是，由于如今整个社会竞争激烈，各种压力也往往被学生、家长和学校转移到教师身上，不少教师常年处于亚健康状态，也有老师由此而潜藏心理隐患……凡此种种，导致教师健康状况堪虞。而由各项调查报告所示，说教师的健康状况“触目惊心”实不为过。

### 工作压力太大，积劳成疾

2008 年，在第 24 个教师节来临的时候，中国青年报社会调查中心通过腾讯网教育频道，对 90964 名公众进行了“中国教师健康状况调查”。

调查发现，85.3%的人认为教师是一个辛苦的职业；10.2%的教师经常生病，健康状况令人担忧。

公众认为教师身体健康问题的三大主要诱因，分别是为学生操心（66.0%）、教学任务繁重（60.6%）、精神压力过大（52.9%）。教师心理健康问题的三大诱因，分别是学生升学压力过大（81.2%）、家庭压力过大（31.8%）、经济压力过大（29.5%）。

公众认为教师工作压力较大，这一点在对老师的调查中得到证实。当很多行业都实行 8 小时工作制的时候，54.5%的老师每天工作 8～10 小时，26.2%的老师工作时间甚至超过 10 小时，只有 19.4%的老师每天工作时间少于 8 小时。

## 职业病与亚健康

面对以上种种压力，再加上预防学生人身安全事故、无力照顾家庭、职称问题、发表科研论文等种种压力，教师不堪重负，教师健康状况从许多调查数据中可见一斑。西南医院健康体检中心“2009 年教师体检数据”显示，在近 6000 名教师中，有七成身体出现各类健康问题，患病率与往年相比呈上升趋势。声带息肉、乳腺增生、“三高”成为教师多发病。3374 名前来体检的女教师中，约 30% 患乳腺增生，排在女教师患病比例的首位，年龄主要在 30～45 岁。患有慢性咽炎、声带息肉的教师比例约 20%。此外，“三高”（高血压、高血糖、高血脂）也成了教师们的常见病，尤其是男性教师中高血压、高血脂比较突出。在当次体检中，血压高的男教师占到25.13%，还有22.43%的男教师患上了脂肪肝。

## 心理健康不佳

不久前中国人民大学公共管理学院组织与人力资源研究所和新浪教育频道联合启动了“中国教师职业压力和心理健康调查”。持续半月的调查中，共有8699名教师填写了调查问卷。

调查显示，有38.50%的被调查教师心理健康状况不佳，只有28.80%的被调查教师心理健康状况比较好。我们提倡素质教育，素质教育的一个重要方面就是学生的心理健康。而从调查结果来看，有近40%的被调查教师自身的心理健康状况不佳，心理健康状况不佳的教师如何培养得出心理健康的学生？我们又如何能保证这批教师的教学质量与效果？因此，在我们推行教育与教学改革的同时，必须高度关注教师的心理状况。

## 健康的判断标准

我们谈关爱身体健康，当然要首先明确：什么是健康？

依据世界卫生组织（WHO）的定义，所谓“健康”不仅仅是没有疾病，而是一个人在躯体健康、心理健康、社会适应良好和道德健康四方面都健全，才是完全健康的人。

具体来讲，健康包括以下内涵：

1. 躯体健康。一般指人体生理的健康。躯体健康是指能够顺利完成日常工作，没有疾病和残废，具有良好的健康行为和习惯。

2. 心理健康。一般有三个方面的内涵：

第一，具备健康心理的人，人格是完整的，自我感觉是良好的，情绪是稳定的，积极情绪多于消极情绪，有较好的自控能力，能保持心理上的平衡。能自尊、自爱，有自信心以及有自知之明。

第二，一个人在自己所处的环境中，有充分的安全感，且能保持正常的人际关系，能受到别人的欢迎和信任。

第三，健康的人对未来有明确的生活目标，能切合实际地不断地进取，有理想和事业的追求。

3. 社会适应。指一个人的心理活动和行为，能适应当时复杂的环境变化，为他人所理解和接受。

4. 道德健康。最主要的是不以损害他人利益来满足自己的需要，能辨别真伪、善恶、荣辱、美丑等是非观念，能按社会认为规范的准则约束、支配自己的行为，能为人类的幸福作贡献。

## 健康的十条标准

概念往往没有标准来得明晰。世界卫生组织在给出了健康的定义之余，还颁布了十条标准。其中前四条为心理健康的内容，后六条为生物学方面的内容（生理、形态）。您不妨核对一下以下标准，看看自己的健康状况：

- 精力充沛，能从容不迫地应对日常生活和工作的压力而不感到过分紧张和疲劳。
- 处事乐观，态度积极，乐于承担责任，不挑剔。
- 善于休息，睡眠良好。
- 应变能力强，能适应外界环境的各种变化。
- 能够抵抗一般性感冒和传染病。
- 体重适当，身材均匀，站立时，头、肩、臂位置协调。
- 眼睛明亮，反应敏锐，眼睑不易发炎。
- 牙齿清洁，无龋齿，不疼痛；牙龈颜色正常，无出血现象。
- 头发有光泽、无头屑。
- 肌肉、皮肤有弹性，走路轻松有力。

对比以上十条标准，您的健康状况还好吗？

## 教师职业常见的健康问题

所谓“闻道有先后，术业有专攻”——疾病也有“专攻”，相对于一般人，教师的职业特点决定了其健康问题更偏重在某些系统和器官。我们只有充分了解，才能在留意自己的症状和预防健康出现问题方面更有的放矢。

教师常见的职业病主要存在于以下几个方面：

### 备课——肩颈疼痛

因为教师经常一个姿势仰头在黑板上写字，或者长时间地伏案备课、批改作业等，导致肩颈部肌肉负担过重、疲劳、僵硬，颈部神经受到压迫刺激。表现为颈部不适，肩部酸痛，活动受限等。

### 讲课——声音嘶哑

老师上课时需要讲很多话，尤其是在一些大教室里，不得不提高音量，因此“声音嘶哑”，“慢性咽炎”便是老师常见的健康问题。有些老师习惯在咽喉出现不适时，自己到药店买咽喉含片、消炎药缓解，但这些药往往只能暂时缓解咽喉的不适，无法从根本上解决问题，反而容易因为用药不当或延误治疗，反复出现声音嘶哑、咽喉发干和咽痛，严重的甚至发展成为声带小结、声带息肉，不得不动手术治疗。

### 久看——视力疲劳

如今，电脑成了教师工作的必备品。长时间面对电脑屏幕，近距离用眼，几乎是当下教师的通病。不间断使用电脑本来就容易产生视觉疲劳，而教师又一直用电脑备课、批改作业，眼睛处于高度紧张状态，极易造成睫状肌功能混乱，引起调节功能减退，患上干眼症。干眼症的典型症状表现为视觉模糊、视力下降或眼睛干涩、发痒、灼热、疼痛、畏光等，有的人还伴有头痛等症状。

### 粉尘——慢性咳嗽

粉笔灰确实对教师身体有影响，虽然现在改用了“无尘粉笔”，但无尘绝不是没有粉尘，只是比普通粉笔扬起的粉尘少点而已。所以，长期大量地吸入，容易引发慢性支气管炎。

此外，慢性支气管炎还和多种外界及自身的致病因素有关，比如过敏、吸烟、上呼吸道感染等。特别是吸烟，长期繁重的教学任务，使吸烟成为很多男教师提神醒脑之剂，但吸烟却损伤了支气管黏膜上皮组织，严重削弱了呼吸道自身的净化作用，造成呼吸道感染，出现咳嗽、咳痰、气喘等症状，严重的还会引起肺炎。

### 误餐——胃肠不适

老师是胃肠疾病的高危人群。老师的胃肠疾病往往与精神状态和饮食因素密切相关，比如工作压力大，吃饭不定时、不定量等，都容易导致老师的神经系统和内分泌系统功能紊乱，促成胃肠病的发生。

### “亚历山大”——心理障碍

沉重的教学任务和升学指标，让不少老师的工作节奏紧张，精神压力巨大，身心长期处于超负荷状态，出现了焦虑、急躁、患得患失、失眠等心理疾病的前兆。如果不及时调整，容易导致工作倦怠感和各种身心疾病，甚至引发心理过激反应，造成严重后果。

过累——易“过劳死”

网上流传的教师十大压力可以为“过劳死”聊做注脚：工作要超负荷、教育科研要多面手、职称评定要有门路、学生成绩要年年月月周周有提高……中国社科院发布的《人才蓝皮书》指出，如果不改变工作时间过长、心理压力过大、存在精疲力竭的亚健康状态，七成教师有可能处于“过劳死”边缘，也随时可能因为积重难返突然引发身体内潜藏的疾病而丧命。

教师职业的特殊性决定了教师必须具备比常人更好的身心健康状况，这是教师完成工作职责的前提条件。教师只有调适好身心，才能更好地传道授业。教师的健康需要教师自身由衷的重视和社会更多的关注。

# 2 未雨绸缪识健康

世界卫生组织的健康标准很全面，提出"健康是身体上、精神上和社会适应上的完好状态，而不仅仅是没有疾病和虚弱"。

事实上，人吃五谷杂粮不可能不生病。当自身器官出现一些发病的征兆、有一些小的不适或者一些疾病已经有明显表现时，您未必注意到了。而不曾注意和察觉的后果，很可能就是"千里之堤，溃于蚁穴"，小病拖成大病。所以，当务之急，是要未雨绸缪。具体来讲，一是了解身体报警的信号，二是定期体检。

## 不可忽视的身体报警信号

许多疾病在突发前都有一些先兆，如果老师们早点了解这些信号并及时给予足够的重视，就能避免酿成大祸。

### 1. 起床后的四个信号

● 清晨醒来如果头晕、头昏，可能是出现了颈椎病或血液黏度过高等。

● 如果在起床活动 20 分钟后面部浮肿还不彻底消失，可能患有肾病或心脏病。

● 晨起恶心呕吐，除去怀孕的原因，如每天早上都如此，很可能是胃部或肝胆有问题。

● 晨起小便，如果尿液棕色，提示肝脏可能出现问题。

### 2. 清晨对镜观察脸色

● 如果发现自己经常脸色潮红，可能与心脏病或高血压有关。

● 如脸色带黄，还伴以身体疲倦，可能是黄疸型肝炎。

● 如发现眼睛颜色改变，充血、浑浊、色黄，应马上去医院看医生。

● 如眼睑苍白，提示可能患了缺铁性贫血。

3. 口腔的警示信号

● 如果出现口臭、口气重，则可能是牙周病引起，另外，胃病、肝病、糖尿病等全身性疾病或缺乏微量元素锌和维生素 B 都可能导致口臭。比如，胃幽门螺旋杆菌感染可引起持续性口臭，还常伴有不同程度的饥饿感和胃痛。而随着幽门螺旋杆菌的根治，口臭也会自动消失。

4. 饮食上的警示信号

● 如果总感到口渴，要去查查血糖和糖耐量，看有没有糖尿病。

● 如果在清晨 4～5 点钟醒来有强烈的心慌饥饿感，并且伴有疲乏无力，直到吃早餐后不舒适的感觉才逐渐消失，提示可能是糖尿病倾向。

● 如果吃油腻食物后右上腹部疼痛，并放射到右肩背部，可能是患有胆囊疾病。

● 如果食欲亢进，体重却减轻，并伴有心慌、脾气急，可能患了甲状腺功能亢进症。

● 如果没有食欲，见到油腻就恶心，易疲劳，可能是患了肝炎。

5. 眼睛的警示信号

● 眼睛发花，眼角干涩，看不清东西，如果按一按肝脏四周，就会有发胀的感觉，这时应及时就医，排除肝脏疾病。

● 如果经常眼睛疼痛，除了用眼疲劳外，老年人出现这种情况要提防青光眼。

6. 耳朵的警示信号

● 耳朵老是嗡嗡作响：要去看医生，明确是耳朵本身的毛病，还是其他疾病引起的。

7. 鼻子的警示信号

● 鼻子不灵，同时经常咳嗽，有时甚至呼吸困难，这可能是鼻尖或呼吸道感染的表现。

8. 头发的警示信号

● 头发枯黄、无光泽预示缺铁或缺乏维生素 B。

● 头发突然脱落可能是患免疫性疾病的征兆。

9. 手部臂部的警示信号

● 观察自己的双手，如果发现指尖比指节更粗大，可能是患有肺部疾病。

● 手指甲上有浅窝、较大凹槽或者弯曲的印迹，这预示着患有霉菌病的可能。

● 如果手掌泛红，可能是肝脏出现问题及内分泌失调。

● 如果过度兴奋或紧张时手掌常潮湿出汗，可能有甲状腺功能的异常。

● 手经常发麻或发痒可能表明缺乏维生素或者患有糖尿病。

● 手发抖可能是甲亢，也可能是帕金森病。

● 如果手臂突然软弱无力、没有知觉和不听使唤，那可能患有轻微中风。

● 手肘部有小硬块，肘关节隐隐作痛往往是患风湿病的初期症状。

10. 腿部的警示信号

● 腿肚子酸痛、胸痛、气短、咳血。这些是危险的腿部血栓形成前兆。久坐之后最易发生，手术之后长时间卧床，也会出现这种症状。人人都可能得这种病，坐卧时间久了，血液淤积在腿部，腿部出现血栓，小腿肚子肿疼，此时如果突然出现胸痛或者气短，说明血栓可能已经脱落并通过血液进入肺部。那可是万分危险，要立刻去医院。

● 足关节肿大可能预示风湿病、肾损害，或者是韧带损伤。

● 小腿肿胀可能预示肾脏或肝脏受到损害。此外，心力衰竭也会造成小腿肿胀。

● 突发性跛行和小腿肚软弱无力可能是脑血管病的危险信号。

● 髋关节突然剧烈疼痛，可能患有髋关节炎或骨折，有时也可能意味着患有骨质疏松症。

11. 上楼梯困难

● 上楼梯时如感到心跳加速、心慌、胸闷，表明心脏功能较弱。

● 如感到胸部憋闷，这是一个危险的信号，应该尽早抽空去看医生。

12. 工作中的信号

● 工作时如果感到记忆力太差、健忘，可能是神经衰弱或动脉硬化所引起的。

● 如果经常打瞌睡，除了睡眠不足外，还要多想想其他的原因，有必要看医生。

● 如果背痛，除了肌肉痛，也可能是脊椎或内脏有了毛病。

● 如果伸懒腰时腰痛，多半要考虑坐姿不良。

13. 胸部的警示信号

● 胸部疼痛或不适，胳膊、两颚、颈部疼痛，突发冷汗、极度虚弱、恶心、呕吐、晕眩或者气短，这可能是心脏病发作的前兆。另外，有些病人会出现“无痛”心脏病，其最关键的前兆是：突发胸痛（心前已痛）、晕眩、心跳加剧、气短、恶心、呕吐、冒冷汗。如果身体出现上述某些症状，要第一时间打 120 急救。病人可舌下含硝酸甘油，以防心脏病发作时心肌受到损伤。

● 女性乳房的大小和硬度突然发生变化或者皮肤发生变化（像橘皮），这预示患有乳腺癌的可能。乳头中流出液体可能意味着患有乳房疾病甚至乳腺癌。如果乳头有血性分泌物流出，那就更危险。

14. 腹部的警示信号

● 腹部胀气严重，同时经常排气，要排除罹患卵巢癌和肠癌的可能。

● 下腹长期胀气和剧烈疼痛可能是患有盲肠炎和肠溃疡的征兆。

● 腹股沟内有可触摸的硬块（超过两个星期），这预示有炎症，还应考虑是否罹患某种癌症。

15. 眩晕

● “眩晕”是重大疾病的先兆。“目眩”和“头晕”统称为“眩晕”，是“脑组织”得不到正常的血液（或氧）的营养供应而出现的控制“身体平衡系统”的脑神经功能发生紊乱。“眩晕”对人体危害极大，如不及时治疗，脑组织严重缺血、缺氧，流向大脑的血少且运行缓慢，血液中的血小板很容易在脑血管的交叉处大量聚集，最终可能形成脑血栓、脑溢血、脑萎缩、痴呆。

16. 尿血但无痛感

● 如果发现尿中有血，即便没有痛感也要去医院。尿血的常见原因有肾结石、膀胱或者前列腺感染。严重的可能是肾脏、输尿管、膀胱、前列腺等部位发生癌变，当病灶很小，也就是能治的时候，病人通常是没有痛感的。因此，发现尿血就要尽早就医。

17. 哮喘

● 哮喘发作时往往伴随喘息或者呼吸困难。如果症状不消退，也不恶化，就应该去看急诊。如果哮喘发作不治疗，有可能出现严重的呼吸肌疲劳，甚至导致死亡。

18. 抑郁和自杀念头

● 有些人抑郁的时候不寻求帮助，因为他们怕别人认为他们神经不正常。实际上，他们大脑中的化学物质已经失去平衡。这也是一种疾病。抑郁症包括悲伤、疲劳、冷漠、焦虑、睡眠习惯改变、没有食欲。出现这些症状，需要尽早重视并进行相应治疗。

19. 其他

● 皮肤上出现小疱、脓疱或者皮肤的某些部位发红、发痒，要去皮肤科看医生，同时要注意是否有糖尿病。

● 性器官流脓或流血是患有性病的征兆。瘙痒表明很可能得了霉菌病。

● 腋部皮下有小硬块表明有炎症，但也可能患有淋巴癌或者乳腺癌。

- 老年人驼背表明患有骨质疏松症的可能性大。
- 脖子肿胀说明可能患有结核病、甲状腺疾病和淋巴癌。

## 各年龄段如何体检

欧美发达国家注重体检是尽人皆知的事，但他们并不像咱们这样，热衷于搞“满汉全席”，所有项目都查一遍。体检是健康管理的重要内容，不同年龄段有各自的侧重，有针对性的体验更有效，还节省花销。

### 基本检查项目

每年应做一次包括血压、身高、体重在内的一般体检，每年做一次血液分析、尿液分析、大便常规及肝功能、血糖等检查。18～50 岁，每 10 年查一次听力；每 6 个月检查一次口腔和洗一次牙。

### 20 岁以后

成人后由于部分疾病发病提前，20 岁以后每 5 年查一次血脂，预防冠状动脉粥样硬化；20～29 岁至少做一次眼科检查。此外，女性从有性生活开始到 65 岁前，每 1～2 年应做一次妇科健康体检，包括宫颈筛查、生殖道感染检查、盆腔检查等。早婚、早育、多产、不注意性生活卫生的女性尤其要保证定期体检。

30 岁以后

35 岁后，每 5 年做一次促甲状腺激素（TSH）检查；在 40 岁前要做一次心电图检查。青壮年男性应侧重生育能力和性功能方面的检查，该时期是前列腺炎和睾丸肿瘤的高发期。

40 岁以后

从这个年龄起心脑血管疾病开始高发。每年查一次血压、血脂、血糖，还应做心脏彩色 B 超。中老年肥胖群体、有心脑血管家族病史与既往病史的人群应尤其重视。

嗜烟者应每年做一次胸部 X 线照片。此外，每年一次的胃癌筛查也不容忽视。

对于女性来说，45 岁以后每年应检查一次骨密度。低体重、饮食不规律、母亲患有骨质疏松或在 45 岁以前发生非强外力导致骨折的人，一定要尽早开始检查骨密度；每 1～2 年要进行一次乳腺检查。

50 岁以后

每年做一次大便潜血检查，以筛查大肠癌；每年在做心脏彩色 B 超的基础上，还应加做颈动脉 B 超；每 3 年检查一次听力；男性此时也要开始检查骨密度了。50 岁后是癌症高发阶段，55 岁以上，生活习惯不佳或由于职业因素有罹患肿瘤高危风险的人群，可根据不同情况适当增加检查项目。如曾患肺病、肾病的，可做相关肿瘤排查。有肿瘤家族病史的人群，常规体检中血样检查及肿瘤标记物检查则非常必要。50 岁以上男性应将前列腺癌筛查纳入体检清单，每年应该查一次前列腺特异抗原（PSA），或者由医生进行肛诊。

60岁以后

每年或每两年查一次眼科。每年做一次胸部X线照片、肝胆脾肾B超，男性还应做前列腺B超，女性还应做妇科卵巢及子宫的B超。条件允许应抽血检查肿瘤标记物，每年一次的心理、记忆方面的检测也不容忽视。需要强调的是，60岁以后的男性更应密切关注前列腺、甲状腺、雄性激素方面的检查。60岁以后的女性应重点做好肿瘤筛检，如出现外阴肿物，绝经后阴道出血等异常情况，要尤其注意。

## 教师常见疾病及相关体检项目

1. 心脑血管病。由于教师工作繁重，日均工作时间多达10小时以上，没时间锻炼，因而心脑血管弹性差，容易患高血压等心脑血管疾病。

针对性检查：颈部血管彩超、血流变、心电图、心肌酶、心脏彩超。

2. 颈椎、腰椎疾病。教师备课和批改作业需要长时间伏案工作，会使腰肌和颈椎一直处于紧张状态，时间久了会造成慢性腰肌劳损和颈椎疾病。

针对性检查：颈椎正斜位片、腰椎平片、外科检查。

3. 肿瘤。消化道恶性肿瘤对教师生命的威胁很大；另外，由于工作压力大，平时保健意识差，女教师已成为乳腺癌的高发人群。有关临床资料表明，女教师乳腺癌的患病率为 3% ~ 5%。女性可以经常自我体检乳房，如有包块或乳头凹陷等应及时就医。

针对性检查：甲胎蛋白测定、癌胚抗原、糖链抗原 19—9、癌抗原 50、癌抗原 125、癌抗原 15—3、乳腺钼靶检查。

4. 肝脏疾病。乙型肝炎由于症状不明显，主要通过性、血液和母婴传染，治疗效果不理想，是一种不容忽视的疾病。

针对性检查：肝功能检查、乙肝病毒相关检测、腹部肝胆超声检查。

5. 胆石症。有报告称，教师患胆石症的发病率为5.7% ~ 8.1%，这是由于教师多坐、立，少运动和饮食结构不合理，以及身心状态长期不健康所造成的。

针对性检查：肝肾功能、肝胆超声检查、外科检查。

6. 消化系统疾病。最常见的如胃及十二指肠溃疡，以及慢性胃炎的患病率相当高，这与教师平时精神紧张有密切关系。

针对性检查：内科检查、外科检查、幽门螺旋杆菌抗体、$^{14}C$_尿素呼气试验、胃肠镜检查。

## 读懂体检报告

拿到体检报告，面对一大堆数据、专业名词、英文缩写，许多教师经常感到一头雾水。“窦性心律不齐”等于有心脏病？“白细胞增多”莫非得了白血病？“尿酸过高”不会是肾有问题吧？总胆固醇过高，是不是鸡蛋吃多了？……体检报告是健康的晴雨表，初步了解其奥妙，正确看待各种检查指标，做到有病治病、无病早防。

读懂体检报告有窍门，通过看关键数据把握重点。例如最常规的抽血项目，虽然报告结果有十几项数据，抓住其中最重要的“白细胞”、“红细胞计数”、“血红蛋白”、“血小板总数”四大项目即可。如果四大项没有问题，而其他项目存在问题，虽然有可能是血液疾病引起的，但多数情况是没有休息好、失水过多等问题引起的；如果四大项中的一项出现问题，同时还有其他子项超标，很可能是特定疾病的指征。再例如，肝功能主要看“三谷”（谷丙转氨酶、谷草转氨酶、谷氨酰转肽酶）是否超标并结合B超结果；肾功能看肌酐、尿蛋白和尿酸；乳腺问题结合触诊与B超……当您了解疾病与关键数据之间的关系时，就能更好地把握健康状况。下面就常见检查指标分析如下。

## 三高

### 1. 血压

成人的理想血压应该是收缩压小于 120mmHg，舒张压小于 80mmHg。当在安静状态下，不同时间，连续两次测量血压值大于或等于 140/90mmHg 时，就可以称为高血压。有糖尿病和肾病的高血压患者，降压的目标更低一些，应以 130/80mmHg 为宜。高血压患者要查眼底，通过眼底可以了解高血压患者的视网膜血管情况，可以推断病情、帮助诊断，大部分高血压患者眼底存在病理改变，这种改变与高血压所致的血管损害有关。眼底改变越明显（动脉痉挛变细、有切迹，视网膜动脉硬化，视网膜病变等），说明高血压病情越重，将来发生心脏、肾脏损害的机会越大，其主要目的也是早发现、早治疗。

### 2. 血脂

血脂检查通常包括总胆固醇、甘油三酯、低密度脂蛋白胆固醇、高密度脂蛋白胆固醇。

一般人的血脂水平按如下标准要求（具体可参考体检单后正常值范围）：

总胆固醇 2.86～5.98mmol/L 为正常；

低密度脂蛋白胆固醇（“坏”的胆固醇）2.07～3.12mmol/L 为正常；

高密度脂蛋白胆固醇（“好”的胆固醇）0.94～2.00mmol/L为正常；

三酰甘油（甘油三酯）0.56～1.70mmol/L为正常。

如果有高血压、动脉粥样硬化、冠心病、糖尿病等情况，血脂水平的要求就更严格，不能以化验单的参考值为标准。例如，有高血压，低密度脂蛋白胆固醇就应该低一些为好；有冠心病、糖尿病时，低密度脂蛋白胆固醇就应该更低。胆固醇有“好”“坏”之分，其中危害最大的是低密度脂蛋白胆固醇，它是造成动脉粥样硬化最主要的危险因素；其次是总胆固醇、甘油三酯，同样也是心脑血管病致病的危险因素，这三项的指标若是高了，就需要小心了。在人体内，甘油三酯与低密度脂蛋白结合，就形成了低密度脂蛋白胆固醇，也就是“坏”胆固醇，若是它的指标高了，就成为最危险的致病因子，所以是重点防范对象。若是甘油三酯与高密度脂蛋白结合，可形成高密度脂蛋白胆固醇，不仅不促进动脉硬化斑块的出现，还能抑制斑块的形成，把血管壁上的胆固醇运给肝脏来分解。也就是说，高密度脂蛋白胆固醇是血脂四项中唯一的抗动脉粥样硬化脂蛋白，是“好”的胆固醇，它的指标若是低了，才是致病的危险因素。

### 3. 血糖

中老年教师应该把血糖作为常规的体检项目。正常时空腹血糖为3.9～6.0mmol/L；当空腹血糖在6.1～6.9mmol/L时，属于空腹血糖受损；当空腹血糖小于7.0mmol/L时，糖负荷后或餐后2小时血糖在7.8～11.1mmol/L时，为糖耐量减低；当空腹血糖≥ 7.0mmol/L，或者餐后 2 小时血糖> 11.1mmol/L，或者任意时间血糖> 11.1mmol/L 时，即可诊断为糖尿病。糖尿病患者应首先控制饮食、加强体育锻炼，2～3 个月血糖控制仍不满意者，应选择口服降糖药或使用胰岛素。具体糖尿病诊断标准及治疗见后面疾病相关章节。

## 血液

血常规主要包括血红蛋白测定、红细胞计数、白细胞计数及血小板计数四项。

1. 白细胞

正常人白细胞计数在每立方毫米血液里为4000～10000个。全身各部位感染疾病，可以使白细胞和中性粒细胞的数值发生变化，大多是增高；白细胞降低多见于病毒感染，建议复查。长期明显减少可见于药物反应、自身免疫性疾病、脾功能亢进、放射线的影响，使白细胞总数降低及造血功能障碍所致疾病，建议短期复查。

2. 红细胞

人体正常的生命活动有赖于红细胞运载血红蛋白为组织携带氧气。红细胞、血红蛋白、红细胞压积三者同时降低时，提示贫血。根据细胞的大小及染色分为缺铁性贫血、失血性贫血、恶性贫血，建议到专科医院进一步检查、治疗。红细胞多了也不好，会使得血液黏度增大，引起血液流通不畅。

3. 血红蛋白

主要是携带氧气，每升血液中血红蛋白含量，男性约120～160克，女性约110～150克。优秀的运动员则可以达到170～180克，由于携带氧气的能力强，所以体力好。

4. 血小板

当我们受伤出血时，血小板就成群聚集，促进血液凝固而起到止血作用。正常情况下，每立方毫米血液中有10万～30万个血小板。当血小板过少时，止血困难，一有伤口就麻烦了。当然血小板过多，也易形成血栓。

## 尿液

如果肾脏有病变，大部分都能在尿常规中有所反映，尿常规检查内容包括尿的颜色、透明度、酸碱度、红细胞、白细胞、上皮细胞、管型、蛋白质、比重及尿糖定性。

1. 颜色

正常尿液呈淡黄或草黄色，尿色可因食物、药物、色素、血液等因素而变化。单从尿液的颜色上就可以看出很多问题来，比如透明淡黄色的尿液变成淡红色，则有可能是肾结石、尿路感染等引起的血尿。

## 2. 细胞

在临床上，尿液中有重要意义的细胞为红细胞、白细胞及小圆上皮细胞。（1）红细胞。正常人尿中可偶见红细胞，离心沉淀后每高倍镜视野不超过 3 个。若尿中出现多量红细胞，则可能由于肾脏出血、尿路出血、肾充血等原因所致。剧烈运动及血液循环障碍等，也可导致肾小球通透性增加，而在尿中出现蛋白质和红细胞。女性查尿液分析应避开月经期，月经期查尿液分析可见红细胞。（2）白细胞。正常人尿中有少量白细胞存在，离心尿每高倍镜视野不超过 5 个。异常时，尿中含有大量白细胞，表示泌尿道有感染性病变，如肾盂肾炎、膀胱炎及尿道炎等。（3）小圆上皮细胞，又称肾小管上皮细胞。正常尿液中，有时可发现少数脂肪变性的小圆上皮细胞。若肾小球肾炎时，尿中上皮细胞增多；若肾小管有病变时，可出现许多小圆上皮细胞。

## 3. 管型

正常尿液中仅含有极微量的白蛋白，没有管型，或偶见少数透明管型。若尿中出现 1 个管型，可以反映至少 1 个肾单位的情况，是肾脏疾病的一个信号，对诊断具有重要意义。

## 4. 蛋白质

一般认为正常人每日排出蛋白质量约为 40～80mg，常规定性检测为阴性。病理性蛋白尿见于肾小球肾炎、肾盂肾炎、急性肾衰竭、高血压肾病、糖尿病肾病、妊娠中毒症、狼疮性肾炎、放射性肾炎及肾内其他炎症病变、中毒、肿瘤等。

## 肝脏

### 1. 基本检查

肝脏检查的关键数据：谷氨酰转肽酶（GGT）、谷丙转氨酶（ALT）、谷草转氨酶（AST）及肝脏 B 超。

如果肝脏 B 超看出有脂肪肝，那么脂肪肝的可能性很高。这时要排除病毒性肝炎，并且戒烟限酒、多运动、限制高脂食物，必要时药物降血脂。脂肪肝如不及时处理可能发展成肝硬化。

如果肝脏 B 超有问题，同时“三谷”（谷氨酰转肽酶、谷丙转氨酶、谷草转氨酶）数据也出现问题（一般超出 2 倍就意味着肝损伤，2 倍以下需要进一步检查），肝损伤的可能性很大。

### 2. 乙肝五项

乙肝五项指的是：

乙肝表面抗原，英文缩写：HBsAg；

乙肝表面抗体，英文缩写：HBsAb；

乙肝 e 抗原，英文缩写：HBeAg；

乙肝 e 抗体，英文缩写：HBeAb；

乙肝核心抗体，英文缩写：HBcAb。

乙肝检查五项全部阴性，说明过去未受到乙肝病毒的感染，应接受乙肝疫苗注射。乙肝表面抗体阳性，其余四项阴性，说明机体目前对乙肝病毒有免疫力。免疫力的获得是由于感染后或注射乙肝疫苗而获得免疫。

3.“大三阳”和“小三阳”

“大三阳”是表面抗原（+）、e抗原（+）、核心抗体（+），表示病毒在人体内不断复制，有较强的传染性，如果伴有肝功能异常，应及时到专科医院接受抗病毒治疗。

“小三阳”是表面抗原（+）、e抗体（+）、核心抗体（+），表示病毒复制活动及传染性较弱。但少数病毒变异病人虽为“小三阳”，病毒仍进行复制，所以应进一步检查乙肝病毒DNA多聚酶定性或定量检查，才能决定是否有传染性和如何治疗。

## 肾脏

肾脏检查的关键数据：肌酐（CREA）、尿蛋白、尿酸（UA）。

肌酐是肾功能的重要指标之一。它是肌酸的代谢产物，由肾脏排出，肾功能受损时，排泄受阻导致血中的肌酐升高。尿蛋白、尿酸升高则可能是一些肾脏损伤的疾病导致的。

1. 肌酐——肾病或劳累

只有当60%~70%的肾单位受到损伤时，肌酐才会升高。因此，发现肌酐升高时，往往肾脏疾病已经发展到一定程度（有些肾脏疾病早期肌酐正常）。肌酐升高的常见原因有两个：一是各种肾脏疾病；二是发热多汗、饮水量少导致体内缺水，剧烈的肌肉运动、过劳、休息不足也在一定程度可能引发肌酐升高。发现肌酐升高需要复查肌酐，若仍有问题则需到肾内科进行进一步治疗。

### 2. 尿蛋白——肾病或感染

尿蛋白正常时是阴性的，当出现阳性时可能为疾病：很可能是自身免疫性肾炎、高血压肾病、糖尿病肾病等原因；也可能是病毒感染引起；还有可能是剧烈运动、神经紧张、疲劳、过冷过热及青少年快速生长期等非病理的原因造成。

### 3. 尿酸——偏高须注意

当尿酸浓度持续升高引起关节痛时为痛风，主要症状为突发性关节红肿热痛，活动受限。痛风与高嘌呤饮食、尿酸结石相关。尿酸过高要限制高嘌呤饮食，如尽量减少摄入动物内脏、海鲜、豆制品、浓肉汤、火锅汤底等，尤其要禁食海鲜配啤酒，同时多饮水、多排尿。

## 肺

肺部检查关键数据：胸透或胸部拍片。

胸透或胸部拍片是查看肺脏是否异常的一个重要手段，也是判断肺部健康的重要方式。正常的胸片结果大多描述为：胸廓形态结构正常，所见肋骨未见明显异常。双肺纹理清晰，未见明显实质性浸润，双肺门形态、大小结果正常。气管居中，纵膈未见明显异常，心影形态、大小正常。双膈面光滑，双肋膈角锐利。

心、肺、膈未见明显异常。

## 心脏

心脏检查关键数据：心电图。

正常心电图多描述为：窦性心律，（大致）正常心电图。

常见的心电图问题有窦性心律不齐、心肌缺血、心动过速、传导阻滞等。通常出现窦性心动过速、右束支传导阻滞等，原因可能是紧张等，多数不代表健康问题。

## 肿瘤标记物

常见肿瘤标记物及检查项目见下页表 2.1。

常有健康体检者因其检查肿瘤标记物项目稍高，就表现过于紧张，甚至怀疑自己患上癌症。实际上，肿瘤标记物升高并不一定患有癌症，其筛查的意义仅在于提示作用。肿瘤标记物升高也可能由于非肿瘤性疾病，例如慢性肝炎、前列腺增生、子宫内膜异位以及服用了某些药物都有可能会影响检查结果。若一次检查结果某些指标检查轻度升高，不需过于紧张，可以到医院找专家进行分析，排除影响检查结果的因素，并在检测后的一两个月进行复查。若肿瘤标记物动态检测结果仍然持续升高，则提示有可能存在异常，需要进一步做彩超、CT、PET—CT 等检查，必要时可通过病理活体组织检查明确诊断。

表 2.1　常见肿瘤标记物检查项目

| 检查项目 | 参考值 | 检查意义 |
|---|---|---|
| 甲胎蛋白（AFP） | ＜ 25ug / L | 检查结果显示“↑”表明可能罹患慢性肝炎或肝癌，必须再配合腹部超声检查及临床症状。怀孕时也会升高。 |
| 癌胚抗原（CEA） | ＜ 5ug / L | 通常患有大肠 / 直肠癌、胰腺癌、乳癌、胃癌、肺癌时，会升高。 |
| 鼻咽癌筛检 EBV（IgA） | 阴性 | “阳性”表示三个月内曾受病毒感染或家族性遗传，建议三个月后再进行追踪。 |
| CA15—3 癌抗原 153 | ＜ 2.5 万 u / L | 96% 的局部及全身性乳癌病患可测得 CA15—3。 |
| CA—125 癌抗原 125 | ＜ 3.5 万 u / L | 当发生卵巢上皮细胞肿瘤、良性畸胎瘤、输卵管癌、子宫平滑肌瘤或其他器官癌症时，可能会升高。 |
| CA19—9 癌抗原 199 | ＜ 3.7 万 u / L | 通常患有胰腺癌或胃癌，可能会升高。 |
| PSA 前列腺特异抗原 | ＜ 4.0ug / L | 通常患有前列腺癌或良性前列腺肥大会升高。 |

看懂体检报告只是第一步，更关键的是体检后怎么做，大家应该“自己关心自己，不能把健康都交给医生”。除了定期体检外，平时如有明显消瘦、黄疸、血尿、血便、持续疼痛、厌食乏力等症状，均应引起重视，及时到医院检查。要保存好体检报告以及其他有效资料，最好建立个人及家庭健康档案，便于动态观察与随访。

世界卫生组织提出健康“四大基石”：合理膳食、适量运动、戒烟限酒、心理平衡。专家特别表示，如今国人普遍开始重视身体检查，但对心理健康关注不够，还应定期进行心理状况测评，真正做一个身心都健康的人。

# 3 防治教师职业病

数十寒暑，三尺讲台；两袖清风，一身病痛。这，是很多教师一生的真实写照。

通过对照世卫组织的健康标准，再经过细致入微的“察颜观色”自查和体检，您的健康状况还好吗？主要是哪方面的问题呢？下面就带您深入了解您可能会罹患的这些职业病和常见病。

## 粉笔尘危害

“黑板上，老师的粉笔还在叽叽喳喳写个不停”，《童年》中的这句歌词所描绘的几乎是每个学子脑海中都挥之不去的画面。作为传道授业解惑的辛勤园丁，最容易得的职业病之一便是“粉笔综合征”，以及由此引发的支气管炎甚至肺癌。

粉笔的主要成分是碳酸钙（石灰石）、硫酸钙（石膏），及其他少量的金属元素，如铁、镉等。尽管现在有改进了的无尘粉笔，但实际上也只是在原始粉笔中加入油脂或聚醇类物质做黏合剂，由此减少其在实际应用中的粉笔尘，但粉尘危害依然存在。

### 粉笔尘对人体的危害

粉笔尘对人体的危害，主要在于呼吸道、肺部、皮肤和眼睛。

粉笔尘对教师身体的危害，以肺最为常见。教师们板书时，粉笔尘四散，很容易被吸入肺，并在肺泡内经过一系列的化学刺激和免疫作用损伤肺部，从而导致呼吸系统炎症和肺通气功能下降。教师群体常见的肺部疾病有：急性、慢性支气管炎和尘肺病

（粉笔尘中含有的二氧化硅被吸入肺部造成肺纤维化）。

粉笔尘进入肺的途径是通过上呼吸道，包括鼻、咽、支气管，在这一过程中，部分粉笔尘会停留在上呼吸道，对呼吸道黏膜上皮细胞产生机械刺激和损坏。长期在这种环境下工作，会引起一系列的病变，其中对鼻的影响最常见的是诱发干燥性鼻炎，其次是肥厚性鼻炎，症状为鼻腔干燥、鼻塞、鼻腔黏膜充血、分泌物增多等；对咽的影响主要是诱发慢性咽炎，使咽部干燥、咳痰不爽、咽痛咽痒；对支气管的影响主要是诱发慢性支气管炎，有时还会引发哮喘，另外还有可能引起鼻咽、支气管等部分的癌变。

除此之外，教师在使用粉笔的时候，粉笔尘还会落到脸部、脖子、头发上，对肌肤、眼睛、耳朵等部分造成刺激。

目前市面粉笔的成分之中，金属元素铅、锰、钡等的含量偏低，但金属镉的含量偏高。镉被人体吸入后，主要储存在肝、肾、骨组织中，且对这些组织损害明显。镉同时也是最易导致癌症的金属元素之一。

## 粉笔尘危害预防

避免教师粉笔尘的危害，关键是预防。

既然粉尘量越大潜在危害就越大，教师们授课时不妨尽量避免频繁擦写，板书内容宜重点突出、简明扼要，从而减少擦黑板次数。

此外，水能抑尘，擦黑板时注意不要太用力，尽量用湿抹布擦。

现在很多教室都配备了多媒体设备，尽量应用多媒体教学代替板书，是从根本上避免粉笔尘伤害最有效的办法。

保持室内的湿度和通风。教室应在条件允许的情况下，尽量打开门窗，利用空气流动尽快疏散粉笔尘，让清新空气进来；课间实行换气制度，进行单侧或双侧换气；保持教室清洁卫生，尽量降低二次扬尘污染。

在教室里摆放几盆盆景，如仙人掌、吊兰等。植物能有效吸附教室里的粉笔尘，达到净化空气的目的。

教师本人还应采取一些积极而有效的措施，以加强个人防护。如使用具有保湿功能的过滤空气鼻塞，扩大授课活动范围，避免在高浓度粉尘环境中饮水，课后要立即洗手洗脸等。

## 辅助治疗食疗方

在日常饮食中，可多吃排毒除尘食物。

首选木耳。木耳味甘、性平，是排毒解毒、消胃涤肠和养血的最佳食物。木耳含有一种植物胶质，有较强的吸附力，可将残留在人体消化系统内的灰尘、杂质吸附，再排出体外，并且对异物具有溶解作用，对防止和治疗各种异物造成的胃肠不适或病症有一定效果，建议教师每周吃两次以上。

其次为猪血。猪血味甘、性温，是解毒清肠，补血养容，排毒养颜的理想食物。猪血中的血浆蛋白被人体内的胃酸分解后，产生一种解毒清肠分解物，能将有害粉尘及金属微粒排出体外。

除此之外，还推荐以下几个食疗方。

百合党参炖猪肺：猪肺 250 克，百合 20 克，党参 30 克，天门冬 20 克，姜 10 克，盐 3 克。生姜洗净，去皮、切碎与食盐一起捣烂成姜盐泥；猪肺洗净，放沙锅，加适量清水，用干净纱布将百合、党参、天门冬包好，放入沙锅内，炖至猪肺熟透，捞出药包。本方滋阴养肺。适用于尘肺症。

雪羹汤：海蜇 30 克，鲜荸荠 15 克。海蜇温水泡发，洗净，切碎，荸荠洗净去皮。两味共置锅内加小火煎煮 1 小时即可。本方清热化痰，润肺止咳，解尘毒。

萝卜蜜膏：蜂蜜 500 克，白萝卜、大梨、白藕各 250 克，核桃仁 120 克，橘红 20 克。将萝卜、梨、藕、橘红共熬成膏。加入蜂蜜、核桃仁调匀，瓷罐收贮，每日早、晚 1～2 茶匙。本方润肺化痰，补肾纳气，止咳平喘。

## 感冒

校园是感冒的高发环境，感冒俗称“伤风”，是一种常见的呼吸道疾病。感冒约有 70% 是由病毒感染引起的，主要有流感病毒（甲、乙、丙）、副流感病毒、呼吸道合胞病毒、腺病毒、鼻病毒、埃可病毒、柯萨奇病毒、麻疹病毒、风疹病毒。另有 20%～30% 的上呼吸道感染由细菌引起，以溶血性链球菌最为常见，其次为流感嗜血杆菌、肺炎球菌、葡萄球菌等，偶或为革兰阴性细菌。一般在受到感染后 1～3 天便会出现鼻塞、喷嚏、流鼻涕、咽部不适、轻咳、发热症状等，热度高低不一。另外，各种导致全身或呼吸道局部防御功能降低的情况，如受凉、淋雨、气候突变、过度疲劳等可使原已存在于上呼吸道的或从外界侵入的病毒或细菌迅速繁殖，从而诱发本病。

感冒病毒的传播途径以空气、飞沫为主，间接传染较少，容易出现感冒的人群多为儿童、老人和免疫力低下的成年人，感冒全年皆可发病，以冬春季较多。

感冒的主要症状有头痛、畏寒、发热、腰背酸痛、乏力等，发热常持续 2～3 天后逐渐下降，此后出现鼻塞、流涕、咽痛、干咳等呼吸道症状。部分老年人、体弱者和儿童有消化系统症状，如食欲不振、恶心，大约持续一周左右。

从理论上说，感冒即使不吃药，只要多喝水，注意休息，保持好的生活习惯，一周左右就可自愈。但如果超过一周，并有加重趋势时，或出现高热不退、剧烈咳嗽、咳痰、头痛、心慌、胸闷、晕厥情况时，要及早去医院检查治疗。

## 检查

感冒的确诊主要通过血常规检查：病毒性感染时，白细胞计数多正常或偏低，淋巴细胞比例可升高；细菌感染时，白细胞计数常增多，有中性粒细胞增多或核左移现象。医生一般根据病史、流行病学、鼻咽部的症状体征，结合血象和胸部影像学检查就可作出临床诊断。在诊断时，需要与症状相似的其他疾病予以区别，包括过敏性鼻炎、流行性感冒、麻疹、流行性出血热、流行性脑脊髓膜炎、脊髓灰质炎、伤寒、斑疹伤寒等。

## 治疗

对于感冒治疗，主要是对症处理。当体温不超过 38.5℃时，可用温水擦洗身体降温，多喝温开水，多休息，感冒症状会自行缓解。病情较重或年老体弱者应卧床休息，忌烟，多饮水，保持室内空气流通。如果体温超过 38.5℃，并有头痛、肌肉酸痛等症状时，可用些含有解热镇痛的退烧药或栓剂，如复方阿司匹林、对乙酰氨基酚、吲哚美辛（消炎痛）、索米痛片、布洛芬等，但一般服药一次即可退热。少数情况可再次服药，用药时间间隔要在 6 小时以上。如有鼻塞、鼻黏膜充血水肿等症状时，可用 1% 麻黄碱滴鼻。如果频繁打喷嚏、流鼻涕，可选用氯雷他啶或息斯敏等抗组胺药。对于咳嗽症状较明显者，可给予右美沙芬、喷托维林等镇咳药。如果感冒症状逐渐加重并有并发症的出现，可在医生指导下适当使用抗生素治疗。

具有清热解毒和抗病毒作用的中成药亦可选用，有助于改善症状，缩短病程，如小柴胡冲剂、板蓝根冲剂等。

秋冬季节是感冒的高发季节。感冒的发生与气候的变化、人的体质强弱有密切的关系。因此，应该从下面几点入手，预防感冒：

注意及时添减衣服，不要熬夜。要根据环境、温度及时增减衣物，保持体温正常。要有足够的睡眠时间，不要熬夜，以免降低机体免疫力。

进行“冷”锻炼。用冷水洗脸可以刺激皮肤血管，增强人体抗寒防病的能力。晚上睡觉的时候开一点窗户，既可以保持室内空气流通，还可以让寒冷空气进入房间，以增强人体对冷环境的适应能力。

营养均衡。肉、蛋、奶及豆制品等营养价值较高，适量进食可以加强蛋白质的合成利用，此外，适量服用富含维生素 C 的食物也有一定的预防作用。

小贴士

## "流感"不是"流行起来的感冒"

流感和感冒是两种完全不同的疾病，我们可以通过下表看出它们之间的区别。

| 对比项目 | 感冒 | 流感 |
| --- | --- | --- |
| 致病原因 | 由呼吸道合胞病毒、鼻病毒、腺病毒、冠状病毒和副流感病毒引起的上呼吸道感染 | 由流感病毒感染引起的主要累及上呼吸道的全身性疾病 |
| 发病症状 | 喷嚏、鼻塞、鼻涕，咳嗽、咽干、咽痒、味觉减退、呼吸不畅、声嘶，一般无发热及全身症状，或仅有低热、不适、轻度畏寒、头痛 | 突然起病，畏寒高热，体温可达39℃~40℃，头痛、全身肌肉酸痛乏力、食欲减退，咽喉痛、干咳，鼻塞、流涕、胸骨后不适 |
| 病程 | 一周左右 | 1~2周 |
| 并发症 | 一般没有 | 中耳炎、肺炎等 |
| 病死率 | 一般没有 | 婴幼儿、老年人和存在心肺基础疾病的患者容易并发肺炎等严重并发症而导致死亡 |

避免诱因。避免受凉、淋雨、过度疲劳；避免与感冒患者密切接触，避免脏手接触口、眼、鼻；秋冬季流感高发期不去人多的场合。勤洗手，切断流感的感染途径。年老体弱易感者更应注意。

多运动。平时要多运动，如跑步、做操等。早晚多在户外散步，呼吸新鲜空气，可增强血液循环，改善体质，提高免疫功能。

## 辅助治疗食疗方

神仙粥：糯米 30 克，生姜片 10 克，葱白 6 克。用沙锅加水煮糯米、生姜片，煮好粥以后加入葱白，再煮至米烂，加米醋 20 毫升和匀。趁热喝粥，以汗出为佳。有益气补虚、散寒解表的功效。

黄芪防风茶：黄芪 10 克、防风 6 克、桂圆 50 克、沙参 15 克、菊花 6 克泡茶。黄芪可补虚，增加抵抗力；防风可抗菌镇痛；桂圆补血，可增强免疫力；沙参能清肺养肝，除虚热；菊花去风寒。适合气血虚弱，感冒后怕冷、头痛鼻塞、打喷嚏、流鼻涕、全身酸痛的患者。

银花山楂汤：银花 30 克，山楂 10 克，蜂蜜 250 克。将银花与山楂放入沙锅内，加水置旺火上烧沸，3～5 分钟后，将药液滤入碗内。再加水煎熬一次，滤出药液，将两次药液合并，放入蜂蜜搅匀，可随时饮用。有清热解毒、散风止痛的功效，适合风热感冒、发热头痛、口渴的患者。

## 过敏性鼻炎

过敏性鼻炎又称变应性鼻炎，是鼻腔黏膜的变应性疾病，并可引起多种并发症。并不是所有人都会患过敏性鼻炎，一般特定发生在具有过敏性体质的人身上。过敏性体质与基因有关，通常为遗传所致。过敏性鼻炎患者大多有过敏家族史，但近年由于工业化进程的加快，大气污染加剧，使有些原本非过敏性体质的人也演变成过敏性体质，导致过敏性鼻炎的发作。在室内最主要的过敏原多是尘螨、霉菌、宠物的毛发和昆虫等。在户外各种植物的花粉都是过敏性鼻炎的过敏原，因此春秋季是过敏性鼻炎的高发季节。教师的工作环境中常常会有粉尘，这也是过敏性鼻炎最常见的过敏原。近年来随着车辆的增加，汽油废气中的芳香烃颗粒，还有家庭装修造成的甲醛等物质，它们虽然不是过敏原，却是季节性过敏性鼻炎发作的强刺激物。

喷嚏、鼻痒、流涕和鼻塞是过敏性鼻炎最常见的四大症状。患有过敏性鼻炎的人常常感觉鼻痒、喷嚏频频、流清鼻涕、鼻塞、嗅觉减退等。这些症状可突然发作，也可自行缓解或经治疗后较快消失。鼻部症状往往在早晨加剧。某些患者往往还伴有过敏性结膜炎的症状，如眼痒、流泪等。

过敏性鼻炎常见并发症：（1）向鼻周围扩散，导致鼻窦炎、过敏性结膜炎、中耳炎等。（2）向下呼吸道扩散，出现过敏性咽喉炎、过敏性支气管炎、过敏性哮喘等。（3）加重后出现全身过敏症，如皮肤过敏、胃肠过敏等。

小贴士

## 如何区别过敏性鼻炎与感冒

过敏性鼻炎和感冒有很多相似之处，易在气候变化时发生，而且多数有打喷嚏、流涕、鼻塞的症状，所以人们经常将过敏性鼻炎当成感冒进行治疗，服用感冒药和抗生素，其实这是不对的，那么如何区别过敏性鼻炎与感冒呢？一般可以从以下几方面进行鉴别：

1. 首先感冒具有较强的传染性，所以多数为群发，如家庭、学校、工作环境等；过敏性鼻炎不传染，但可以遗传，所以如果有血缘关系的亲属有过敏性疾病，包括过敏性鼻炎、哮喘、皮肤过敏、药物过敏等过敏史的家族，发作的可能性更大。

2. 感冒的打喷嚏、流鼻涕和鼻塞等鼻部症状往往是持续性的，会连续几天，随感冒的控制，症状逐步减轻，最后缓解；而过敏性鼻炎发作则呈阵发性，一天中可能仅发作一次或数次，以清晨或异味等刺激后更为明显，发作过后如常人；过敏性鼻炎一般不会伴有发热，而感冒通常是伴有发热的。

3. 过敏性鼻炎喷嚏频频、流清水样鼻涕，而感冒时喷嚏较少，鼻痒不明显，鼻塞明显而且持续，鼻分泌物可由清涕或黏性转为脓性。

4. 感冒时全身症状较重，如发冷、发热、四肢无力、肌痛、头痛、咽痛、胃肠道不适等，而过敏性鼻炎仅仅表现为鼻部症状或伴发哮喘或皮肤过敏。

5. 过敏性鼻炎有鼻痒、眼睛发红发痒及流泪、眼眶下黑眼圈、鼻表皮皲裂，常年性发作型鼻炎的病人亦可同时出现季节性的发作，部分过敏性鼻炎的病人可能同时伴有鼻息肉、哮喘、打鼾、鼻窦炎、过敏性咽喉炎等，感冒则不具有以上症状体征和并发症。

6. 感冒的病程较短，通常1～2周即可，而过敏性鼻炎则病程较长，常年反复发作。

## 治疗

过敏性鼻炎的药物治疗分为激素类药物（主要是鼻用激素）、抗组织胺药物、肥大细胞稳定剂和白三烯受体拮抗剂，其中鼻用激素和抗组织胺类药物可以作为治疗过敏性鼻炎的首选用药。微波、激光、等离子等主要治疗过敏性鼻炎引起的鼻塞，并能缓解过敏性鼻炎的一些症状，其疗效因人而异。脱敏治疗是唯一有可能治愈过敏性鼻炎的方法，但这种方法仅适用于对特定过敏原过敏的病人，它的原理是：通过标准化过敏原疫苗注射，使过敏病人体内异常的免疫系统趋于正常，逐渐“适应”外界的尘螨、花粉等过敏原，避免过敏症状发生。这种方法需要较长的时间才能起效，所以往往不容易坚持治疗。

## 预防

预防过敏性鼻炎发作可以从生活细节方面入手。

1. 在花粉或者灰尘较多的季节，关闭汽车或者房间的窗户。

2. 除去过敏原，包括宠物、烟（包括二手烟），甚至可疑的花草或者家具。

3. 使用有空气清洁过滤功能的空调，以去除花粉（但可能无法过滤灰尘）。

4. 保持室内干燥。可以使用温度调节器如空调、取暖器等来减少室内的湿度，最好使空气湿度降到 50% 以下。

5. 整理潮湿的地下室、通气口和浴室，并去除室内或者阳台上的花草。

6. 保持室内清洁无尘以减少过敏原，可利用吸尘器经常打扫卫生。

7. 卧室内使用无致敏作用的床单及被褥，如使用密闭良好的床垫及枕头，以及柔韧性较好的床单和枕巾等，并经常用热水清洗床单枕巾；注意不要在户外植物、灰尘较多的场所晒被子和床单，因为霉菌和花粉可以沾到被子上。

8. 用木板、地砖等代替地毯，尤其是固定于地板上的地毯更应去除。避免种植需要不断浇水的花草，因为潮湿的土壤有利于霉菌的生长。

9. 收拾好您的小物件，如书籍、CD、光盘以及长毛动物玩具等，这些物品都极易沾上灰尘，从而引起过敏。

10. 彻底杀灭蟑螂等害虫。蟑螂已经存在超过 3 亿年，大部分生长在温暖和湿热的环境中。在办公室、家庭房间内普遍存在，蟑螂不仅是一种令人讨厌的家伙，而且其排泄物中的蛋白是引起过敏性鼻炎及哮喘的重要物质。

11. 远离宠物。过敏性鼻炎病人最好不接触及喂养宠物，动物的毛发虽不会引起过敏，但动物的皮屑、唾液及尿中的蛋白质则容易引起过敏性症状。

## 辅助治疗食疗方

过敏性鼻炎平时应忌食寒凉生冷等刺激性食物。慎食鱼、虾、蟹类等海产食物。平时注意多吃补益肺气的食物。

鳝鱼煲猪肾：黄鳝 250 克（切段），猪肾 100 克，同煲熟，调味食用。

葱白红枣鸡肉粥：红枣 10 枚（去核），葱白 5 茎，鸡肉连骨 100 克，芫荽 10 克，生姜 10 克，粳米 100 克。将粳米、鸡肉、生姜、红枣先放入锅内，粥成再加入葱白、芫荽，调味服用，每日一次。用于风寒引起的过敏性鼻炎。

### 简易按摩方法

利用穴位按摩是缓解鼻炎症状的常用辅助治疗方法。当鼻炎犯了，鼻子出不上气时，按如下步骤搓揉，鼻子会感觉轻松许多。

1. 用双手食指的外侧上下来回地搓鼻梁两侧，共搓 200 下，搓揉到鼻梁有发热的感觉。

2. 用双食指尖揉动鼻孔两侧的迎香穴，共揉动 200 下。迎香穴位于鼻翼根部正侧方的小凹陷处。

3. 用左手的大拇指和食指上下揉动右手的合谷穴 200 下，再用右手的大拇指和食指上下揉动左手的合谷穴 200 下。合谷穴位于拇指与食指分叉的凹陷处。

## 急性支气管炎

寒冷的冬夜，或者料峭的春寒，或者夏季将尽、秋高气爽的好时节正要来临，可您感觉像有痰卡在喉咙似的咳个不停，这时您可就不要掉以轻心，因为急性支气管炎可能找上您了。要说粉笔尘对教师们的危害，最麻烦的是肺纤维化，但最常见的问题却是支气管炎。

简言之，支气管炎就是连接气管和肺泡的小气管发炎，被支气管炎缠上的表现也很常见：咳嗽、咳痰或伴有气喘、发烧……不过要注意的是，很多人平时都习惯称自己有慢性支气管炎，但其实未必，因为支气管炎实际上可分为急性支气管炎和慢性支气管炎，临床上要满足上述症状持续3个月不愈、连续2年以上才能认定为慢性支气管炎。除了因长期抽烟或吸入粉尘、有害气体等因素外，还有很多人是因为受凉感冒后经久不愈所致。常见于有多年烟龄者，从事毛纺、矿业、教师等相关行业，或者年老体弱者。

急性支气管炎起病较急，常先有急性上呼吸道感染症状。当炎症累及气管、支气管黏膜，则出现咳嗽、咳痰，先为干咳或少量黏液性痰，后可转为黏液脓性痰，痰量增多，咳嗽加剧，偶咳痰中带血。全身症状一般较轻，偶有发热，38℃左右，多于3～5天降至正常。咳嗽和咳痰可延续2～3周才消失，如迁延不愈，日久可演变为慢性支气管炎。

## 检查

对于支气管炎，应尽早上医院治疗。常用的检查方法有以下几种。

X线胸片或胸部透视：这是最简单、直观的检查方法。早期可无异常或仅有肺纹理增粗。如果炎症比较重，胸片看起来就像从前接收信号不好时的电视屏幕，布满“雪花”。

化验检查：感染病毒后，末梢血淋巴细胞可增加，白细胞计数和分类多无明显改变。细菌性感染较重时白细胞计数可增高。

痰涂片或培养可发现致病菌。

## 治疗

抗菌治疗可根据感染的病原体及病情轻重，选用抗菌药物如青霉素、大环内酯类、喹诺酮类、头孢类抗生素等。一般口服抗生素有效，个别用静脉注射。

咳嗽较剧烈但无痰时可用镇咳药物；痰稠不易咳出时可用复方氯化铵合剂、溴己新，也可用雾化疗法帮助祛痰。但需要强调的是，咳嗽实际是一种身体的保护机制，当咳嗽痰多时，一般不宜镇咳，以免痰液潴留，使病情加重。另外，要注意如连续服用复方桔梗片可发生耐受性或成瘾性，应控制使用，不可轻易长久服用。

还可选一些中成药。急支糖浆：用于风热犯肺，或痰热壅肺所致的肺失宣肃、咳嗽痰喘等征。口服，每次20～30毫升，每日2～4次。蛇胆川贝枇杷膏：适用于咳嗽无痰，鼻燥咽干时。口服，每次15毫升，每日3次，小儿酌减。桔梗冬花片：用于咳嗽痰白清稀或痰黏稠者。口服，每次6～8片，每日3次。止咳宝片：用于咳痰稀薄而白黏者。口服，每次2片，每日3次。

## 辅助治疗食疗方

生桑叶120克，参须12克，大红枣30克，水煎，每日一剂，分1～2次服完。

桑白皮、枇杷叶各12克，水煎服，每日一剂。能清肺降气，止咳平喘。适用于风热型急性支气管炎的治疗。

茶叶6克，冬花3克，紫菀3克，用开水冲泡，每日代茶饮，能止咳化痰，平喘。

## 简易按摩疗法

取坐位，双上肢向后抱拢头颈，用双中指掐按大椎穴约1分钟。也可仰卧或正坐，两手拇指分别在肺门穴压捻至有酸胀感为度，同时双食指勾点天突穴，持续用力约1分钟；然后双手掌重叠，用掌根按压膻中穴，缓慢揉动约1分钟。

## 慢性支气管炎

除了粉笔尘，很多教师也习惯深夜工作时边备课边抽烟。抽烟和粉笔尘都是慢性支气管炎的重要诱因。

慢性支气管炎往往多在冬季发作，春暖后缓解；早期症状轻微，晚期炎症加重，症状长年存在，不分季节。一般将病因分为外因和内因两个方面。外因主要有吸烟、病毒和细菌感染等，而气候、刺激性烟雾、粉尘、尘螨、大气污染（如二氧化硫、二氧化氮、氯气、臭氧等）的慢性刺激，也是慢性支气管炎的诱发因素之一。内因主要是呼吸道局部防御及免疫功能减低，像老年人常因呼吸道的免疫功能减退、免疫球蛋白的减少、呼吸道防御功能退化等导致患病率较高。而自主神经功能失调也是一大内因：当呼吸道副交感神经反应增高时，对正常人不起作用的微弱刺激都可引起支气管收缩痉挛，分泌物增多，从而产生咳嗽、咳痰、气喘等症状。

## 检查

要确诊慢性支气管炎，首要的还是选X线检查。早期可无异常，反复发作者则可见两肺纹理增粗以及“雪花和白云齐飞”。此外，血液检查时慢性支气管炎急性发作期或并发肺部感染时可见白细胞计数及中性粒细胞增多，缓解期多无变化。呼吸功能可酌情检查，早期常无异常。

## 治疗

急性发作期及慢性迁延期的治疗应以控制感染和祛痰、镇咳为主；伴喘息时加用解痉平喘药物。缓解期要坚持锻炼身体、重视感冒的防治并继续药物治疗。尤其是要注意的是，一部分慢性发作期者，经过一个较短时期的药物治疗，可转入缓解期，此时咳、痰、喘、炎等四种症状基本消失，但这不等于已完全恢复正常，还应连续服药一个时期。

可选用中成药，比如消咳喘：口服，每次20毫升，每日3次，用于慢性支气管炎急性发作期。固本咳喘丸：口服，每次40粒，每日2次，连服3个月为1个疗程，用于慢性支气管炎合并咳喘者。复方蛤蚧散：口服，每次8克，每日2次，分别在秋末、春初服用，主要用于喘息型老年性慢性支气管炎。息喘平胶丸：口服，每次 6～8 粒，每日 3 次，用于老年慢性支气管炎。止嗽青果丸：口服，每次 1 丸，每日 2 次，用于慢性支气管炎、支气管哮喘、肺炎等，属阴虚久咳、喘咳者。

## 辅助治疗食疗方

饮食方面应该动植物蛋白互补、荤素搭配、五谷杂粮混搭，坚持低脂肪、低糖、少盐、多醋。食物宜清淡，多吃白菜、菠菜、油菜、萝卜、胡萝卜、西红柿、黄瓜、冬瓜等新鲜蔬菜，补充多种维生素和无机盐，且清痰、去火、通便；咳嗽日久不愈，耗伤正气，肺脾虚弱，故平时多选用具有健脾、益肺、补肾、理气、化痰的食物，如猪、牛、羊肺脏，枇杷、橘子、梨、百合、大枣、莲子、杏仁、核桃、蜂蜜等，有助于增强体质，改善症状。忌食海腥油腻之品，因“鱼生火、肉生痰”，故慢性支气管炎者应少吃黄鱼、带鱼、虾、蟹、肥肉等，以免助火生痰。忌辣椒、胡椒、蒜、葱、韭菜等辛辣之物。

食疗方如下：

黄芪 30 克，乌骨鸡半只。将乌骨鸡洗净切块，放沙锅中与黄芪共炖。等鸡肉烂熟后，加入调味品，饮汤食肉。坚持服用 1 个月，能显著加强机体的免疫能力，缓解虚喘。

白果仁、甜杏仁各 1 份，胡桃仁、花生仁各两份，共研末。

每日晨取20克、鸡蛋1个，煮羹1小碗服用，连服半年。能扶正固本、纳气平喘。

桔梗、生甘草、车前子（包）各6克，水煎服，每日一剂。能清热润肺，祛痰止咳。用于治疗慢性支气管炎。

## 简易呼吸操

除腹式呼吸、五禽戏、扩胸运动、深呼吸运动等有利于痰液咳出，可择其1～2种晨练。

呼吸运动：先立正，然后深吸气，同时两臂慢慢伸开，抬起，与躯干成钝角。再然后呼气，两臂放下。注意深呼吸速度要慢。

扩胸运动：立正，两臂抬起，肘部半屈，双手握拳，手心向下。挺胸，同时两臂用力向后拉，恢复原来姿势。然后再做一次。再然后两臂伸举，同时挺胸，将两臂放下。注意胸部要用力挺起。

体侧运动：立正，左脚向左跨一步当成左弓步，同时右手叉腰，左臂经侧向上举带动身体向右侧屈。然后向右连续做侧屈3次，然后左脚蹬回，同时左臂经侧放下，右臂自然放下，还原成立正姿势。再将上述动作反向做一遍，注意3次侧屈动作的幅度要逐渐加大。

## 简易按摩及敷贴疗法

搓鼻、按摩迎香穴：用双手中指指腹上下搓鼻根两侧 30 次，然后用指尖沿顺时针方向按摩迎香穴 30 次。

指压、按摩合谷穴：用一侧手拇指尖压迫合谷穴 1 分钟，改用指腹顺时针方向按摩本穴 36 次，再改用另一只手。

白胡椒、桃仁、木鳖子各 7 粒，共研成细末，加鸡蛋清调成膏，贴足心，当天卧床休息，一般一次即有效果。

制半夏 9 克、白果仁 9 克、杏仁 6 克、细辛 6 克共研细末，用姜汁调成糊状，外敷脐部，纱布包扎。每日换药一次。

细辛、白芥子各等份研末，取绿豆大小置于黑膏药备用。治疗第 1 天贴定喘，两天后揭去，换贴风门。同法依次再贴肺俞、膏肓、心俞等穴位，贴完 5 对穴位为一个疗程。

白芥子、白矾各 30 克研为细末，装瓶密封。治疗时取药粉与面粉拌匀，用米醋调成膏状，于每晚睡前取药少许贴于涌泉、定喘、天突穴，贴 12 小时后去掉，每日1次，3～12 次为 1 个疗程。

小贴士

## 慢性支气管炎的痰液检查

如果做慢性支气管炎痰液检查，不仅可确知感染菌属，而且痰液的性质、数量以及痰的培养，还能反映支气管病理变化及病情分析，对治疗及有的放矢地选择抗生素大有裨益。

一般，涂片或培养可见肺炎球菌、流感嗜血杆菌、甲型链球菌、奈瑟球菌等；若病情严重则常可检出绿脓杆菌、金黄色葡萄球菌等。但需连续做两次以上的检验，而且结果相同才有意义。至于病菌药物敏感试验结果，则提示对一种或数种抗生素有效。

痰液常含有细胞和非细胞两种成分。痰中的细胞主要为脱落的呼吸道纤毛柱状上皮细胞及炎性细胞，检查痰液中的纤毛柱状上皮细胞变性和坏死的程度以及数量的变化，可以反映患者支气管黏膜受损情况。痰液中性粒细胞增多与细菌感染有关，一般是慢性支气管急性发作的反应；嗜酸性粒细胞增多，多见于喘息型支气管炎者。痰液中非细胞成分主要是脱氧核糖核酸纤维，其量增多则痰液的黏稠度增高。

留痰是否符合要求，直接影响到慢性支气管炎患者检查结果的准确性，故一般应以清晨第一口痰为宜。采集时应先用生理盐水或漱口药水漱口，然后用力咯出气管深处痰液，盛于清洁容器。漂浮或浓集法检查时，需留24小时痰液送检。

## 慢性咽喉炎

教师“传道、授业、解惑”都需要“说”，因为讲课、说话多，嗓子负担重，很容易罹患慢性咽喉炎。

慢性咽喉炎为慢性感染所引起的弥漫性咽喉部病变，主要是咽喉部黏膜炎症。各型慢性咽炎症状大致相似，且多种多样，如咽部不适感、异物感、痒感、灼热感、干燥感或刺激感，有痰黏滞感，总感到咽喉部有咽不下又吐不出的东西，微有咽痛等。如果常咳嗽以清除分泌物，特别在早晨用力咳嗽清除咽喉部分泌物后，症状有短暂缓解，这主要是由于分泌物及肥大的淋巴滤泡刺激所致。

慢性咽喉炎因其病程长，症状顽固，短期难见显效，故不易治愈。一般预防重于治疗，对于慢性咽喉炎患者来讲，如果不能及时注意和纠正生活中的一些不良习惯和细节，病情将会不断加重并严重地影响治疗效果。

## 治疗

慢性咽喉炎患者除了配合医生的治疗外，还应该尽量做到起居有规律，不熬夜；随时保持口腔的清洁，做到早晚刷牙，饭后漱口，平时多饮水，要及时地治疗一些口腔内的炎症；冬天或者冷暖交替的季节，要注意保暖。

饮食上，戒烟、戒酒；不食刺激性食物，少食油炸、腌制食物；多吃一些新鲜的水果、蔬菜，尤其是一些富含维生素的水果，如猕猴桃、无花果、西瓜等。

不要长时间待在空调开启的房间，卧室要保持经常的通风；对于装饰不久的新居，要尽量推迟入住时间，同时每天保持通风换气以减少新居中化学气体的含量；要尽量避免在有化学气体或粉尘含量较大的环境中工作，做好这方面的自我保护。

居家治疗可以口服吴太咽炎片、罗红霉素分散片；中成药可选如利咽灵、草珊瑚含片、保安散等。

## 辅助治疗食疗方

罗汉果茶：罗汉果1个（30克）切碎，用沸水冲泡10分钟后，不拘时饮服，每日1～2个。该茶饮清肺化痰，止渴润喉，主治肺阴不足、痰热互结而出现的咽喉干燥不适，喉痛失音，或咳嗽口干等。

橄榄茶：取橄榄两枚，绿茶1克。将橄榄连核切成两半，与绿茶同放入杯中，冲入开水，加盖闷5分钟后饮用。适用于慢性咽炎，咽部异物感者。

胖大海生地茶：胖大海5枚、生地12克、冰糖30克，茶适量。上药共置热水瓶中，沸水冲泡半瓶，盖闷15分钟左右，不拘次数，频频代茶饮。该茶饮清肺利咽，滋阴生津，对于肺阴不足、虚火夹实之慢性喉炎而兼大便燥结者，用之最宜。

二绿女贞茶：绿萼梅、绿茶、橘络各3克，女贞子6克。先将女贞子捣碎后，与前三味共入杯内，以沸水冲泡即可。每日一剂，不拘时饮服。该茶饮能养阴利咽，行气化痰。

## 简易按摩疗法

自我按摩：用拇指和食指掐压对侧手少商穴（手拇指桡侧指甲旁约0.1寸处）30～60次。

头稍后仰，由家人一手扶其头，另一手拇指和中指分别按揉两侧的天容穴（在下颌角后方，胸锁乳突肌前缘后凹陷处）30～60次。

由家人用点、按、揉法施于大椎、风池，有疼痛难忍的感觉为度。

请家人或自行按揉曲池、外关、合谷、少泽、鱼际、少商、天突、内庭等穴位，每穴按揉 1～2 分钟，压力由轻至重。

## 声带疾病（息肉、小结）

声带又称声襞，是发声器官的主要组成部分。位于喉腔中部，由声带肌、声带韧带和黏膜三部分组成，左右对称。对于长期用嗓的教师来说，声带极易患上各种疾病，影响到他们的工作。声带疾病最常见的就是声带息肉和声带小结。

声带息肉是指声带前中部边缘长出的灰白色、表面光滑的息肉样组织，常一侧单发或多发。声带小结是指两侧声带边缘的结节样增生，又称歌唱者小结（singer nodule）或教师小结（teacher nodule），是一种特殊类型的慢性喉炎。这两种病症最主要的临床症状为声音嘶哑，有时伴有咳嗽，严重的可完全失声，甚至阻塞呼吸道，导致呼吸困难和喘鸣。

引起声带疾病的原因复杂多样，常包括如下几种：

1. 用声过度、用声不当：教师、演员、歌唱家等职业用声者由于长期持续用嗓、音调过高等。

2. 呼吸道感染：感冒，急、慢性喉炎，鼻炎、鼻窦炎、咽炎，肺、气管、支气管炎等。

3. 接触刺激性致病因子：如吸烟、高温作业、粉尘作业、化学工业等。

4. 内分泌紊乱：多见于更年期妇女，甲状腺功能减退或亢进者。

## 检查与治疗

声带疾病主要依据临床症状，即较长时间的声嘶病史，再通过喉镜检查（间接喉镜、直接喉镜、纤维喉镜、电子喉镜、频闪喉镜等），就可以做出临床诊断。

声带疾病的治疗根据病情程度不同，可采取如下不同方式：

### 1. 一般治疗

避免过度用嗓子，让声带多休息，同时配合发声训练。这主要用于声带小结的治疗，对声带息肉亦有一定作用。早期声带小结经过适当休息，常可变小或消失。若声带休息已 2～3 周仍无明显好转的，应采取其他治疗措施。声带小结患者经过一段时间的发声训练，改变原来用声不当的错误习惯，缓解喉部的紧张状态，也可以使病情好转。

### 2. 药物治疗

（1）理疗、蒸汽或雾化吸入。

（2）使用含碘喉片含化。

3. 手术治疗

病情严重的患者，经过上述治疗方式无效时，应采取手术治疗。手术方法有多种，可视息肉或小结的大小、部位等具体情况而定。较小的可在表面麻醉下通过纤维喉镜或电子喉镜进行切除，但随着外科技术的发展，绝大多数患者采用全麻后在支撑喉镜下显微镜辅助的激光切除手术及显微器械微瓣技术手术。

治疗好转后，患者仍要继续治疗和避免可能的致病因素，有条件的要进行嗓音训练，改变不良的用声习惯，防止复发。此外，应减少吸烟、饮酒和食用辛辣刺激性食物，避免咖啡、浓茶等，还要避免接触刺激性气体、粉尘等致病因素。

## 生活调理

教师每天都要大声说话上课，因此声带疾病也是教师的职业病之一。为了保证自己生活、工作正常进行，教师要格外注意保护好自己的嗓子。

使用科学的发声方法。科学的发声方法应当是气沉丹田，从丹田发出气流冲击声带，声带在损伤最小的情况下发出声音。很多教师没有掌握这种正确的发音方法，而是通过喉肌挤压声带发声。这种情况下，声带容易充血水肿，出现声音嘶哑、发声无力等症状。而且，长时间通过喉肌发声，还容易导致急性喉炎，如果没有及时有效治疗，会发展为慢性喉炎，进而形成声带小结。

同时不要用嗓过度，说话要保持适宜的音量和音调，最好是匀速。用声不要过长、过高、过累。科学发音，高、低、中音交替使用，使声带交替休息。

改掉清嗓习惯。人们常常用这个动作来咳掉喉中的痰或者使自己的声音更加清晰，但这容易使声带瞬间严重拉紧，造成声带损伤。

及早治疗咽喉炎，注意声音休息，尤其是感冒后。酒后、感冒后或咽喉炎症时避免大声喊叫或长时间说话，以免形成声带小结。

不要自行用药。很多教师把消炎药、清热解毒的药物当做必备品，症状轻了就自行服药，重了就去打针输液，这种错误的观念，比错误的发声方法更可怕。消炎药物对有菌感染是有用的，但绝大部分的声带发炎都属于无菌性炎症，消炎药根本不起作用。而其他的一些常用药物，只能缓解病情，不能从根本上解决问题。

注意合理饮食。多饮白开水，饮食不宜过烫或过冷；多吃含维生素 C 的新鲜蔬菜、水果及其他食物；平时加强锻炼，增强体质，预防感冒；避免粉尘、烟草及有害气体刺激；夏天少喝冷饮。一旦发现声哑，绝对禁止发声说话，尽量不要大声喊叫，避免出现“声嘶力竭”的情况。

## 辅助治疗食疗方

参桑银花茶：生晒参 6 克、桑叶 9 克、金银花 6 克，开水冲泡代茶频饮。生晒参大补元气，桑叶、金银花疏风清热。适用于喉肌弱症之气短乏力，咽干声嘶。

紫桃萝卜汤：紫菜、桃仁各 15 克，陈皮 30 克，白萝卜 250 克。紫菜撕碎，萝卜切丝，陈皮剪小块，共煮半小时，去渣，取水煎汁 300 毫升；桃仁打细粉，加入前述药汁内即可食用，每日 1～2 次。可行气活血，化痰开音，主治声带息肉，声嘶日久，讲话费力。

石斛玄参红丹饮：石斛 30 克、玄参 15 克、红花 10 克、丹皮 10 克，加适量冰糖煎后代茶饮用。石斛、玄参能养阴生津，红花、丹皮有活血化瘀、舒筋通络的效果，适用于声带小结患者。

# 干眼症

曾几何时，每个教师的“心灵之窗”都曾是一泓秋水。只是，数十年既有粉笔灰的蒙尘，又有通过电脑查找资料、备课的辐射侵蚀，还有批改试卷等案牍之劳形，久而久之，不仅明眸善睐不再，患上干眼症的不在少数。

从某种程度上讲，干眼症作为一种现代病，是由于角膜前泪膜的质或量的不足造成的结膜、角膜上皮不能维持正常功能的一种疾病，常见主要症状有眼睛干涩感、异物感、烧灼感、痒感、怕光、眼睛发红、视力模糊、视力波动等。此外，视疲劳也是干眼症常见的症状之一。一般时候，这些症状经过适当的休息可以缓解，因此不属于眼病，只是眼的一种亚健康状态。但是，很多教师由于长期过度用眼，有可能转变为眼部疾病。轻者影响工作和生活，严重者可导致眼角膜组织干燥、溶解、穿孔，危害视功能。

## 干眼症的辅助检查

泪液分泌试验：用特制的滤纸夹在下眼睑的中外 1/3 处，闭眼，夹 5 分钟，滤纸条被泪液沾湿后会变颜色。测量滤纸条被泪液沾湿的长度，可以得到泪液的分泌量。正常值一般认为应在 10～15mm 以上。

泪膜破裂时间：用沾有荧光素滤纸条点下眼睑的结膜囊，在裂隙灯下用钴蓝光看角膜表面，从最后一次瞬目开始计时，到角膜表面绿色的荧光素薄膜出现第一个黑色的破裂为止。泪膜破裂时间正常值为 15～45 秒，少于 10 秒为病态。

## 治疗

对于干眼症的治疗，主要以减轻干眼的症状，避免角膜的伤害，维持眼球的表面光滑清晰为原则。

轻微的干眼症，可以点人工泪液（有药水、药膏、凝胶等不同产品）、睡前点润滑药膏，热敷、按摩则可刺激泪液分泌。

中度的干眼症，可以通过增加人工泪液的次数、戴挡风或保湿眼镜、降低室内温度、增加湿度、减少泪液蒸发等方式处理，解决泪小管栓塞可用电烧来减少泪液的排出，也可增加泪液量。

严重的干眼症，除了以上方法外有时还必须将眼球覆盖，或施以眼睑缝合术以避免眼球过度干燥。

另外，也要找出造成干眼的原因，如眼睑炎、结膜炎、结膜疤痕、过敏、自体免疫疾病、维生素A缺乏等，然后积极对症治疗。

小贴士

### 干眼症预防小妙招

电脑显示器摆放设置：将电脑屏幕摆放得低于视线的水平高度，以减小眼裂的开放度，避免水分过多蒸发；显示器平面设置为10°～20°倾斜，这样的角度可以使颈部肌肉放松，降低对眼屈光度的要求，减少视力疲劳的几率。调节室内光线，尽量消除屏幕反射，打字时加大选用的字号等也有一定效果。此外，在电脑边摆放些绿色植物或小盆景也是不错的办法，既有助于减少辐射，也有利于缓解视疲劳。

电脑显示器颜色设置：一般我们的 WORD 文档或者 EXCEL 表格等文档都是白底黑字，这样虽然对比鲜明，但对眼睛刺激相对较大。如果不是做设计制作，对电脑显示器颜色要求不严格，可以把文档的背景色设置为豆沙绿色。方法为：打开桌面右键、属性→外观→高级→项目选择（窗口）、颜色 1（L）选择（其他）将色调改为 85；饱和度改为 123；亮度改为 205→添加到自定义颜色→在自定义颜色选定点确定→确定。这样所有的文档都不再是刺眼的白底黑字，而是非常柔和的豆沙绿色，这个色调是眼科专家配置的，开始可能会有一点不适应，但长时间使用能很有效地缓解视力疲劳。

保持正确坐姿：用电脑时背部紧贴椅背，双臂自然放在扶手上，不要弯腰工作。上臂自然垂直，前臂与上臂成 90°，腕部与前臂在同一水平上；大腿与椅面保持水平，小腿与大腿成 90°，脚板接触地面。保证显示器与眼睛的距离至少要在 50 厘米以上，尽量降低辐射同时避免视力疲劳。

巧妙避免连续作战：对于我们的眼睛而言，闭目和眨眼相当于休息。正常人每五六秒钟眨眼一次，而患有干眼症的人眨眼频率要降到每十几秒甚至二十几秒一次。而据有关资料显示，如果眨眼次数减少 75%，分泌的泪液就会大大减少，从而不能形成完整的泪膜，使角膜受到损伤。所以连续操作

1小时，可以休息5～10分钟，远眺或做眼保健操。如果难以做到，还可以借倒水喝、接电话、去传真机处取文件、打印、复印、上洗手间等等日常小事使自己的视线离开显示器屏幕。工作比较专注的人士，可以利用手机的循环闹铃功能提醒自己。

注意眼镜的佩戴：戴隐形眼镜时间不要过长，不舒服时即应取下；而框架眼镜则要注意定期验光，保证所戴眼镜度数与眼睛匹配。

加湿器的使用：对于使用电加热器的房间，可以考虑使用加湿器。或者自己使用简易版加湿器——用电热水瓶或壶烧开水，打开瓶（壶）盖，让水蒸气充溢房间。

热敷与冷敷：洗脸时，用毛巾热敷眼部，以改善血液循环和消除眼肌疲劳，并促进眼睑处皮脂腺的分泌，补充泪液表面的油膜；而冷敷会减轻眼部充血。热敷、冷敷可交替进行，每次6分钟左右。

水按摩：洗澡时，用淋浴莲蓬头冲刷按摩眼睛。水流的按摩，较人工按摩的力度更持久平和，同时可以尝试不同角度和方位的按摩。要注意的是水温不要太高，同时保证水流不要太急，否则就适得其反了。

## 辅助治疗食疗方

维生素A素有“护眼之必需”之称，是预防眼干、视力衰退、夜盲症的良方，以胡萝卜及绿、黄色蔬菜，红枣含量为最多。

B 族维生素是视觉神经的营养来源之一。维生素 $B_1$ 不足，眼睛容易疲劳；维生素 $B_2$ 不足，容易引起角膜炎。可以多吃些芝麻、大豆、鲜奶、小麦胚芽等食物。

总之，多吃水果、蔬菜、乳制品、鱼类等富含维生素的食品，尤其是胡萝卜、菠菜、芝麻、黑豆、黄豆、小米等，少吃油炸食物，对防治干眼症是大有裨益的。

菊花清热明目，菊花、枸杞子用热水冲泡饮用，能使眼睛轻松、明亮。临睡前，用泡开过的菊花敷在眼睑及眼眶周围，能有效消除黑眼圈。

枸杞子清肝明目，因为它含有丰富的胡萝卜素、维生素 $B_1$、维生素 $B_2$、维生素 C、钙、铁等。枸杞子加米，煮成粥后，加入一点白糖，能够治疗视力模糊及流泪。枸杞子加猪肝煲汤，具有清热、消除眼涩、消除因熬夜出现的黑眼圈等功效。

决明子具有清肝明目及润肠的功效，能改善眼睛肿痛、红赤多泪，防止视力减弱。

中药，多采用益气养阴、润燥生津法，以生地、玄参、石斛、麦冬、沙参、玉竹、山萸肉、花粉、五味子、葛根等，水煎服。

## 简易眼保健操

运眼：闭目，双眼球左右上下各运动 6 下，顺时针缓慢旋转

6 下，再逆时针缓慢旋转 6 下。突然睁眼，再闭眼，反复 6 次。

敷眼：双手掌对搓至发热后，迅速将手心捂在眼部约 10 秒，连续做 3 遍。

揉穴：正坐微低头，双手拇指轻按在两侧太阳穴处做画圈动作。然后，以食指侧缘轻刮上下眼睑各 10 次。

望远：盯住 5 米以外的目标约 30 秒，默数数字，每数两个数有意识地眨一下眼。

转颈：正坐平视，缓慢将颈部左右旋转至最大角度，做 6 下。再抬头、低头至最大角度，做 6 下。然后，顺时针、逆时针旋转各 6 下。注意要缓慢进行，也不要强求最大角度。

捏颈：正坐微低头，右手或左手握住后颈部进行提捏，连续 20 下。

## 沙眼

当眼睛出现怕光、发红、流泪、发痒、异物感、分泌物增多等不适时，就要警惕是不是患上了常见的慢性传染性眼病——沙眼。沙眼是由沙眼衣原体引起的一种慢性传染性眼结膜角膜炎，因其在眼睑结膜表面形成粗糙不平的外观，形似沙粒，故名沙眼。

沙眼衣原体很容易通过不同的途径由一个人传播给另一个

人。患沙眼的人常有眼红和眼部黏性分泌物，并且有时流鼻涕，分泌物或鼻涕中均含有沙眼衣原体，它很容易传播至手指、衣物、毛巾、洗脸用具和其他接触的物品上。当人们相互接触时，沙眼衣原体就很容易通过手指、衣物、物品的交互接触而传播。沙眼衣原体还会重复感染，从而增加沙眼炎症的严重程度。可见，沙眼的传播与人们的卫生习惯、生活条件、居住环境、营养状况、医疗条件等因素密切相关。

沙眼感染早期会有不同程度的怕光、流泪、发痒、异物感、分泌物增多等眼部不适感，早期结膜有浸润如乳头、滤泡增生，感染严重者可发生角膜血管翳；晚期由于受累的睑结膜发生瘢痕，以致眼睑内翻畸形，加重角膜的损害，可严重影响视力甚至造成失明。

## 预防和治疗

患了沙眼该如何治疗？当您出现眼睛怕光、发红、流泪、发痒、异物感、分泌物增多等不适症状时，应及时到医院请眼科医生诊治，在医生的指导下使用眼部的抗生素眼药水或眼药膏；急性期或严重的沙眼应全身应用抗生素治疗；有严重的内翻倒睫、鼻泪管堵塞等并发症时应及时手术治疗。

沙眼的预防比治疗更为重要。由于沙眼衣原体常附着在患者眼睛的分泌物中，任何与此分泌物接触的情况均可造成沙眼传播感染。切断传染途径就要做到：

1. 养成良好的卫生习惯，保持面部清洁，不用手揉眼。

2. 手巾、手帕要勤洗、晒干，一人一巾专用，不能随便使用他人手帕、手巾。

3. 用流水洗脸，如用脸盆，使用前后要消毒。

4. 家庭做好灭蝇、灭蚊，清除滋生地。

5. 注意水源清洁，以阻断沙眼传播的途径，减少感染的传播，防止沙眼的感染流行。

6. 保持睡眠区的通风隔离。

## 辅助治疗食疗方

在饮食方面，可多吃含维生素 A 的食物。含维生素 A 的食物对眼睛有益。维生素 A 的最好来源是各种动物的肝脏、鱼肝油、奶类和蛋类。许多蔬菜水果，比如胡萝卜、苋菜、菠菜、韭菜、青椒、红心白薯以及水果中的橘子、杏子、柿子等也富含胡萝卜素。

另外，还应多吃具有明目作用的食物，如枸杞、香蕉、桑葚子等。以下推荐几个辅助治疗的护眼食谱：

枸杞菊花茶：杭白菊 5 朵，枸杞子少许，用热水冲泡代茶饮，能使眼睛轻松、明亮。

枸杞猪肝汤：枸杞子加猪肝煲汤具有清热、消除眼涩的功效，还能消除因熬夜出现的黑眼圈。

枸杞粥：大米加枸杞子煮粥，煮好后，加入一点白糖，能够治疗视力模糊及流泪。

## 颈椎病

广大教师常年伏案，工作久了，常会出现脖子僵直，颈、肩部酸胀等症状。还有人手指发麻、目眩、头晕，有时甚至出现抬头看东西会突然视力模糊，然后马上又恢复正常，抬头或转头就想呕吐的情况。这些症状很可能都是由于颈椎的问题引起的。

颈椎病是教师群体的职业病之一，主要是指颈椎椎间盘、颈椎骨关节、软骨、韧带、肌肉、筋膜一个或几个部位所发生的一系列病变，致使脊髓、神经、血管等组织受到损害，如压迫、刺激、失稳等，由此产生的一系列临床症状。

### 检查

X 线检查：检查是否有颈椎生理曲度变化（指颈椎正常的前凸消失或后突。一般而言，正常人体的颈椎和腰椎向前弯曲，胸椎和骶椎向后弯曲）；椎体之间排列的间隙是否变狭窄；椎体的前、后缘或钩突（椎骨后面的钩形凸出部分）是否有骨赘形成（正常的骨头边又长出新的骨质，想象一下屋檐下的冰挂或是冰淇淋化了一部分挂在杯缘）；是否有项韧带钙化（在骨头两边起固定作用的筋全部或部分老化成硬块，不妨想象一下橡胶筋硬化后的样子）等表现。

排他性检查：三大常规、血沉、抗“O”正常，类风湿因子阴性即可排除是其他问题导致上述症状。脑血流图可见左右椎动脉不对称，尤其在转动颈部时，患侧可出现波幅明显下降；脊髓造影可见颈段不全或完全性梗阻等。

小贴士

## 颈椎病自我检测

在持续出现上述脖子僵直，颈、肩部酸胀乃至手指发麻、目眩、头晕等症状后，可以先依照下面的方法做一个自我检查，然后再确定是不是一定得去医院检查、治疗。

颈椎病的自我检查：

前屈旋转试验：该检查主要是针对有脖子僵直症状者。将颈部前屈，然后向左右旋转活动。如颈椎处出现疼痛，则表明颈椎小关节多有退行性改变。

上肢后伸试验：该检查主要是针对有肩膀痛症状者，需要家人或同事帮忙。可以请人一只手放在健侧肩部起固定作用，另一只手握本人腕部，并使其逐渐向上外伸展，如果本人出现放射痛，则表明颈神经或臂丛神经受压或损伤。

臂丛牵拉试验：该检查主要是针对有手腕或手指头麻木症状者，也需要他人帮助。本人低头，请人一只手扶住本人头顶部，另一只手握患肢腕部，作相反方向推拉，然后看本人是否感到放射痛或麻木。

通过上述自我检查，如果发现确有问题，则应该尽量抽时间去医院检查。

## 治疗

西药对症治疗：在急性期出现颈部疼痛的，可予消炎镇痛药，如吲哚美辛（消炎痛），每次口服 25 毫克，每日 2～3 次。或用芬必得、乐松等；有明显头昏、眩晕时，可予血管扩张剂，如地巴唑，每次口服 20～40 毫克，每日 3 次。

中草药治疗：以活血化瘀，舒筋活络，祛湿止痛为主。可根据中医辨证分型使用中草药或中成药治疗。

以上治疗请严遵医嘱。

同时，理疗、牵引、按摩、推拿及针灸等对治疗颈椎病有一定疗效，应在医师的指导下运用。

## 辅助治疗食疗方

颈椎病食疗除遵循一般饮食原则，如搭配合理、营养均衡、饮食有节、饥饱有度、清洁卫生外，还要辨证进食。如风寒湿痹阻者可食葛根、干姜、樱桃；气滞血瘀者可食用蛇肉、黄鳝，适量饮酒；痰湿阻络者可食梨、扁豆、赤豆、薏仁；肝肾不足者可食黑豆、香菇、黑芝麻、枸杞子、狗肉、羊肉、鹿肉、鱼虾、韭菜；气血亏虚者可食红枣、黑枣、葡萄、桂圆肉、桑葚、阿胶等。

天麻炖猪脑：天麻 10 克，猪脑 1 个（高血脂患者用瘦肉代替猪脑）。将原料洗净，天麻切碎，与猪脑一并放入炖盅内，加水、盐适量，隔水炖熟。每日吃一次，连服 3～4 次。平肝养脑，适用于颈椎病，头痛眩晕，肢体麻木。

壮骨汤：猪骨（最好是猪尾骨）200～300 克，杜仲、枸杞子各 12 克，桂圆肉 15 克，牛膝 10 克，淮山药 30 克。将原料洗净，猪骨斩碎，共入锅内，加水适量，武火煮沸，文火煮 40～60 分钟，加适量花生油、盐、葱、姜等配料，取汤服用。可补肝肾，强筋骨。适用于肝肾不足型颈椎病。

葛根五加粥：葛根、薏仁、粳米各 50 克，刺五加 15 克。原料洗净，葛根切碎，刺五加先煎取汁，与余料同放锅中，加水适量。武火煮沸，文火熬成粥。可加冰糖适量。祛风除湿止痛，适用于风寒湿痹型颈椎病，颈项疼痛。

木瓜陈皮粥：木瓜、陈皮、丝瓜络、川贝母各10克，粳米50克。将原料洗净，木瓜、陈皮、丝瓜络先煎，去渣取汁，加入川贝母（切碎），加冰糖适量即成。可化痰除湿通络，适用于痰湿阻络型颈椎病。

## 简易按摩疗法

按摩颈部肌肉：按摩颈后、肩上及背部肌肉，使其放松。可用拇指或手掌小指侧按压、揉捏，以不加重疼痛、酸痛而又舒服为度，时间约20分钟，一日1～2次，大多按摩后症状可减轻。

在按摩基础上拔颈：病人端坐，按摩者站其后，病人头靠按摩者腹部，按摩者双手交叉托病人下巴，轻轻上拔，保持约2～3分钟。注意此种疗法须由专业人士施行（拔颈相当于颈椎牵引）。

按摩手三里：手三里穴位在手前臂处。将肘弯曲成直角，在肘横纹尽头处是曲池穴，曲池穴下面两指宽处就是手三里。按摩方法：左手握空心拳敲击右手臂的手三里，不要用力过大。共敲击108下，每敲6下，做一次呼吸，前三次吸气，后三次呼气，以此类推。然后换右手敲击左臂手三里。

按摩足底：颈椎在足部的反射区是双足拇趾根部横纹处，双足外侧第五趾骨中部（足外侧最突出点中部）；颈部肌肉反射区是双足底趾后方的2厘米宽区域。按摩方法：用拇指指尖或指腹、第二指或第三指的关节，以数毫米幅度移动。力度最初较轻，渐渐增强，以稍有痛感为宜。按摩时间可自选，最好是每天早晚各一次，每次10～30分钟。

热敷：艾叶一把、米醋四两，加水若干，煮沸约10分钟，加白酒二两，搅匀，用毛巾沾水，热敷颈后、肩、背部肌肉，尤其按压有明显酸痛、紧张之处。热敷以热而不烫为宜，一日1～2次。

耳穴按压：取颈椎、后项、肩、肾等穴，用王不留行籽贴压穴上，胶布固定。之后每日自行按压药籽4次，每次约5分钟，5日换药一次。

药枕疗法：用当归、羌活、制川乌、黑附片、川芎、赤芍、红花、地龙、血竭、石菖蒲、灯芯草、细辛、桂枝、丹参、防风、威灵仙各350克，乳香、没药各250克，共研细末，加入冰片25克，装入枕芯。

小贴士

### 颈椎病日常防治小妙招

目前国内并无特别好的颈椎病治疗办法，理疗、牵引、小针刀、针灸、按摩、推拿、手术等，效果都有限，或只对部分人有效。有鉴于此，与其病后再亡羊补牢，不如先把“羊”看好为妙。

应了解颈椎病相关知识，掌握科学的方法加以预防；如果已经有症状，则要保持乐观态度，积极配合医生治疗，减少复发。及早彻底治疗颈、肩、背软组织劳损，防止其发展为颈椎病。

以下几点尤其值得注意。

打电话别用脖子夹话筒：颈椎有一个正常的凸向前方的生理弯曲，而用脖子夹话筒是侧弯。

良好的睡眠习惯：避免高枕睡眠。高枕使头部前屈，增大下位颈椎的应力，有加速颈椎退变的可能。采用良好的睡姿，枕头的高度应与一侧颈根部到同侧肩部宽度相同。睡眠时还要特别注意颈、肩部的保暖，避免冷风直吹。

女性选择合适的文胸：北京朝阳医院骨科曾接诊过不少女性病人，究其病因，多是因为文胸带过紧而压迫颈部肌肉、血管、神经，使其受累，从而诱发颈椎病，产生上肢麻木、颈部酸痛、头晕、恶心等症状。

电脑族正确的坐姿：看电脑屏幕时最好平视，稍微俯视是可以的，但尽量别仰视。应尽量拉近与工作台的距离，将桌椅高度调到与自己身高比例合适的最佳状态，有条件者可调整工作台使其倾斜10°～30°。坐时腰部挺直，双肩后展，头部略微前倾，保持头、颈、胸的正常生理曲线，尽量避免头颈部过度前倾或后仰，保证臀部能充分接触椅面。习惯头部偏左或偏右写作的白领应注意纠“偏”。

开车时的保健：一般，身体前倾的坐姿很容易使车主的脊柱生理弯曲处于一种紧张状态，长此以往，椎间盘就可能发生病变，导致颈椎病或腰椎间盘突出症。还有部分车主开车时喜欢把座椅调得很高，要颔首才能看清前方路况，这样容易使颈椎负荷加大，从而患上颈椎病。此外，特别要防止急刹车、打瞌睡或猛回头导致颈部的突然运动。所以，车主在驾驶时，要调整好自己的坐姿，将座椅调节到一个合适的位置，使全身脊椎的四个生理弯曲能充分依附在座椅靠背上。或选择合适的汽车头枕，让颈椎处在一种舒适、安全的状态。

此外，一些简单的运动也值得推荐。

可以在办公室工作的间隙做以下简单运动。

★按摩：双手手指互相交叉，放于颈部后方，来回按摩颈部数十次，令颈部的皮肤发热，会有很放松的舒适感。这样可预防颈椎间隙变窄及生理曲度变直。

★屈颈：将头部按前、后、左、右的顺序屈曲。将头朝一侧缓慢尽力屈曲，并保持5秒钟再回到头部直立位。如此四个方向屈颈锻炼颈肌。每个方向做10次为一组，每天早晚各做10组。

★耸肩：保持头部正、直，挺胸拔颈，两臂垂于体侧，然后两肩同时尽量向上耸起（不是缩颈），让颈肩有胀热感。两肩耸起后，停留片刻，再将两肩用力下沉。正确的耸肩，既让肩部得到活动，又能用肩去按摩颈椎，从而起到舒筋活血的作用。

在办公室，除了可做以上的小运动外，也可站于两张紧邻的办公桌间，双手撑住桌面，双脚腾空，头往后仰，坚持片刻，重复若干次。（此时想象一下凯特·温丝莱特站在泰坦尼克号船头的感觉。）

放风筝：放风筝是久坐者锻炼颈椎的有效运动。放风筝时，挺胸抬头，左顾右盼，可以保持颈椎、脊柱的肌张力，保持韧带的弹性和脊椎关节的灵活性，有利于增强骨质代谢，增强颈椎、脊柱的代偿功能，既不损伤椎体，又可预防椎骨和韧带的退化，可防治颈椎病的发生。

## 肩关节周围炎

肩关节周围炎即肩周炎，常见于教师、家庭主妇、打字员及长期的手工劳动者。因其好发于50～60岁，又称“五十肩”。

主要是肩关节周围肌肉、肌腱、韧带和滑囊等软组织的慢性无菌性炎症和（或）损伤，好发于40～60岁之间，女性多于男性。本病常在肩关节周围组织退变基础上发生，起病缓慢，常无明显损伤史；病程较长，初为轻度肩痛，后逐渐加重，活动失灵，可向颈、耳、前臂和手放射或感应。严重者，稍一触碰，即疼痛难忍，或夜不成寐，或半夜痛醒；肩活动受限，不能摸裤袋、系腰带、摸背、梳头，甚至洗脸漱口等。

## 治疗

西药治疗以镇痛为主，可用吲哚美辛（消炎痛）、布洛芬等消炎镇痛药。也可肌肉注射维生素 $B_{12}$500 微克、维生素 $B_1$100 毫克，每日一次；还可用丹参注射液、雷公藤注射液、当归注射液。

中药可用小活络丸及蕲蛇药酒等。

外用治疗可取桂枝、桑枝、柳枝、松树各 50 克，煎水 600 毫升，加白酒 100 毫升，趁热外洗患处，每日两次。

还可取刘寄奴、透骨草、伸筋草、川椒、桃仁、红花、乳香、没药、羌活、独活细辛、骨碎补各等分研末，白酒拌匀，装入布袋内（每袋重约 150 克）放笼屉内蒸 10～15 分钟，取出一袋热敷患处，冷后再换另一袋。每日 1～2 次。用毕置通风处晾干，用时再蒸，此袋连用一周后，再换新药。

## 辅助治疗食疗方

当归 60 克，切片，浸于 1000 克米酒中，7 日后饮用，每日两次，每次一盅。

杜仲 20 克，薏仁 30 克，木瓜、巴戟天、淫羊藿各 15 克，猪肾 100 克。将前五味药水煎取汁，入猪肾炖熟后加少许精盐分两次喝汤、食猪肾，每日一剂。适于老年肩周炎偏肾阳不足者。

寄生、薏仁各50克，秦艽15克，猪前爪肉250克。将前三味药水煎取汁，加入猪爪肉文火炖烂，饮汤食肉，日分两次，连服7天为一疗程。适于肩周炎疼痛较甚者。

## 按摩疗法

患肢放平，局部擦以药酒进行推、擦手法，再擦滑石粉进行推、滚、揉等手法数十下。点揉合谷、外关、手三里、曲池、三肩等穴。点揉后，再行推、滚、揉捏等手法。

自己按揉肩周肩髃、肩髎、肩内陵、肩贞、曲池、阿是穴等处，每穴约一分钟；用三指拿法拿合谷两分钟。双上肢后伸，用健侧的手拉住患侧的手向健侧拉，反复进行十余次；面对墙壁，上举患肢，患手沿墙壁缓缓向上“爬”动，使上肢尽量高举，然后放下，反复进行十余次，注意躯干要挺直。

## 肱骨外上髁炎（网球肘）

网球运动时，肘关节屈伸活动多，力度大，受损机会就多。因此病多见于网球运动者，故得名“网球肘”，但其也并非网球运动的“专利”。

教师以粉笔、激光笔和教鞭为主要工作工具，腕部活动量大，肌肉易于疲劳。随着教龄的增长，教学经验、能力的提升，所承担的教学任务更重，参加文体活动的时间更少。久而久之，肘关节肌肉力量、韧带弹性及关节灵活性逐渐降低。如果在做简单家务，如提菜、扫地、拔草或出差提重物挤车后，发现肘关节外侧痛，手腕用力疼痛增加；甚至拧毛巾、点按鼠标、从书架上取书或写字过久等均感困难时，就该注意了，您有可能患上了“网球肘”。

### 检查

要确诊可自行做伸肌腱牵拉试验：肘伸直，握拳、屈腕，然后将前臂旋前，能诱发肘外侧剧痛者为阳性。一般不需要拍 X 线片，必要时可通过 X 线片了解肘关节骨骼是否正常、伸肌腱近端处是否有钙盐沉着。

## 治疗

可用药物消炎止痛，如吲哚美辛（消炎痛）、肠溶阿司匹林、布洛芬等。

也可局部封闭：用皮质类固醇在肘关节特定部位注射可以消炎、止痛。如未治愈，可以再次注射，但连续注射一般不超过3次。

如果经过正规保守治疗半年至一年，症状仍然严重，且已严重影响工作和生活，可以做手术治疗。手术方法有微创的关节镜手术和创伤亦不大的开放性手术。

争取在初发时一次性治愈，特别是在治疗期间，应绝对禁止一切可引起疼痛的动作，否则很容易复发。巩固治疗效果还需减少肘关节活动，降低肘关节活动力度。

## 日常防治

一般对饮食没有太严格的要求，只要在均衡健康饮食基础上注意即可。可以吃一些黑豆、生山药等。避免生冷寒凉蔬果，如白萝卜、苦瓜、冬瓜、西瓜、柑橘、香蕉等。

日常生活中，休息、手臂活动时，若感到前臂疼痛，就马上休息，疼痛是肌肉已经疲劳的信号，此时应及时停止运动或工作，让手臂肌肉放松、恢复，这样只要三个星期左右，症状就会自行消失。可用支撑力较强的护腕和护肘把腕、肘部保护起来。限制腕、肘部的翻转和伸直。

提东西时，不要一只手提太多重物，背部也不要弯曲，注意手腕的姿势，减轻手臂的负担。

拖地的时候，可以使腿部略微弯曲，用腰力带动上臂，避免单纯用手的力量，这样也可以减轻手臂的负担。

平时注意锻炼身体，活动上肢关节，增强肌力，有助于防止本病的发生。经过治疗，治愈后，仍要防止肘部吹风、着凉，避免过劳，以免复发。

## 简易按摩疗法

1. 自我按摩：患者取坐位，患臂置于胸腹前，用健侧手环形揉、擦肘外侧约 5 分钟，以透热为度。做患侧肘主动屈伸及前臂的旋前或旋后活动各 20 次。

2. 坐位，自行搓患肢的肘部，从上臂直至前臂，反复 3～5 次；或请家人擦患肢前臂背侧、肘外侧及前臂，以透热为度。用拇指拨法拨肘外侧压痛点，约 2 分钟。

3. 坐位，自行或请家人用拇指按揉曲池、肘髎、手三里、合谷及肱骨外上髁压痛点，各约 1 分钟。

4. 被动运动肘关节：请家人一手握肘关节上方，另一手握腕部，做肘关节的拔伸牵引约 1 分钟，握腕的手同时做前臂的旋转活动。然后极度屈曲肘关节 3～5 次。

推拿前或结束后可用热毛巾热敷痛处。

## 腰椎间盘突出

由于多年伏案工作，很多教师不仅腰身不再挺拔，而且还患上了腰椎病——不少老教师常感腰臀部酸痛，伴下肢痛，在行走或站立时加重，行走后出现下肢疼痛无力，不能行走、坐下或蹲下，休息方可减轻，再行走又会疼痛如前，重复以上症状。很多二三十岁的年轻教师也会出现腰部酸痛，开始还以为是生理痛或妇科疾患，后来做了腰椎 CT 检查，才发现居然是“腰椎间盘突出”。

传统上，腰椎间盘突出是老年病，多发于体力劳动者和男性。但近年来有年轻化趋势，而且很多来检查确诊的都是女性。原因尚不清楚，可能与现代女性在办公室工作时久坐、回家后喜欢躺或窝在沙发上看电视有关。

腰椎间盘突出症是指腰椎椎体间及腰椎与骶骨间椎间盘纤维环破裂，纤维环内髓核组织突出或脱出，压迫、刺激椎管内神经及椎间孔神经根引起一系列的症状和体征，是现代教师、白领、编辑、行政人员等群体的“职业病”。

为什么教师容易得腰椎间盘突出症?

如果用手摸一摸我们的脊柱，就会发现，长长的脊柱其实是由一块块的小骨组成的，这些小骨叫椎骨。椎骨并非简单地叠在一起，它们之间隔着椎间盘（类似弹簧垫），并由相关的韧带联结固定。从椎骨两侧伸出来的一对对脊神经，支配着我们的感觉和运动。当因为各种原因导致腰椎间盘突出（“弹簧垫”变形、弯曲、倾斜、拉断等），压迫神经时，就会带来一系列不适，即我们感受到的腰椎间盘突出症。

小贴士

### 腰椎间盘突出症防治小妙招

和颈椎病一样，腰椎病也没有特别好的治疗方法。很多人做了微创手术，但效果有限，或过不了多久又复发。所以最好的办法，莫过于提前预防。

端正坐姿：腰椎间盘突出症患者不宜坐低于20厘米的矮凳，要尽量坐有靠背的椅子。此外，前面曾提及，我们从小便被教育的90° 坐姿对腰椎并不好，恰当的坐姿应该是这样：选择一把靠背略向后仰的椅子（最好选择高度、靠背高度和倾斜度均可调节的椅子），高矮合适，人体放松，同时膝盖略微弯曲、双腿自然下垂，双足平实着地，膝关节略高于髋关节，臀部后移，身体稍稍后仰，轻轻靠于椅背，使上身与腿部夹角维持在135° 左右，必要时可在腰后部垫个小靠垫。此时脊柱及其相连的韧带和肌肉，包括大腿肌肉和背部肌肉，基本不会受到任何压力。可以最大限度放松腰背部肌肉，减少腰背部疾病的发生。

采用正确姿势：站立时，全身从脚开始微微上扬，即收腹挺胸，双肩撑开稍向后展，双手微微收拢，自然下垂；下颌微微收紧，目光平视，后腰收紧，骨盆上提，腿部肌肉绷紧，膝盖内侧夹紧，使脊柱保持正常生理曲线。行走时双手微微向身后甩，脚跟先着地，脚掌后着地，让胯部随之产生一种韵律般的轻微扭动。提取重物时，动作要连贯、缓慢，避免忽动忽停。

睡硬板床：前面将椎间盘比喻为弹簧垫，如果“弹簧垫”不受压，腰椎病的症状自然就缓解了。人体脊柱的4个生理弯曲中，腰椎是向前曲的，当我们睡软床的时候，重力的作用会有意无意地使腰椎向后曲，这样椎体间的“弹簧垫”会受力向后挤压。改睡硬板床，可以减轻椎体间“弹簧垫”的负重，对椎间盘突出的症状缓解和康复都有好处。

“五点支撑拱桥运动”：改睡硬板床后，如果有时间，可以每天做“五点支撑运动”。这里的“五点”指两肘、两脚和背部。当我们仰面平躺在硬板床上，屈膝，保证脚板紧贴床面而小腿与床面呈90° 时，双脚就是两个有力的支点；此时若双手握空心拳，双肘关节呈90° ，双手前臂和手腕垂直于床面，那么肘关节点也是两个有力的支点；此时两肘、两脚和背部紧贴床面，并同在一个平面上。向上抬腰，使腰部离开床面，像拱桥一样，维持一定时间，然后回复五点同面的状态，如此重复数次，对锻炼腰肌力量和椎间盘突出的康复都有好处。

“飞燕掠水”：俯卧床上，双臂放于身体两侧，双腿伸直，然后将头、上肢和下肢用力向上抬起，不要使肘和膝关节屈曲，要始终保持伸直，如飞燕状，反复锻炼20～40次。可以于睡前和晨起进行。

## 辅助治疗饮食

腰椎间盘突出需要坚持治疗和充分调养，如需手术治疗，则必须加强营养，保证充足的优质蛋白质的摄入，可以多吃一些大豆、奶类、蛋类、瘦肉、鱼、鸡肉等。注意补充维生素和矿物质元素，尤其是维生素 D 族、B 族以及钙、镁等，多吃新鲜的水果蔬菜，补钙可摄入适量牛奶、豆腐等，补充维生素 D，以促进钙质的吸收。多吃富含纤维素的食物以保持大便通畅，如木耳、竹笋、芹菜、苹果、香蕉等。选择清淡的饮食，限制食盐的摄入。避免生食和冷食，防止刺激病变部位的神经，使病情加重。

## 简易按摩疗法

按摩腰部可使局部皮肤中丰富的毛细血管网扩张，促进血液循环，改善腰肌营养，加速代谢产物的排出，有利于病损组织的修复，提高腰肌的耐力，缓解腰痛。

揉腰眼：腰眼位于第 4 腰椎棘突下，旁边 3.5 寸的凹陷处，左右各一。两手握拳，用拳眼紧按腰眼，先顺时针方向按揉 9 次，再逆时针方向按揉 9 次，反复 36 次，以腰部酸胀为宜。每日早晚各一次。

擦腰：两手对搓发热后，用两手掌根紧贴腰部脊柱两旁，直线往返摩擦腰部两侧，动作要快速有力，至发热为止。每日两次。

点按腰背部棘突：双手置于腰背部，以拇指指腹着力，从手能够得着的脊柱的棘突处开始，沿着脊柱，从上至下点按棘突和棘突下凹陷中的穴位，直至第五腰椎棘突下的凹陷中。点按时，动作要协调、有节律，用力要均匀，有渗透力。两手可交替点按，反复 20 次左右。每日两次。

捏拿腰部肌肉：用双手拇指和食指同时捏拿腰部脊柱两侧的肌肉。从上向下分别捏拿、提放腰部肌肉，直至腰骶部。每次自上而下捏拿 10 遍，每日两次。

叩击腰骶部：双手握空拳，反手置于腰部，以双手拳背着力，叩击痛处和整个腰部。可先从骶部向上叩击至手不能及为止，再从上向下叩击至骶部，如此反复 8～10 次。叩击时，要有节奏地连续叩击，力量应由轻到重，使局部有震动感。

## 膝关节退行性疾病

膝关节由股骨内、外侧髁和胫骨内、外侧髁和髌骨组成，是人体骨骼结构中最大的关节，也是构造最复杂的关节，由于它承受着身体全部的重量，所以也最容易造成损伤。

膝关节退行性病变，又称骨关节炎、骨关节病、退行性关节病、增生性关节炎病、肥大性关节炎、老年性关节炎等，是最常见的一种慢性、进展性关节疾病，是骨外科的第二大疾病，也是中老年常见病，常常表现为膝关节肿胀、疼痛、行走困难、上下楼艰难、蹲下起立困难，最终导致关节变形、功能丧失，严重影响病人的日常生活。本病多在 50 岁后发病，女性多于男性。

教师群体由于其工作特性，每天都要长时间站立，关节负荷重，如果不善加保护，就容易引起关节退化、损伤。

## 检查

膝关节退行性疾病是中老年骨科常见病，一般病人陈述病情后，医生就能有大致的诊断，之后再辅以影像检查。一般会采用**X**平片检查，但该检查对早期的病变诊断意义不大，因为只有发生骨质异常后才会产生影像改变。其次是膝关节超声检查，它可以清楚地观察到关节积液的程度和关节腔内的病变，但超声不能穿透骨组织成像，仍有许多方面无法检查出来。膝关节核磁诊断是效果最好的一种检查方法，费用相对略高。医生通过病患的综合症状和影像检查结果，一般可以作出明确的诊断。

膝关节退行性疾病要做到“早发现、早诊断、早治疗”，在治疗上应以缓解疼痛、改善关节功能、延缓关节退变为目的。一旦确认诊断结果，首先要让患者对该病有所认识，做好此病需要长期坚持调理、治疗的思想准备。针对其病因，患者应自觉采取控制体重、减少负荷、局部保暖和轻缓运动等方法来缓解病情，必要时要根据具体情况，采取不同的治疗方法。

## 治疗

临床治疗膝关节退行性疾病的方法很多，包括口服镇痛药、物理治疗、针灸疗法、封闭疗法、小针刀疗法、关节局部注射药物等，对病征明显的患者可进行关节镜关节腔清理术，对严重的关节病变需要进行膝关节人工关节置换手术。

## 非药物治疗

病患在平时的生活中可以采取如下方式来减轻患处疼痛，增强关节周围肌肉力量，增加关节活动度，恢复关节功能。

休息：减少关节压力，尤其是在症状剧烈和退变加重的情况下，最好卧床休息，以便关节囊和韧带松弛。如需出门走动，则需双侧手杖、架拐或人扶。

冷敷：疼痛发作，病人感到发热时，可用毛巾裹冰袋置于疼痛的膝盖上，每次 10 分钟。

热疗：疼痛消退后，可用热毛巾热敷患处 10 分钟。

运动：病患可通过适当运动，增加关节活动性及肌肉力量和稳定性，每天适量进行膝关节全范围的运动和肌肉群的锻炼，要注意循序渐进，防止关节过度运动和负重，造成机械性损伤。要注意的是，有些人想通过反复蹲起等剧烈动作来“磨合”关节，其实这样反而会加重关节的磨损，要杜绝这种做法。

## 膝关节功能锻炼

在日常生活中，我们可以通过适当的肌肉力量、稳定性训练，对膝关节进行预防保健。功能锻炼可促进局部血液循环，增强软组织的弹性和韧性，减少发病概率，延长发病间隙时间。

伸膝练习：坐在床边或椅子上，双脚平放在地板上，用力伸直一侧膝关节，保持这一动作直到有酸胀感，再慢慢弯曲膝关节。两腿交替5～10次。

屈膝练习：俯卧在床上，双下肢平放，将一侧膝关节弯曲，尽量靠向臀部，并保持这一动作直到有酸胀感，再慢慢伸直膝关节。两腿交替5～10次。

腘绳肌练习：仰卧在床上，双下肢平放，将一侧膝关节尽量贴向胸部，然后逐渐伸直膝关节，保持这一动作直到有酸胀感，再弯曲膝关节，然后慢慢放平。两腿交替5～10次。

侧躺练习：右侧卧在床上，脚后跟并拢，膝盖微微弯曲。头枕于右臂上，左手持1～2千克重物。尽量抬高左腿膝部，坚持几秒放下，重复15次后换腿。

架桥练习：仰卧在床上，膝盖弯曲，双脚分开与臀部同宽，手臂放在身体两侧。慢慢抬起髋部，然后缓缓放下，重复15次。

## 生活调理

要想膝盖好，合理饮食少不了。患者在日常生活中，可通过摄取能强化髌骨、关节软骨的食物来补充身体营养，缓解病症。要保证食物品种多样，营养均衡；摄入热量适当，以保持理想体重；糖、脂肪和胆固醇摄入量要少；多摄入富含淀粉、纤维素和维生素的食物；减少食物中氯化钠的含量；有饮酒习惯者，不可多喝。推荐食用以下食物：

含抗氧化剂的食物：过多的自由基会侵袭关节组织，食用抗氧化剂食物能够对抗自由基，减轻关节炎症。富含抗氧化剂的食物（含维生素 A 和类胡萝卜素、维生素 C、维生素 E、硒等）包括各种蔬菜、水果、大麦、小麦胚芽、玉米、绿茶、红酒等。

含类黄酮的食物：含类黄酮的食物可以增强关节内的胶质，减缓发炎，加速关节复原，包括柑橘、草莓等水果和有颜色的新鲜蔬菜。

含钙质的食物：含钙质的食物可以预防骨质疏松症，强化膝关节周围的骨质，包括各种乳制品、小鱼、虾类、蛤、牡蛎、豆类、豆制品等。

含 Ω—3 脂肪酸的食物：Ω—3 不饱和脂肪酸具有抗炎症的作用。鱼和鱼油含有的 Ω—3 脂肪酸，能减轻膝盖痛和关节僵硬，保护膝盖软骨。

膝盖的日常保健：

不要长时间走路，觉得膝关节不舒服时立即休息。

不要过度锻炼和过度劳动，尤其是需要运动膝盖部分的锻炼和劳动。

避免蹲或跪的姿势。

注意膝盖的保暖。

选择合脚的鞋子，不穿或尽量少穿高跟鞋。

## 辅助治疗食疗方

三七丹参粥：将三七 10～15 克、丹参 15～20 克和鸡血藤 30 克清洗干净，加入清水煎出浓汁。将粳米 300 克煮粥，粥煮好后加入药汁，一起煮几分钟后即可食用，有活血化瘀、通络止痛的效果。

冬瓜薏仁汤：冬瓜 500 克，不削皮，切片，薏仁 50 克，两者加水小火煮至冬瓜软烂，食用时可加入适量食盐调味，有健脾、清热利湿的效果。

老桑枝煲鸡：老桑枝 60 克，母鸡 500 克，加水煮汤，加入适量食盐调味，喝汤吃肉，有温经散寒、清热除湿的效果。

## 下肢静脉曲张

看过黄果树瀑布的朋友，大多会对“飞流直下三千尺”的壮观景象有直观的感受。水会“飞流直下”，主要是因为重力的作用。同样，当我们站立时，体内的血液也会受重力作用往下流，这时候就要靠静脉血管的收缩压迫血液倒流回心脏。久而久之，下肢的静脉负荷过重，就容易导致下肢静脉曲张，血液淤积。

下肢静脉曲张也是教师最常见的职业病之一，简言之，就是下肢静脉负荷过重，如同汽车上老化了的橡胶传输带或吹好后放置久了的气球，弹性、收缩性减弱了。教师站立时间长，下肢静脉中的血液长时间不能向心脏回流，淤积在腿和脚的静脉里，不仅会造成腿脚肿胀，而且腿上的青筋还会像蚯蚓一样暴出来。下肢因此常感酸胀不适、沉重或疼痛，易疲劳，严重者腿还会变黑，出现湿疹、溃疡，慢慢连站都站不住，严重影响生活。

## 治疗

一般情况下，除少数（如孕妇妊娠期）静脉曲张能够部分恢复外，教师久站所致的静脉一旦曲张便很难恢复，而且病情会逐渐加重。

对于症状较轻者，可采用保守疗法。如穿弹力袜等，在一定程度上延缓病情的发展。对重度静脉曲张而症状又较明显的病例，应采用手术治疗。根据不同病情可采用：

高位结扎：适用于只有上端静脉瓣闭锁不全的病例。结扎大、小隐静脉上端可杜绝血液回流，使扩张的静脉不致再度充盈。

静脉剥脱及切除术：高位结扎的同时，应将曲张的静脉整段或分段剥脱或切除。

筋膜下交通支结扎术：适用于下肢静脉曲张伴发交通支瓣膜功能不全者。

手术后残留曲张静脉可以采取硬化剂注射治疗。

## 预防

教师们要注意避免长时间站立，同时注意多锻炼小腿肌肉。在工作间隙经常踢腿、勾脚、收缩小腿肌肉、蹲起等，不要一直站在一个地方不动。

讲课时可尝试以下办法：根据需要，将身体重心交替由一只脚移到另一只脚上，始终保持一只脚处在休息状态；两脚轮流交替或同时提起脚后跟，抬高身体；由脚尖着地改为脚后跟着地，再由脚后跟着地改为脚尖着地；轮流屈伸双腿，使脚离开地面；在日常教学生活中可穿能支撑住脚弓的低跟或中跟鞋，还可以穿弹力袜，减轻站立压力对脚部的影响。

在睡觉时，可以把双脚轻轻垫起，促进双脚的血液流动，以舒缓静脉的压力。

闲暇时候，多用热水敷腿、泡脚，做做踝关节屈伸活动，也是种不错的缓解方式。

## 辅助治疗食疗方

金橘根煲猪肚：金橘根 30 克，猪肚 100～115 克，加水 4 碗，饮汤食肉。适用于肝气郁滞型下肢静脉曲张。

参芪双核粥：黄芪 20 克，党参 30 克，荔枝核 15 克，芒果核 15 克，粳米 15 克，煮粥食用。适用于气虚血滞型下肢静脉曲张。

橘核益母草黑豆糖水：橘核 15 克，益母草 30 克，黑豆 60 克，加水 3 碗煎至 1 碗，加红糖适量。适用于淤阻脉络型下肢静脉曲张。

## 简易按摩疗法

按摩脚：洗脚后，双手搓热，轻轻揉搓相关部位或穴位，可全脚按摩，也可局部按摩，多按摩涌泉穴（足心）或太冲穴（一、二足趾关节后）或太溪穴（内踝高点与跟腱之间凹陷中）。

搓揉腿肚：以双手掌紧夹一侧小腿肚，边转动边搓揉，每侧揉动 20 次左右，然后以同法揉动另一只腿。此法能增强腿力。

扳足：取坐位，两腿伸直，低头，身体向前弯，以两手扳足趾和足踝关节各 20～30 次。能锻炼脚力。

扭膝：两足平行靠拢，屈膝微向下蹲，双手放在膝盖上，膝部前后左右呈圆圈转动，先向左转，后向右转，各 20 次左右。

甩腿：一手扶物或扶墙，先向前甩动小腿，使脚尖向上翘起，然后向后甩动，使脚尖用力向后，脚面绷直，腿亦尽量伸直。在甩腿时，上身正直，两腿交换各甩数十次。

# 痛风

患过痛风的人都有深切的体会——痛风痛起来真要命。近些年来，随着生活水平的提高，痛风患者的人数和发病率都有逐渐增高的趋势。特别是对于中老年人，这已经是一种较为常见的代谢性疾病了。

痛风是一种由代谢系统功能紊乱所致的疾病，尿酸增高是其显著标志之一。尿酸是体内细胞和能量物质分解时生成的废弃物。正常人体内平均大约有 149～416mmol/L 尿酸的排泄和生成同时进行，一般每天排泄掉的与新生成的尿酸量相当。如果这样不断排泄又不断生成的循环不被打破，形成一种动态平衡，倒也无事。但尿酸排泄不良或者尿酸的量增加过多而来不及排泄时，血液中尿酸的浓度就会异常增高，从而形成高尿酸血症。剧烈的无氧运动、饮食过量、酒精摄入过量、精神压力大等，都会引起尿酸增加；大量出汗、体内水分不足时，尿的排泄量也会减少；若肾脏功能低下，使得尿酸无法排泄掉，血液中的尿酸水平也会很快上升。

血液中尿酸水平超过正常限度时，尿酸就开始从血液中析出，与钠结合，形成白色针状的尿酸盐结晶物。这些结晶在关节和皮下等部位附着堆积，刺激关节等处，引起红肿、酸痛、发热、关节变形等症状，形成痛风。持续的高尿酸血症，会使痛风症状逐渐恶化。痛风如果持续 5 年以上未经治疗，尿酸在皮下附着凝固，那么脚、手指、手背、肘部、耳朵边缘、肾脏等处都会形成瘤状的痛风结节。

检查时常通过血液检查，测定血尿酸、酶活性，同时视病情做滑囊液、痛风石活检、X 线、CT 与 MRI 检查作为辅助。

痛风的症状按照轻重分为四个阶段。

一阶段：即前期，属于无症状期。在这个阶段，患者几乎没有任何生理上的不适，唯一能够判定他们患有痛风的指标就是血液中尿酸含量呈持续性或波动性增高。

二阶段：即早期，痛风症状表现为急性痛风性关节炎发作。患者常常会在半夜因为脚趾、踝关节、膝关节、腕关节、指关节、肘关节等处出现红肿热痛的症状而被痛醒，且这些关节的正常功能有了明显的障碍。患者测量体温时会发现温度有升高。

三阶段：即中期，此阶段急性关节炎反复发作，关节出现不同程度的骨破坏与功能障碍损伤，使慢性痛风性关节炎形成。可形成皮下痛风石、尿酸性肾病及肾结石，肾功能正常或轻度减退。发病的关节会出现肿胀、僵硬、畸形，就像石头一样，不对称，大小也不一致。

四阶段：即晚期，会有明显的关节畸形及功能障碍显现，皮下痛风石数量增多、体积增大，破溃会出现白色尿盐结晶。尿酸性肾病及肾结石有所发展，肾功能明显减退，可出现氮质血症及尿毒症。

## 治疗

一般常规体检有尿酸检查一项，如尿酸超标，应及早去医院就诊，以免病情加重。

痛风患者急性关节炎发作时，需卧床休息，除了必须下床完成的事项之外，杜绝下地活动。同时可用被子、靠垫等将关节炎发作的下肢抬高，以减轻患肢关节的负重。

急性发作时，通常服用秋水仙碱、别嘌醇、非甾体类抗炎药（最常用的是吲哚美辛），如果无效，则要考虑使用糖皮质激素进行短期治疗。发作间歇期或是慢性期，可以服用促进排泄尿酸的药物、抑制尿酸形成的药物。如果痛风石对关节功能造成的障碍影响过大，可以去医院进行理疗，必要时可以行手术去除痛风石。伴有其他代谢综合征的患者，也要积极配合治疗，比如降低高血压、降低高血脂等等。以上治疗均需在医生指导下进行。

## 预防

1. 限制含嘌呤的食物。预防痛风主要需要预防尿酸增高。尿酸是嘌呤代谢的最终产物，对于一切富含嘌呤的食物都要限制食用，比如动物的内脏、海鲜、豆制品等等。另外火锅汤中嘌呤含量特别高，应不吃火锅。

2. 禁酒，尤其是啤酒。啤酒中含大量的嘌呤。喝啤酒吃海鲜，诱发痛风的几率会大大增高。因此患有痛风的病人尤其要严格禁止啤酒的摄入。而其他的酒类中也有或多或少的嘌呤，也应禁止饮用。

3. 多锻炼，避免肥胖。肥胖已经被证实与痛风的发生有一定的关系，因此预防痛风要适当运动，科学地锻炼身体，同时限制食物热量的摄入，避免发胖。

4. 多喝水。为了排出体内过多的尿酸，应多喝水。对于痛风患者，每天应喝 2000 毫升以上的开水。因为水能帮助新陈代谢，使尿酸排出。

5. 可多吃高钾质食物，如香蕉、西兰花、西芹等。钾可减少尿酸沉淀，有助于将尿酸排出体外。多摄取充足的碱性食物，如海带、白菜、芹菜、黄瓜、苹果、番茄等蔬果。

## 辅助治疗食疗方

薏仁粥：取适量的薏仁和白米，两者的比例约为 3∶1，薏仁先用水浸泡 4～5 小时，白米浸泡 30 分钟，然后两者混合，加水一起熬煮成粥。

冬瓜汤：取冬瓜 300 克（不连皮），红枣 5～6 颗，姜丝少许。先用油将姜丝爆香，然后连同冬瓜切片和红枣一起放入锅中，加水及适量的调味料煮成汤。

小贴士

## 痛风与其他关节疾病的区别

1. 类风湿性关节炎。类风湿性关节炎多见于青、中年女性，好发于手指小关节和腕、膝、踝、骶髂和脊柱等关节，表现为游走性、对称性关节炎，血尿酸不高，类风湿因子多阳性，X线示关节面粗糙，关节间隙狭窄，甚至关节面融合，与痛风所致的骨质缺损明显不同。

2. 假性痛风。假性痛风是由于关节软骨钙化所致，常见于老年人，膝关节最易累及，急性发作时症状酷似痛风，但血尿酸不高，关节滑囊液检查含焦磷酸钙结晶或磷灰石，X线片示软骨钙化。

3. 化脓性关节炎和创伤性关节炎。化脓性关节炎血尿酸不高，关节滑囊液内含大量白细胞，培养可得致病菌；创伤性关节炎常有较严重的受伤史，可作鉴别。

4. 蜂窝织炎。痛风急性发作时，关节周围软组织常有明显红肿，若忽视关节本身症状，易误以为是蜂窝织炎。而蜂窝织炎血尿酸不高，畏寒发热及白细胞增高等全身症状更突出，且关节痛往往不明显。

5. 其他。痛风急性期须与红斑狼疮、复发性关节炎及银屑病关节炎鉴别。慢性期则须与肥大性关节病、创伤性及化脓性关节炎的后遗症鉴别。血尿酸检查有助诊断。

## 急性胃肠炎

急性胃肠炎是胃肠黏膜的急性炎症，多发于夏秋季节，原因多为饮食不当，暴饮暴食，或者吃了生冷的、腐败变质的、不干净的食物。本病起病急，一般在进食不洁食物后数小时至 24 小时发病，主要表现为恶心、呕吐频繁，剧烈腹痛，频繁腹泻，多为水样便，大便内可含有未消化食物、少量黏液，甚至血液等。常伴有发热、头痛、全身不适。呕吐、腹泻严重者，可有脱水、酸中毒，甚至休克（多见于老人与儿童）。上腹及脐周有压痛，无肌紧张及反跳痛，肠鸣音多亢进。

### 治疗

急性单纯性胃炎病因简单，治疗起来不复杂，只要按下列措施进行救护，就能很快恢复正常：

尽量卧床休息，停止一切对胃有刺激的饮食和药物。严重者酌情短期禁食，症状缓解后给予稀饭等易消化的清淡少渣的流质饮食，利于胃的休息和创面的愈合。

多喝水，由于呕吐、腹泻失水较多，病人应在身体允许的情况下尽可能多饮水，补充丢失的水分。以淡糖盐水为好（白开水中加少量糖和盐而成）。不要饮含糖多的饮料，以免产酸过多，加重腹痛。呕吐频繁的病人不宜一次大量饮水，可在一次呕吐后少量饮水（50 毫升左右），多次饮入，以防呕出。

伴腹泻、发烧者可适当应用黄连素、诺氟沙星等抗生素。病情较轻者一般不用，以免加重对胃的刺激。

呕吐腹泻严重、脱水明显者，应及时送医院静脉输液治疗，一般一两天内可恢复。

腹痛明显者可在医生指导下服用药物止痛，还可局部热敷腹部止痛（有胃出血者禁用）。

慎用或不用易损伤胃黏膜的药物。

急性单纯性胃炎要及时治疗，愈后防止复发，以免转为慢性胃炎，迁延不愈。

中药治疗可酌情用保和丸、霍香正气丸。

如两天没有缓解，或病情较重者，应及早去医院检查与治疗。

小贴士

## 急性肠炎吃什么好

肠炎初期

肠炎初期是肠道急性充血、水肿、炎症和渗出的阶段，此时肠蠕动活跃或处于痉挛状态，其消化吸收功能都比较弱，所以，在起病后8～12小时内，患者可吃流质食物，如大米粥、藕粉、鸡蛋面糊、细挂面、烩薄面片等。如腹泻严重或出汗较多，还应适当给病人多喝一些汤水，如米汁、菜汤、果汁、淡盐开水等，以补充体内水、维生素和电解质。

肠炎好转期

好转期可给患者吃些容易消化及营养丰富的流质或半流质食物，如大米粥、细面条、蒸蛋羹、咸饼干等。宜采用少食多餐的方法，每日进食4～5次。需要注意的是，此时不宜喝牛奶和吃大量的糖，因这些食物进入肠道后容易发酵产生大量气体，引起腹胀腹痛，增加患者痛苦。另外，牛奶中含有较多的脂肪，脂肪有润滑肠道、增强肠蠕动的作用，会加重肠道负担，对病情不利。

肠炎恢复期

由于胃肠道尤其是肠道病理、生理的改变，此时肠道对食物非常敏感，因此，要特别注意节制饮食，宜吃清淡、软烂、温热的食物，避免过早地进食肥肉，油炸、生冷坚硬的食品以及多纤维食物，如芹菜、韭菜、蒜薹等。恢复期后2～3天，即可正常进餐。

另外急性肠炎一定要注意：

1. 禁酒。
2. 禁食一切辛辣刺激性食物。
3. 少食多餐。
4. 平时用手顺时针揉摸腹部。
5. 遵医嘱按时吃药。

## 辅助治疗食疗方

中医认为急性胃肠炎的发生，多因感受暑湿之邪，贪凉寒湿，或饮食不当等损伤脾胃而致。下面推荐几款食疗方。

大蒜茶：将一头蒜切片，加入少量茶叶，加一大碗水，烧开后再煮一两分钟，温时服下，有辅助治疗作用。

石榴乌梅汤：石榴皮 15 克，生姜 15 克，乌梅 12 克。每日一剂，将上述食材煎煮约 30 分钟，即可服用，一天服用 3～5 次。此方对急性胃肠炎以腹泻为主者，具有显著止泻作用。

马齿苋粥：马齿苋 250 克，粳米适量。取马齿苋洗净切成小段，加水适量，煎 30 分钟，捞出渣，再将糯米淘净，入锅中，煮粥，粥熟前加入适量蜜糖稍煮即可。连服 5～7 日，无毒副反应。马齿苋具有清热解毒、凉血消肿的作用，本方适用于菌痢、急性肠炎、湿热型腹泻等症。

## 预防

急性胃肠炎都是起因于食物，因此严把食物卫生关是预防此病的关键。

1. 注意饮食、饮水卫生和粪便管理，消灭苍蝇，是预防该病的根本措施。

2. 冰箱内的食品要生熟分开，进食前要重新烧熟热透。

3. 蔬菜瓜果生吃前要洗净。

4. 外出吃饭选择干净卫生的饭店。旅行及外出吃饭时可以向服务员要一碟醋和几瓣蒜，蘸着醋就着大蒜结束这顿饭会对胃肠炎有较好的预防作用。

5. 夏天忌贪凉，忌吃过多生冷食物。

# 慢性胃炎

调查显示，教师、司机、公司白领、交警、记者等是容易发生慢性胃病的行业，其从业者患病几率要比其他行业从业者高出两三倍，其中教师的发病率更是高居首位。教师工作经常废寝忘食，为了赶时间，不少教师还会忽视吃早餐。而饮食不定时、睡眠不足、工作压力大、精神高度紧张等都是诱发胃炎的因素。慢性胃炎可无明显症状，部分病人有消化不良的表现，包括上腹饱胀不适，特别是在餐后上腹隐痛，或无规律上腹隐痛，剧痛少见。还可有嗳气、反酸、胃灼热、呕吐等症状。除胃部症状外，少数病人可伴有全身症状，如贫血、乏力、消瘦、腹泻、黑便等，需及时就医。

## 检查

为了能够准确了解胃病的发展情况，需进行相应的检查：

1. 检测幽门螺旋杆菌

幽门螺旋杆菌会引起胃黏膜轻微的慢性发炎，甚或导致胃及十二指肠溃疡与胃癌。一般采用 $^{14}C$_尿素呼气试验来检测，检查前需空腹。

2. 钡餐检查

服用造影剂，一段时间后造影剂通过消化道的蠕动，充满整个消化道，利用 X 线检查，可以了解消化道各器官的形态特征。检查前需空腹。近年来已少用此检查。

3. 胃镜检查

胃镜是目前最准确的一种检查。通过胃镜检查可发现食道、胃病变等，并可进行活组织检查及息肉摘除术。胃镜检查需空腹进行，可直观、精确发现病变，病变发现率优于钡餐。

4. 无痛胃镜

对常规胃镜检查反应较大的病人，采取药物使病人处于无意识状态而消除检查时的不适，此即“无痛胃镜”检查。检查前准备：检查前至少要空腹6小时以上。如当日上午检查，前一日晚餐后要禁食，当日免早餐；如当日下午检查，早餐可吃清淡半流质食物，中午禁食；临床怀疑有胃潴留的病人须禁食、禁饮3天后再行镜检，3天内可行输液维持；如已做钡餐X线检查，休养3天后方可接受胃镜检查。检查完毕不要立即进食。行活组织检查后的病人2小时后可喝少量温开水，4小时后可进少许冷流质食物。

5. 胶囊内镜检查

现在胶囊内镜已逐步投入临床使用。胶囊内镜在检查时，无需特殊准备，无需插管，只需服用一粒小小的“胶囊”。该“胶囊”因胃肠动力自行在体内穿行，并摄下胃和大肠、小肠的图像，将图像通过传感器以数字的形式传输到病人随身携带的一个比香烟盒子略大的记录装置上。整个过程大概需要8～10小时，期间病人可离开医院正常工作、生活。此检查虽无痛苦，方便进行，但也因“胶囊”是随胃肠蠕动运行的，随机性强，有的病变部位看不到，有其局限性。

## 治疗

慢性胃炎尚无特效的治疗性药物，无症状或症状轻微者可不必用药。症状明显者需服药治疗。

西药治疗：

西医主要是抗生素和对症治疗。

对幽门螺旋杆菌感染引起的胃炎，一般采用三联疗法，疗程一般以一周为主，最多不超过两周（特殊病人除外）。常见的三联疗法是一种制酸药——奥美拉唑、泮托拉唑、雷贝拉唑等都可以，再加两种抗生素，一般是阿莫西林加克拉霉素，对青霉素过敏的，可以用甲哨唑加克拉霉素，一共三种药物，所以称“三联疗法”。疗程不超过两周。

对萎缩性胃炎，胃酸缺乏，消化不良，可选用胃蛋白酶，口服每次 0.5 克，每日 4 次。此外，还可选用酵母片、胰酶、多酶片等助消化药。对肥厚性胃炎、胃酸过多者，可选用制酸药。有胃痛者，可适当用解痉止痛药。有胆汁反流者，应用考来烯胺（消胆胺）口服，每次 4 克，每日 4 次。

中草药治疗：

肝胃气滞症：表现为胃脘胀痛、痛连两胁，动怒时加重，嗳气频繁、饱闷不适。可用柴胡疏肝散加减：柴胡、香附、陈皮、枳壳、玄胡、川楝子、白芍各 10 克，甘草 6 克。每日一剂，水煎服。

或用胃痛宁，每次6片，每日3次。也可服用玄胡止痛片、舒肝止痛丸等。

胃热阴虚症：胃脘灼痛、咽干口渴、嘈杂食少或手足心热。方用麦门冬汤加减：沙参、麦冬、生地、知母各10克，石斛、丹皮、白芍各12克，陈皮、甘草各6克。或用百合30克，乌药9克。每日一剂，水煎服。也可用阴虚胃痛冲剂，每日1～2袋，每日2～3次。或用胃安胶囊。

脾胃虚寒症：胃脘隐痛、喜温喜按、时吐清水、倦怠少食。方用香砂六君子汤加减：党参、白术、木香各10克，山药、茯苓各15克，干姜9克，砂仁、甘草各6克。每日一剂，水煎服。或用甘草50克，白芷25克，肉桂1克。用开水150毫升冲泡20分钟，每日一剂，每剂可浸两次，早晚分服。也可用香砂养胃丸，每次6克，每日3次。

小贴士

### 养胃秘诀

养成良好的生活习惯。饭只吃七分饱。早上要吃好，中午要吃饱，晚上要吃少。忌暴饮暴食。三餐定时，到了规定时间，不管肚子饿不饿，都应主动进食，避免过饥或过饱。细嚼慢咽，对食物充分咀嚼次数愈多，随之分泌的唾液也愈多，对胃黏膜有保护作用。饮水择时，最佳的饮水时间是晨起空腹时及每次进餐前一小时，餐后立即饮水会稀释胃液，用汤泡饭也会影响食物的消化。注意防寒，胃部受凉后会使胃的功能受损。

改变饮食习惯。不吸烟，因为吸烟使胃部血管收缩，影响胃壁细胞的血液供应，使胃黏膜抵抗力降低而诱发胃病。戒吃辛辣、油炸、烟熏食物如烧烤等，不吃过酸、过冷等刺激强烈的食物，不饮酒，少饮浓茶、咖啡等。多吃素菜和粗纤维食品如芹菜、香菇等。多吃富含维生素C的蔬菜和水果，维生素C对胃有保护作用。

饭后不宜运动。最好休息30~60分钟等胃部的食物消化得差不多后再开始运动。或者慢步行走，也对消化比较好。

平心静养。胃病发生与发展，与人的情绪、心态密切相关。因此，要保持精神愉快和情绪稳定，避免紧张、焦虑、恼怒等不良情绪的刺激。

## 辅助治疗食疗方

香菇牛肉粥：牛肉50克，煮熟切成薄片，加香菇、粳米各100克入锅内，再加适量水煮粥，调入葱、姜、精盐、味精等食用，适于肝胃气滞症。

党参黄米茶：党参25克，大米（炒焦黄）50克，加水4碗煎至2碗即成。代茶一日饮完，隔天一次，连续用。适于脾胃虚寒症。

沙参麦冬饮：沙参、麦冬各10克，饴糖30克，雪梨1～2个。先将前二药煎取药汁，趁热调入饴糖及雪梨汁。日分两次温服。适于胃热阴虚症。

银耳汤：银耳25克，用水泡发，后以微火稍煎，加入冰糖10克化入服食。早晚各一次。适于胃热阴虚症。

## 简易按摩及艾灸疗法

1. 按摩：取中脘、足三里、胃俞、脾俞等穴，用拇指进行按摩，至皮肤发红、有热感为度，每穴15～20分钟，每日4～5次。

2. 艾灸：取脾俞、中脘、内关、足三里等穴，点燃艾条一端，距皮肤约2～3厘米，分别对准上述穴位熏至皮肤红晕为度。每次每穴约5分钟左右，每天1～2次，10天为一疗程。

# 高血压

顾名思义，高血压就是血压超过标准值，以动脉血压增高为主要临床表现。从事脑力劳动者高血压发病率比从事体力劳动者高，它也是教师群体的常见病、多发病，对健康影响极大。

根据我国的标准，在安静状态下，经过多次正确测量（至少在不同时间测三次），收缩压≥ 140mmHg 和（或）舒张压≥ 90mmHg，都可认为是高血压。这一标准适用于 18 岁以上任何年龄的成人。

高血压病早期多数人无自觉症状，偶然体检时才发现血压增高。少部分有头痛、头晕、眼花、失眠、烦闷、乏力、记忆力下降等表现。还有些人表现为头胀、头部有压迫感和跳动感、注意力不集中。高血压病的后期，常可并发冠状动脉粥样硬化性心脏病、脑动脉硬化、脑血管意外（中风）、肾小动脉硬化和肾功能衰竭等心、脑、肾脏疾病。

## 预防

血压水平与心血管病发病和死亡的风险之间存在着密切的因果关系。控制高血压可降低 40%～50% 的脑卒中和 15%～30% 的心脏病发生风险，因此积极预防高血压应该引起重视。体重超标、饮酒过量或食盐过量的易患人群应坚持定期进行健康体检。除此之外，还应注意以下生活习惯。

限盐：世界卫生组织规定每人每天摄盐量不得超过 6 克，这里的 6 克不仅指食盐，还包括味精、酱油等含盐调料和食品中的盐量。盐的摄入量与高血压的发病呈正相关，即人群中盐摄入越多血压水平就越高。研究表明，日均摄盐量每增加 2 克，平均收缩压上升 2mmHg，舒张压上升 1.2mmHg。

戒烟：吸烟会导致动脉硬化、血管痉挛，影响血脂代谢等，是高血压的危险因素。

不要饮酒过度：长期过量饮酒是高血压发病的危险因素，还会降低降压治疗的疗效，诱发急性脑出血或心肌梗死。

减轻体重：超重或肥胖与高血压发生关系密切，体重指数（BMI）每增加 3kg/m$^2$，4 年内发生高血压的风险，男性增加 50%，女性增加 57%。因此应适量运动，以减少体内脂肪蓄积，减轻体重，促进血液循环，降低胆固醇，减少高血压的发生。其中有氧运动对降低血压效果更好，如散步、慢跑、太极拳、骑自行车和游泳等。

控制血脂：高脂血症是动脉粥样硬化的基础，动脉粥样硬化容易引起高血压。

饮食调理：多吃瓜果、新鲜蔬菜，补充钾、镁离子。高血压的典型特征是动脉壁增厚，适当增加钾、镁的摄入，能促进肾脏排钠，减少钠在体内潴留，起到预防和降低血压的作用。

保持良好的心理状态：情绪的变化可引起血压的波动，如强烈的焦虑、紧张、愤怒、惊吓、恐惧、压抑等情绪波动，以及长期繁重的劳动和过度精神疲劳等。高血压患者若情绪长期不稳定，也会影响抗血压药物的治疗效果。

## 治疗

抗高血压治疗包括非药物治疗和药物治疗两种方法，大多数患者需长期，甚至终身坚持服药治疗。高血压用药应遵医嘱，医生会根据患者具体情况（如年龄、病情等）选用不同药物。

须注意的是：青年高血压患者，宜选用 β 受体阻滞剂“洛尔”系列药，如阿替洛尔、美托洛尔、普萘洛尔等；60 岁以上的老年高血压患者，利尿剂和钙拮抗剂通常比 β 受体阻滞剂更有效。不同情况下的高血压用药，还应注意以下几个方面：

有抑郁症病史的高血压患者，应避免使用利血平或作用于中枢神经的药物如可乐定、甲基多巴等，以免诱发或加重抑郁病。

曾有中风或小中风病史的高血压患者，应避免使用能产生直立性低血压的药物，如哌唑嗪、胍乙啶等。

对于偏头痛性高血压患者，宜选用 β 受体阻滞剂（如美托洛尔等）或钙拮抗剂（如硝苯地平等）等。

对于骨质疏松的高血压患者，以选用襻利尿剂以外的利尿剂为宜，有助于保护骨结构。

除药物治疗外，保持健康的生活方式也可降低血压，控制其他危险因素发生。除此之外，也向大家推荐如下几种日常疗法。

## 辅助治疗食疗方

海带决明煎剂：海带 30～50 克，草决明 20 克，水煎服。

何首乌粥：何首乌 60 克，煎汁去渣，加粳米 100 克，大枣 3 枚，冰糖适量，同煮粥，早晚服用，有辅助降压作用。

## 按摩疗法

每日晨起和晚上睡觉前先将双手搓热，调整呼吸，安定后用双手大拇指指腹按揉太阳、百会、攒竹、率谷、风池、涌泉、阳陵泉、内关各约 100 次。缓慢地深呼吸，每日坚持，早晚各一次。

## 其他疗法

外治法：钩藤 20 克（剪碎，用布包好），冰片少许，放盆内并加热水，浴足，每次 30～45 分钟。早晚各一次，10 日为一疗程，连续 2～3 个疗程。也可用菊花、桑叶、野菊花、辛夷各 500 克，薄荷 200 克，红花 100 克，冰片 50 克，混合粉碎后装入布袋当做枕头睡眠时使用。

小贴士

## 高血压患者几大误区

误区一：对高血压采取不理不睬的态度。认为血压高没什么关系，只要没有什么症状，不必大惊小怪。其实，大量观察研究证实，血压即使稍微高一点，心血管病的危险性也会明显增加，对于高血压，千万不能不在乎，一定要认真对待。

误区二：降压求快求低。降压是一个长期的缓慢过程，不能操之过急，短时间内血压降得过快、过低会使病人感到头晕、乏力，还可诱发脑血栓等，带来严重后果。对于伴有心脑血管疾病的高危高血压患者，降压也强调缓和，在几周内将血压降至目标值即可。

误区三：血压一降，立即停药。降压药只在服药期间有效，如果血压正常就停药，药物浓度下降后血压或早或晚都会恢复到治疗前的水平。这样血压波动更大，会引起心、脑、肾发生严重的并发症。正确的服药方法是服药后如出现血压下降，可采用维持量继续服药，或者在医生的指导下进行调整。

误区四：只依赖降压药，忽视综合性治疗。诱发高血压的原因多种多样，对于高血压的治疗也应该采取综合性措施，否则就不可能取得理想的治疗效果。正确的做法是除选择适当的药物外，还要注意劳逸结合，调整饮食，限盐，戒酒限烟，适当参加活动，保持心情愉悦，保证充足睡眠，肥胖者应控制体重等。

# 高脂血症

老话讲“病从口入”，高脂血症就是与吃有关的“富贵病”。

当血浆脂质中一种或多种成分的含量超过正常高限时称高脂血症，导致高脂血症的一个重要原因就是摄取动物性脂肪太多了，从而导致胆固醇和甘油三酯升高。

在临床上，高脂血症分原发和继发两大类。前者与先天遗传有关；后者尤见于许多疾病，如糖尿病、黏液性水肿、肾病综合征、胰腺炎、肝内外胆管梗阻性疾病、痛风、脂肪肝等，系许多疾病中脂质和脂蛋白代谢紊乱的后果。

## 检查

高脂血症的诊断主要依靠实验室检查，其中最主要的是测定血中胆固醇和甘油三酯含量。

为了使测定结果能反应患者的稳定状态，在采血时检查者应维持原来规则的饮食至少两周，保持体重恒定，并停服任何降脂药物和激素，而且 4～6 周内应无急性病发作。急性心肌梗死、妊娠、应激以及其他创伤均可影响血浆脂质和脂蛋白含量，此时测定的血脂不能反映基础水平。除血脂分析外，病史、家族史、临床表现（如黄色瘤、老人环等）以及其他实验室检查，如心电图、血糖、甲状腺及肝、肾功能等，对本病的诊断也有一定的帮助。

治疗高脂血症应采取综合措施：

### 1. 控制理想体重

流行病学资料显示，肥胖人群的平均胆固醇和三酰甘油（甘油三酯）水平常高于同龄非肥胖者。除了体重指数（BMI）与血脂水平正相关外，身体脂肪的分布也与血浆脂蛋白水平有着紧密的联系。一般来说，肥胖人群更容易发生高脂血症，而当其体重减轻后，血脂紊乱也会恢复正常或减轻。

### 2. 运动锻炼

体育运动可以减轻体重，降低血浆三酰甘油（甘油三酯）和胆固醇水平，升高高密度脂蛋白胆固醇（HDL，即所谓“好胆固醇”）水平。

运动锻炼时，为安全起见，应注意以下事项：

（1）运动强度

适宜的运动强度应保持运动后的心率控制在个人最大心率的80%左右，也可以用“170－年龄＝最大心率”来衡量。以中速步行、慢跑、游泳、跳绳、做健身操、骑自行车等有氧活动为宜。

（2）运动时间

运动前应进行5～10分钟的预备活动，然后运动20～30分钟。运动完后最好再进行5～10分钟的放松活动。每周至少活动3～4次。

3. 戒烟

吸烟可升高血浆胆固醇和三酰甘油（甘油三酯）水平，降低高密度脂蛋白（HDL）胆固醇水平。

4. 饮食治疗

控制饮食，可使胆固醇水平降低5%～10%，并有助于减肥，使降脂药物发挥最佳效果。

饮食结构可直接影响血脂水平。血浆胆固醇水平易受饮食中胆固醇摄入量的影响，大量的饱和脂肪酸也可增加胆固醇的合成。通常，肉食、蛋及乳制品等食物（特别是蛋黄和动物内脏）中胆固醇和饱和脂肪酸含量较多，应不吃或者尽量少吃。食用油应以植物油为主，且每人每天摄入量以25～30克为宜。

5. 药物治疗

以降低血清总胆固醇和低密度脂蛋白（LDL）胆固醇为主要疗效的有他汀类药物，以降低血清三酰甘油（甘油三酯）为主要疗效的药物有贝特类和烟酸类药物。

6. 重度血脂异常的非药物治疗

极少数患者血脂水平非常高，可以通过血浆净化治疗和外科治疗来降低血脂。

## 生活调理

饮食方面，因为人体饱和脂肪酸的主要来源是肉类动物性脂肪（鱼类除外，鱼类的脂肪是非饱和脂肪），所以饮食控制就很重要。

宜常吃含不饱和脂肪酸的油脂，即植物油脂，如豆油、玉米油、葵花子油及花生油、麻油、橄榄油等；多吃植物蛋白，如大豆、花生蛋白；多吃富含植物纤维的食物，如各种素食、水果；常吃低胆固醇食物，如鲜奶、瘦肉（牛、羊、猪）、兔肉、蛇肉；带鱼、海参、海蜇、海鳗、蛤蜊；草鱼、鲢鱼等；多吃具有降血脂和减肥作用的食物（详见下表推荐食材）。

忌食高脂肪食物及饱和脂肪酸油脂，比如猪油、黄油、肥肉等；忌食和少吃高胆固醇食物，主要有动物脑和内脏，以及各种蛋黄；少吃含糖量高的食物，因为多余的糖在体内很容易合成脂肪，而在动物脂肪本身摄入较多的情况下，糖对血脂的增高是“火上浇油”。

高脂血症推荐食材与禁忌食材

| | |
|---|---|
| 推荐食材 | 玉米、燕麦、大豆、绿豆、芝麻、葵花子、灵芝、生姜、茶叶；<br>猕猴桃、草莓、金橘、无花果、荸荠；<br>南瓜、芹菜、洋葱、黄瓜、茄子、冬瓜、香菇、木耳、竹笋、马齿苋、西红柿、菠菜；<br>海带、海藻、海参；<br>甲鱼、鸽肉、兔肉、牛奶、酸奶。 |
| 禁忌食材 | （以每百克食材中胆固醇含量高低来排序）<br>≥ 2000 毫克：猪脑、牛脑、羊脑、咸鸭蛋黄；<br>≥ 1500 毫克：鸡蛋黄、鸭蛋黄、鹅蛋黄等；<br>≥ 500 毫克：虾米、虾皮、鸡蛋、鸭蛋、鹅蛋、松花蛋；<br>≥ 400 毫克：蟹黄、猪肾、鸡肝；<br>≥ 300 毫克：猪肝、猪肺、羊肾、干贝；<br>≥ 200 毫克：黄油、河虾、河蟹、黑鱼、鱿鱼、鲍鱼、蛤蜊；<br>≥ 100 毫克：肥猪肉、火腿、猪肚、猪心、猪舌、鸡肉、鸡爪、海蟹、海虾、甲鱼、鲫鱼、黄鳝、田螺。 |

## 辅助治疗食疗方

绿豆胡萝卜灌大藕：大藕 4 节，绿豆 200 克，胡萝卜 125 克，白糖适量。先将绿豆洗净浸泡 30 分钟后滤干，再将胡萝卜洗净切碎捣泥；用白糖与此二物调匀待用。藕洗净后以刀切开靠近藕节的一端，切下部分留作盖，将调匀的绿豆胡萝卜泥塞入藕洞内，塞满为止，并将切下部分盖在原处。再用竹签插牢，上锅隔水蒸熟当点心食用。

玉米粉粥：粳米 100 克入锅内，加水 500～800 毫升，煮至米开花后，调入适量玉米粉，使粥成稀糊状，再稍煮片刻即停火。每日早晚餐温热服食。

山楂荷叶茶：山楂 30 克，荷叶 10 克，瓦罐加水煎沸取汁，当茶饮，每日一剂。可清热降脂，适用调治冠心病、高血脂及胆固醇过高。

山楂二花茶：山楂、银花、菊花各 25 克，放茶杯内，冲入开水，加盖焗片刻即可代茶随饮。

芹菜汁：芹菜 200 克，以菜下半部之茎约 10 公分及全根为宜。煎头汁，早晨空腹服用；煎二汁，傍晚空腹服用。轻者每日一剂，重者每日两剂分 4 次服，一般连服 3 周左右。

## 糖尿病

糖尿病是因人体内胰岛素缺乏或胰岛素不能有效发挥作用而导致的一种终身性疾病，它以血糖、尿糖升高为特点，起病隐蔽，常通过慢性并发症使人致残、致死，故又被称为“甜蜜的杀手”。

糖尿病主要分为以下几种类型：

I 型糖尿病：是由自身免疫疾病引起的自身胰岛 B 细胞受损，属于胰岛功能完全丧失，临床也称为胰岛素依赖型糖尿病，多发于青少年。

II 型糖尿病：至今原因不明，但是跟肥胖、高血压等有关系，有明显的家族遗传性。属于胰岛功能相对丧失，临床称之为非胰岛素依赖型糖尿病，多发生于中年伴有肥胖的人群。

妊娠期糖尿病：属于女性妊娠期间引起的暂时性血糖升高，分娩后大部分都可以自行痊愈，当然也有很多不注意的人，导致真的患上了 II 型糖尿病。

其他类型糖尿病：此类一般都是在临床上使用激素类药物导致的。

糖耐量受损（IGT）和空腹血糖受损（IFG）：是指人体血糖值介于正常与糖尿病血糖值之间过渡阶段的一种中间状态。IGT 和 IFG 可以说是一种正常人向糖尿病的过渡状态，这部分人虽然现在还不是糖尿病，但是将来发生 II 型糖尿病的危险性非常高，可以说是糖尿病的“后备军”。据有关研究报道，每年 5%～8% 的 IGT 者将发展成为 II 型糖尿病。此外 IGT 者发生心血管病变，如心肌梗死、心绞痛的危险性也很高。

我们平时所说的糖尿病指的是 II 型糖尿病，大约占糖尿病患者总数的 90% 左右；I 型糖尿病多发于青少年，只占糖尿病总人数的 10% 左右；妊娠期糖尿病和其他类型的糖尿病发病率很低，几乎不到 1%。

## 诊断标准

1. 空腹血糖为 3.9～6.0mmol/L，糖尿病时空腹血糖≥7.0mmol/L（空腹定义为至少 8 小时内无热量摄入）。

2. 在口服糖耐量试验中，口服 75 克葡萄糖（或一个 2 两的馒头）两小时后，血浆血糖在 11.1mmol/L 或以上。

3. 有高血糖症状，并且随机血浆血糖在 11.1mmol/L 以上。

4. 糖化血红蛋白（HbA1C）在 6.5% 或以上。

糖尿病的典型症状是“三多一少”，即出现多尿、多饮、多食、消瘦等。很多患者只具备一两条，甚至没有任何症状，早期有的仅表现为眼睛疲劳、手脚麻痹、发抖、皮肤瘙痒、阳痿等，很难与糖尿病联系起来。与过去的标准比，当前的标准增加了糖化血红蛋白的标准，弱化了糖尿病症状的标准，使更多的糖尿病人得到了更早期的诊断，从而得以及时治疗。

## 检查

1. 血糖。血糖是诊断糖尿病的唯一标准（标准如上所述）。空腹葡萄糖受损（IFG）就是指空腹血糖升高，也未达到糖尿病的诊断标准，即空腹血糖在 6.1～6.9mmol/L 之间。葡萄糖耐量异常（IGT）指血糖超过正常的 7.8mmol/L，但仍未达到 11.1mmol/L。

2. 尿糖。常为阳性。血糖浓度超过肾糖阈（160～180mg/dL）时尿糖为阳性。肾糖阈增高时即使血糖达到糖尿病诊断也可呈阴性。因此，尿糖测定不作为诊断标准。

3. 尿酮体。酮症或酮症酸中毒时尿酮体为阳性。

4. 糖化血红蛋白（HbA1c）。是葡萄糖与血红蛋白非酶促反应结合的产物，反应不可逆，HbA1c 水平稳定，说明采血前近三个月的平均血糖水平稳定。是判断血糖控制状态最有价值的指标。

5. 糖化血清蛋白。是血糖与血清白蛋白非酶促反应结合的产物，反映出采血前 1～3 周的平均血糖水平。

6. 血清胰岛素和 C 肽水平。反映胰岛 β 细胞的储备功能。II 型糖尿病早期或肥胖型血清胰岛素正常或增高，随着病情的发展，胰岛功能逐渐减退，胰岛素分泌能力下降。

7. 血脂。糖尿病患者常见血脂异常，在血糖控制不良时尤为明显。表现为甘油三酯、总胆固醇、低密度脂蛋白胆固醇水平升高。高密度脂蛋白胆固醇水平降低。

8. 免疫指标。胰岛细胞抗体（ICA），胰岛素自身抗体（IAA）和谷氨酸脱羧酶（GAD）抗体是 I 型糖尿病体液免疫异常的三项重要指标，其中以 GAD 抗体阳性率高，持续时间长，对 I 型糖尿病的诊断价值大。在 I 型糖尿病的一级亲属中也有一定的阳性率，有预测 I 型糖尿病的意义。

9. 尿白蛋白排泄量。用放免或酶联的方法，可灵敏地检出尿白蛋白排出量，早期糖尿病、肾病尿白蛋白会有轻度升高。

## 糖尿病的防与治

糖尿病防治的“五架马车”：健康教育、饮食治疗、运动治疗、药物治疗和病情监测。

### 1. 健康教育

这是最重要的基础治疗措施之一。增加糖尿病知识，可以减少因无知而要付出的代价。

### 2. 饮食治疗

防治糖尿病最关键的就是控制饮食，调节生活。如果没有严格的饮食治疗作前提，血糖很难控制在正常范围。严格的饮食控制包括以下几点：

主食：一天总共 5 两。三餐自行分配，还可根据病人的体重指数和活动量适当加减，少吃碳水化合物含量高的食物，如白薯、土豆、藕等；可适当减少米饭、面等主食摄入，多吃蔬菜。

水果：每天三两。指橘子、苹果、梨等，进食时间最好在两餐之间为宜；空腹血糖指数在 10 以上时，暂不吃水果。

少吃稀饭：稀饭与干饭的食材同为大米，但由于烹调方法不同，进入人体后其血糖指数相差悬殊。研究发现，大米煮成稀饭进入人体后血糖指数较干饭显著增加，其升血糖作用甚至接近等量葡萄糖。

充足的蛋白质：每天五份，包括 1 两鱼、1 两肉、1 个鸡蛋、1 袋奶和 1 份豆制品（1 两豆腐干或 2 两豆腐或 1 碗豆汁或豆腐脑），合并肾病的不要吃豆制品，其他蛋白质也酌减。

饮酒：不建议糖尿病患者饮酒。每日不超过 1～2 份标准量（1 份标准量为：啤酒 350 毫升，红酒 150 毫升或低度白酒 45 毫升，各约含酒精 15 克）。

食盐：食盐摄入量限制在每天 6 克以内，高血压患者更应严格限制摄入量。

其他：控制油炸食品，控制粉条、薯类食品。

### 3. 运动治疗

运动能提高胰岛素敏感性，改善血糖控制；加速脂肪分解，减轻体重，改善脂代谢，有利于预防糖尿病心血管并发症；增强体力及免疫力功能，并有助于改善精神状态，消除不良情绪。但糖尿病患者的运动量、活动方法等是有讲究的，以下几点应当注意：

尽可能在饭后 1～2 小时运动，这时血糖较高，不会发生低血糖。

不宜在空腹情况下运动，有晨练习惯的患者运动前要进食，如喝一杯牛奶，吃几块饼干，并随身带几块糖果。

有氧运动最佳，有氧运动时葡萄糖代谢后生成水和二氧化碳，很容易通过呼吸排出体外，对人体无害。但要避免在恶劣气候条件下做户外运动。户外特别是野外运动后，要检查脚和手，及时发现外伤，预防感染。

若运动中出现不适，例如饥饿感、出冷汗、心悸、心跳加快，可能是出现了低血糖反应，应及时补糖；如果出现胸闷、胸痛或腿痛，应立即停止运动，并尽可能到附近医院就诊，检查一下。

量力而行，避免剧烈运动。

#### 4. 病情检测

血糖：每月至少两次（空腹及三餐后两小时血糖）

糖化血红蛋白：每三月一次

尿常规：主要酮体、尿蛋白

体重、血压：首诊必查，每三个月一次

血脂、血黏度：首诊必查，每年一次

肝功能、心电图、眼底：根据病情决定次数

#### 5. 药物治疗

糖尿病患者，当饮食疗法、运动治疗和减轻体重不足以控制血糖时，就需要药物干预，主要包括口服药和胰岛素治疗。

口服药物主要有以下几类：

磺脲类。适用于II型糖尿病，体重较轻或正常，有胰岛素分泌者。餐前半小时服药效果最佳。常用药物：格列苯脲（优降糖）、格列吡嗪（美吡哒）、格列喹酮（糖适平）。不良反应：最常见的是低血糖，其次是体重增加、消化道反应、肝功能异常、皮肤过敏、白细胞减少等。

格列奈类。适用于II型糖尿病，体重较轻或正常，有胰岛素分泌但磺脲类效果不佳，尤其是餐后血糖高者。常用药物：瑞格列奈（诺和龙、孚来迪）、那格列奈（唐力）。不良反应：同磺脲类。

二甲双胍类。适用于体型超重或肥胖、食欲旺盛的各型糖尿病患者。常见药物有：二甲双胍（格华止、美迪康）。为减轻双胍类药物的胃肠副作用，一般建议餐后服用。不良反应：消化道反应、肝肾功能损害、老年或有心肝肾病变及缺氧者易发生乳酸性酸中毒。

糖苷酶抑制剂。适合于餐后血糖高的各型糖尿病患者。常用药物：阿卡波糖（拜糖平）、伏格列波糖（倍欣）。本药单用不会发生低血糖，进食第一口饭时嚼服有效。不良反应：使用初期有腹胀、排气多等消化道症状，坚持服用或减量可减轻。

噻唑烷二酮类。又称胰岛素增敏剂，通过提高靶组织对胰岛素的敏感性，提高利用胰岛素的能力，改善糖代谢及脂质代谢，能有限降低空腹及餐后血糖，单独使用不引起低血糖，常与其他类口服降糖药合用，产生明显的协同作用。此类药物包括曲格列酮、罗格列酮、吡格列酮等。不良反应：反应性水肿，体重增加，有心脏病、心力衰竭倾向或肝病者不用或慎用。

胰岛素根据来源分为牛胰岛素、猪胰岛素和人胰岛素，其中人胰岛素副作用少，但价格较贵。牛、猪胰岛素价格便宜，但容易发生过敏或胰岛素抵抗，已被人胰岛素取代。根据作用时间分为超短效胰岛素、短效胰岛素、中效胰岛素、长效胰岛素、预混胰岛素。不同胰岛素有不同的注射时间：超短效胰岛素及其预混制剂须在餐前即刻注射；短效胰岛素或其预混制剂须在餐前 30

分钟注射；中效胰岛素和长效胰岛素一般在睡前注射。

## 辅助治疗食疗方

苦瓜：清热解毒，除烦止渴，临床与动物实验证明苦瓜具有明显降低血糖的作用。糖尿病人常食，能起到一定降低血糖的效果。可用鲜苦瓜做菜食用或红烧苦瓜，每次100克。糖尿病脾胃虚寒者不宜服用。

南瓜：具有降低血糖、血脂的作用。国内外临床研究表明，南瓜粉对轻型糖尿病确有疗效。可将南瓜烘干研粉，每次5克，每日3次，也可用鲜南瓜250克煮熟食用，既充饥又可降低血糖。

葛根粉粥：葛根粉30克，粳米50克，共煮粥服用。适用于老年人糖尿病，或伴有高血压、冠心病者。葛根含黄酮类，具有解热、降血脂、降低血压、降低血糖的作用。

芹菜粥：鲜芹菜60～100克，切碎，粳米50克，煮粥食用。适用于糖尿病合并高血压者。

沙参玉竹煲老鸭：沙参30～50克，玉竹30克，老雄鸭1只，葱、姜盐少许焖煮，熟后食肉饮汤。适用于中老年糖尿病患者。

玉米须炖龟：玉米须100克，乌龟1只，葱、盐、料酒适量，炖熟食肉饮汤。适用于一般糖尿病患者。

## 冠心病

众所周知，汽车要跑得快，全靠发动机提供动力。那发动机又靠什么开动呢？靠燃料的燃烧。我们一般把心脏称作人体的“发动机”，因为它担负着将溶解我们人体营养、免疫等重要物质的载体——血液输送到全身各处的重任。另一方面，心脏自己本身也需要发动和为其提供营养的“燃料”，而专门为心脏输送血液的血管就是冠状动脉。一旦冠状动脉出问题，那么人体的“发动机”要么动力不够，要么停摆，后果不堪设想。

冠心病是冠状动脉粥样硬化性心脏病的简称，也是教师群体的多发病之一。由于供应心脏血液的血管——冠状动脉发生粥样硬化，引起管壁增厚、变硬、失去弹性、管腔变窄，血流受阻，导致心肌缺血、缺氧，引起心脏病。冠心病的发病率有随着年龄增长而增高的趋势，40 岁以后得冠心病的几率明显增加，且男性多于女性；而女性绝经后冠心病的发病率也会明显上升。

冠心病可分为无症状心肌缺血、心绞痛、心肌梗死、心肌硬化和猝死五种类型。

无症状心肌缺血又称隐匿性冠心病，患者可无临床症状，仅于体格检查时发现心电图有缺血表现。但本型可突然转变为心绞痛、心肌梗死，甚至出现心肌硬化或猝死。

心绞痛的临床表现为阵发性的前胸压榨疼痛感，主要位于胸骨后部，可放射至心前区、左肩、左颈部与左上肢，常发生于劳累或情绪激动时，持续3～5分钟，很少超过10分钟，患者在休息或用亚硝酸酯制剂后症状迅速消失。

心肌梗死是冠心病的一种严重表现，可有剧烈且较持久（持续数小时到1～2天）的胸骨后疼痛、休克、发热、白细胞增多、红细胞沉降率加快、血清心肌酶活力增高及进行性心电图变化等表现。

心肌硬化表现为心脏增大、心力衰竭、心律失常以及心电图改变等。

猝死，是在冠心病基础上突然出现心跳停顿而造成的急死。

冠心病的诊断常依据中年以上，有吸烟史，有高血压、高脂血症、糖尿病以及心绞痛等表现作出综合判断。心电图及运动试验对冠心病的诊断有较大帮助，而冠状动脉内造影检查是诊断冠心病的“金标准”。

## 治疗

对于冠心病的“罪魁祸首”——高血脂的清理，后文相关章节会有详述。此处的治疗方法主要是针对冠心病本身。严重的冠心病患者需采用介入疗法（置入支架）及外科手术疗法（“搭桥”）。

一般情况下，可遵医嘱采用西药治疗：

硝酸和亚硝酸酯类：心绞痛发作时可用硝酸甘油片 0.3～0.6 毫克，舌下含服；或消心痛 5 毫克舌下含服。

心绞痛反复发作者，用长效硝酸甘油（戊四硝酯），口服每次 10～20 毫克，每日 3 次。

β 受体阻滞药：可用于预防心绞痛及改善心肌缺氧，常用的有倍他乐克等药物等。

其他药物需根据病情遵医嘱选用。

## 辅助治疗食疗方

薤白粥：薤白 15 克，粳米 10 克，一同煮粥，适于胸阳闭阻症。

山楂荷叶饮：山楂 15 克，荷叶 12 克，煎水代茶饮。适于血淤气滞症。

黑木耳羹：黑木耳 6 克洗净泡开，入锅煮沸后，文火煨烂，调入少许白糖服食。

## 脂肪肝

脂肪肝也是教师群体中较多发的一种“富贵病”，是指由于各种原因引起的肝细胞内脂肪堆积过多的病变。事实上，脂肪肝只是一种症状，还不能独立成为“病”。一般轻者无症状，病情重者，发展下去有可能变为肝硬化、肝癌。不过，一般来说，脂肪肝属可逆性疾病，如果早发现、早治疗，完全可以恢复正常。

### 检查与治疗

脂肪肝的检查以影像学 B 超和 CT 的检查最为便捷和直观，肝组织活检及肝功能检查亦可作为诊断依据和参考。

西药常选用保肝、去脂药物及抗氧化剂等，如维生素 B、维生素 C、维生素 E、蛋氨酸、胱氨酸、卵磷脂、熊去氧胆酸、水飞蓟素、肌苷、辅酶 A、还原型谷胱甘肽、牛磺酸、肉毒碱乳清酸盐、葡醛内酯（肝泰乐）及某些降脂药物等。

## 生活调理

饮食基本原则为“一适两低”，即适量蛋白、低糖和低脂肪，注意饮食清淡，多吃新鲜蔬菜、瓜果。

平时宜多吃高蛋白食物，尤其是植物性蛋白，而动物性蛋白食物如虾球之类最好不吃；多吃富含纤维素和维生素的新鲜蔬菜、水果，但含糖量较高的水果（如葡萄之类）除外；多吃杂粮，吃植物油，少用动物油；忌食各种肥肉，动物脑子、内脏及各种蛋黄等高脂肪、高胆固醇食物；勿食或少食辛辣、油炸烧烤类食物，杜绝“大口吃肉，大口喝酒”；另外，切忌晚餐吃得太饱，尤其不宜临睡前吃夜宵。

## 辅助治疗食疗方

郁金清肝茶：醋制广郁金 10 克，炙甘草 6 克，绿茶 3 克，蜂蜜适量。上述四种材料加水 800 毫升，煮沸 15 分钟即可。每日一剂。可疏肝解郁，适用于肝炎、肝硬化、脂肪肝及肝癌。

爆玉米花：直接买现成的爆玉米花，有饥饿感时吃，每日数次。减肥，去肝内脂肪。

黄精枸杞粥：黄精 20 克，枸杞 15 克，粳米 50 克。先将黄精用400毫升温水浸泡两小时，入沙锅内煎沸两次，煮至250毫升去渣。再用汤汁加粳米煮粥，待煮沸后加枸杞子，文火再煮5分钟即可。早餐服用。能养肝护肝，降血脂，抑制肝内脂肪浸润。

山楂粥：大米200克，山楂40克，黑枣8粒，冰糖适量。将大米洗净，沥干。山楂、黑枣洗净。锅中加水，放入白米、山楂、黑枣煮开，稍微搅拌。煮开火，改小火熬，继续煮约30分钟，再加入冰糖煮溶，即可关火。可去脂，降血压，降胆固醇，调治脂肪肝。

## 其他疗法

运动：对于脂肪肝，最简单经济和易行的防治办法就是运动。对于教师群体而言，每天饭后或临睡前快走30～60分钟，只要能坚持两周以上，就可减轻脂肪肝。在家使用跑步机、利用课间操时间在学校操场的简易器械上适当运动，都是大有裨益的。总之，要抓住一切空隙时间适当运动。当然，以上这些方法，都需要持之以恒。

## 胆囊炎和胆结石

胆囊炎也是教师群体的多发病之一。

胆囊炎是由细菌感染或化学性刺激所引起的胆囊炎症，可分为急性胆囊炎和慢性胆囊炎。而胆结石，有可能是胆汁陈旧硬化沉积，也有可能是其他原因慢慢导致的。很多胆结石患者常引发胆囊炎急性发作，也有很多人因患胆囊炎而生胆结石。胆囊炎与胆石症常同时存在，互为因果，可使病变更趋严重和复杂。两者的治疗基本一致。

右上腹持续性疼痛阵发性加剧，是急性胆囊炎、慢性胆囊炎急性发作与胆结石发生嵌顿时的一种重要症状，疼痛向右肩部及肩胛部放射，常伴恶心呕吐。急性胆囊炎常有恶寒、发热。当炎症严重或出现化脓性胆总管炎时，则有寒战、高热。胆总管结石、胆总管炎还能出现明显的黄疸。慢性胆囊炎一般表现为上腹部不适，消化不良。

## 治疗

慢性胆囊炎和胆石症一般可进行药物治疗。如果发生胆汁淤积、结石嵌顿或胆囊反复感染等严重情况，则需进行手术治疗。

对于“无症状结石”病例，可选溶石治疗。应用鹅去氧胆酸治疗胆固醇结石，溶石有一定疗效。急性胆囊炎出现休克、意识障碍等危重症状，而有时仅以精神症状为突出表现，不伴有腹膜炎体征及白细胞计数升高，预后极差，常需抢救及紧急外科手术治疗。

## 饮食调理

饮食方面，如果在急性发作期，正发作、呕吐、剧烈疼痛时，应采取禁食、静脉补充营养、抗感染治疗等措施。缓解期或无症状时，可采取低脂肪、高蛋白质、高维生素饮食。

多吃高蛋白、高纤维素及低胆固醇食物，比如豆类、豆制品，这样有利于减少血液中的胆固醇含量，防止胆结石形成。

多吃含维生素较多的食物，尤其是黄色、橙色、红色食物，比如胡萝卜、玉米、南瓜、西红柿等，有利于保持胆囊上皮细胞组织的功能，防止因上皮细胞的脱落而加速胆结石的生成的情况。

忌食高脂肪、高胆固醇食物，尤其是肥猪、羊、牛肉及各种动物内脏和蛋黄；勿食或少食油腻煎炸、烧烤及辛辣、刺激性食物，它们往往与高脂肪、高胆固醇形影不离；勿饮白酒，一则因为饮酒往往伴随吃肉，“酒足饭饱”往往会营养过剩，而白酒本身也助湿生热；二则各种食物中的油脂溶于酒之后更不易消化，更易于附着于血管壁，导致胆结石疾病。

## 辅助治疗食疗方

泥鳅金钱蒿汤：泥鳅 250 克，金钱草 30 克，青蒿 9 克，豆蔻 6 克。先将金钱草、青蒿煎取药汁，与泥鳅一起煮至八成熟时，加入豆蔻、盐、酒、葱白少许，再煮片刻。一次或分两次吃完。此方适于慢性胆囊炎。

玉米须炖蚌肉：玉米须 50 克，蚌肉 20 克，水适量，文火煮到烂熟服食。隔日服一次。

麻油胡桃：胡桃仁、冰糖、麻油各 500 克。上述材料同入搪瓷或陶瓷器皿中，隔水蒸 3～4 小时，每日服 3 次，饭前服用，服时加温，于一周至 10 天内服完。适于胆石症。

## 其他疗法

拔火罐：俯卧，用普通火罐，对准肝俞、胆俞穴位，用闷火法将罐放在穴位处，留罐10分钟，每天一次。适用于慢性胆管炎、胆石症。

气功：平坐于床上，两脚掌合拢，左右手分别握住左右脚腕，垂直方向上提，来回摇动，做4～5次，每日早晚各做一次，每次25～30分钟。适用于慢性胆囊炎患者。

# 便秘

便秘也是教师群体易发的常见病。一般情况下，成年人每天从小肠进入大肠的食物和水分为2000克左右，经过大肠的吸收，总量的9/10被吸收了，只剩下200～300克粪便。正常人一昼夜应有1～2次排便。正常的排便，应感到“快速、顺畅、彻底”，便后感轻松痛快。粪便形状应成形，干湿适度，没有恶臭味道。如果排便不畅，便形不正常（如球状）或有恶臭味，就说明您已排便不正常了。如果在连续几个24～32小时内没有一次排便，就可视为便秘。

便秘可能的原因，一方面可能是缺少膳食纤维；另一方面，因饮水少，体内供肠道吸收的水分不够。此外，运动量不够，胃肠道蠕动较慢，导致大肠推动排便的动力不足也是造成便秘的原因之一。

## 饮食调理

解决便秘的问题，很多人习惯于自行服用大黄、牛黄解毒丸之类，其实这并不是最好的办法，有些泻药对肠功能影响很大，会使肠黏膜能力减弱，从而更易造成便秘；乱服药也有可能加重大肠内菌群失调。最好的办法，莫过于饮食调理。

说到饮食调理，首先要弄清楚自己是何种体质、因何便秘，然后再针对性地该少吃少喝的就少吃少喝，该补的补，该“热者寒之，寒者热之”调理的应用相关膳食、饮剂，这才是正确的解决之道。不要轻易给自己开方子。

如果您本身是热性体质，内热虚火旺导致便秘。红薯、南瓜、韭菜之类都富含膳食纤维，适量食用有助于通便。还可适量吃苦瓜、冬瓜等凉性食物来清热润肠、调理体质也有较好的疗效。

关于自身体质及各种食材的寒热属性在后文第五章第一节“四季养五脏”中有详述。

## 定时排便训练

要解决便秘的问题，除了调理体质、多喝水和增加膳食纤维外，最重要的是养成定时排便的习惯，建立自己的排便生理反射机制。比如，最好每天起床洗漱完毕即喝一大杯白开水清润肠道，然后去蹲厕所，训练自己的肠道及肛门括约肌的条件反射机制和控制能力，建立排便的生理时钟。也可以根据自己平时的排便习惯，选一个自己方便的时间点。刚开始可能未必奏效，但蹲上十分钟总会有些便意，则能排多少是多少。坚持这样每天“按时蹲点”，辅以饮食调理，假以时日，便意自然招之即来。

## 治疗

便秘治疗一般要先从饮食起居上来治疗：纠正不良饮食习惯、纠正不良排便习惯、纠正不良生活习惯。如果经过上述调整，便秘仍不能缓解，就需要遵医嘱药物治疗。常用的药物有：

刺激性泻剂：如大黄、番泻叶、酚酞、蓖麻油等，这类药物长期使用会导致泻剂性便秘。

机械性泻药：分为 4 类，包括膨胀性泻剂如小麦纤维素等，这类药物可长期使用；盐类泻药如芒硝、硫酸镁等，这类药物作用快，效果好，但不能长期使用；润滑剂如液状石蜡等，这类药物能润滑肠腔，帮助排便，也不能长期使用；渗透性泻剂如乳果糖口服液等，通过吸收水分达到通便的目的。

无论是中药还是西药，都要结合患者当时的情况采取综合治疗，并且要坚持相当长一段时间。对便秘症状较重的病人，也可以考虑肠道水疗，即通过机械性通水将大便排出肠外，可快速缓解患者症状。

有些便秘是因为肠道的先天性疾病或者结构性异常导致的，还有一些是药物无法缓解的严重便秘，这就需要手术了。

## 简易按摩疗法

按摩通便，是通过简单的按摩手法，疏畅气血，增强消化排泄功能，加强大、小肠的蠕动，促进新陈代谢，防治便秘。一般按摩多在晚上临睡前与早晨起床前各做一次，具体方法如下：

先将两手掌相互摩擦至发热，再把左手掌放在右手手背上，右手掌放在上腹部心窝处，先由左向右旋转按摩 15 次；然后在下腹部依上法，由左向右旋转按摩 15 次。做完上、下腹部的按摩之后，再从心窝处向下推，直至耻骨联合处，做 20 次左右。

按摩手法要轻柔，不可过分用力，做按摩时需先排空小便，且过饥或过饱时不宜做，全身肌肉要放松，一定要把思想集中到排便意念上。按摩时如腹中肠鸣、嗳气，腹中有热感，则是按摩产生了效果。在按摩过程中，如产生便意，即去排便。排便时可双手指并拢，合力从左下腹向左上腹来回做直线按摩。一般初试者，不一定在最初几次就有效果，需要耐心在每天同一时间多次重复进行，只要一次成功，就有希望建立大肠蠕动的习惯，每天定时大便。

小贴士

## 竹盐清肠排便

竹盐内服能够清肠，促进消化，外用则有消炎排毒、瘦身减脂、改善酸性体质的功效。用竹盐清肠的具体做法是：

1. 早晨用 2 瓶矿泉水或同等量的凉白开水，放入 1 克竹盐（颗粒、粉末均可），使之溶化。

2. 空腹慢慢来回踱步，在 20 分钟内将竹盐水喝下。

3. 喝完竹盐水后不要停歇，接着喝矿泉水或凉白开水，喝到实在喝不下为止。

4. 半小时或 1 小时内会有便意，一定要忍，直到实在忍不住再排便。每次排便都遵此原则。正常情况下，一天排便 4 次左右。

5. 不同的病情、体质，清肠时间也不相同。每天一次。一般清肠 1～3 天即可，最多不要超过 7 天。

注意：因盐可致血压升高，请根据自己身体情况酌情使用。患者请遵医嘱。

# 痔疮

老话讲，“十男九痔”、“十女十痔”，此言虽然有些夸张，却也说明我国痔疮的高发程度。痔疮发病原因很多，便秘、长期饮酒、进食大量刺激性食物和久坐久立是主要诱因。其中久坐、久站、劳累等使人体长时间处于一种固定体位，从而造成直肠肛门血液循环不良，是引发痔疮的重要原因之一。教师群体备课、批改作业等伏案工作较多、持续静坐时间长，很容易罹患痔疮。

## 检查与治疗

一般肛门视诊即可，除Ⅰ度内痔外均可见，蹲位可观察脱出程度。直肠指诊对内痔意义不大，但可了解直肠有无其他病变。肛门镜检测可在直视下了解直肠、肛管内情况。

轻度的痔疮一般不需要治疗，对于绝大部分的痔，包括血栓性和嵌顿性痔的初期均可通过日常调理来防治；也可采用含中草药的药物包括栓剂、膏剂和洗剂局部用药治疗；对Ⅰ、Ⅱ度出血性内痔采用注射疗法效果较好；而采用胶圈套扎痔根部，阻断其血供以使痔脱落坏死的胶圈套扎法尤适用于巨大的内痔及纤维化内痔。当出现保守治疗无效，痔脱出严重，较大纤维化内痔、注射等治疗不佳等情况时，最好采用手术治疗。

## 生活调理

预防便秘：便秘是痔疮的一个主要、直接的发病原因。从某种意义上讲，预防好便秘问题，也就预防了痔疮。预防便秘可参见本书相关章节。

加强锻炼：既然长期保持一种体位不动是痔疮的一大发病原因，那么避免久坐、久立，经常参加多种体育活动就是预防痔疮的一种方法。排便时有意识地向上收缩肛门，锻炼肛门括约肌，改善痔静脉回流，也有预防效果。

保持肛门周围清洁：肛门、直肠是贮存和排泄粪便的地方，粪便中含有许多细菌，肛门周围很容易受到这些细菌的污染，诱发肛门周围汗腺、皮脂腺感染，而生疮疖、脓肿，诱发痔疮。因此，大便后清洗肛门并经常保持肛门周围的清洁，勤换内裤，有预防痔疮的作用。

注意孕期保健：妇女妊娠后可致腹压增高，特别是妊娠后期，下腔静脉受膨大的子宫压迫，影响痔静脉的回流，容易诱发痔疮，胎位不正时更明显。因此孕期应定时去医院复查，及时纠正胎位。妊娠期间适当活动，避免久站、久坐，便后用温水熏洗肛门，改善肛周血液循环，对于预防痔疮是十分有益的。

腹压增高可使痔静脉回流受阻，引起痔疮。临床上引起腹压增高的疾病很多，如腹腔肿瘤、肝硬化门静脉高压症等，此类情况应首先治疗原发病，而不是急于治疗痔疮。

## 辅助治疗食疗方

戒白酒少喝啤酒：因为便秘往往伴有内热、血管弹性差等情况；白酒助热，而啤酒清凉且含多种维生素，有利于改善血管的脆性。因此，痔疮患者如果一定要饮酒，应以啤酒为宜。

木耳汤：将黑木耳 30 克洗净，与白糖 60 克加水煮汤。每日服一碗。适用于内外痔、便血及肛门疼痛者。

柿饼汤：取柿饼 2～4 个，加水煮烂即成。每日两次。适用于痔疮出血者。

无花果汤：取无花果两枚，水煎或空腹生食。日服两次，可酌情加倍取食。

苍耳粥：将苍耳子 15 克文火炒黄，加水 200 毫升煎至 100 毫升。去渣，放粳米 150 克，加水 400 毫升煮粥。日服两次，适用于治痔疮。但不可久服、多服。

## 其他疗法

临睡前温水坐浴，或取韭菜适量加水煮沸后置盆中熏蒸患处；水温后，取韭菜清洗疮面。适用于外痔及混合痔。

取香菜适量，加水煮汤熏洗患处。

取鲜枸杞叶一把，加水煮杞叶汤熏洗患处，适用于痔疮发炎、肿痛者。

常做提肛运动或自我按摩。

# 4 求医用药的诀窍

讳疾忌医的错误我们当然不会再犯，但是，大多数人潜意识里有个习惯，觉得就医看病都是医生的事，花了钱，就把一切交给医院了。这种依赖思想有时会给自己带来很大的麻烦，也不利于积极主动配合治疗和康复。所谓“内行看门道，外行看热闹”，求医问药，多掌握一些小窍门更好。

## 选医院的小窍门

如果通过“察颜观色”已经发现身患疾病了，当务之急应该去医院。

摆在我们面前的第一个问题是：去什么医院呢？选择医院，一方面固然要考虑其医疗技术实力是否雄厚、医疗设备是否精良，另一方面也要看是否适合自己的病情。对此，我们可以逐一排序、综合分析。

（1）要根据症状，大致估计一下自己的病情严重程度；（2）然后要了解、熟悉相关医院的类型、规模、技术实力和特色专业（如果比较信任公立医院，还要清楚该医院是公立还是民营的）；（3）考虑去医院的方便程度、距离远近和病情缓急、道路交通状况；（4）接下来需要考虑的是，如果要住院，住院的相关问题如床位的紧张程度、陪护限制、家人能否在医院陪护等问题；（5）还有一个非常关键的问题：所有这一切的费用，是否在自己经济可承受范围内。

## 医院越大越好?

一般情况下，大医院拥有先进的设备、技术力量雄厚的专家队伍，他们丰富的临床经验，处理各种疑难杂症往往技高一筹。从患者的角度讲，去大医院就诊药到病除、早日免除病痛困扰的可能性更大，所以大家都愿意前往大医院就诊，这很正常。

但是，换一个角度看，大医院常常人满为患，看病就好比千军万马过独木桥，患者要花费很多的时间挂号、候诊；大医院一般都在市区中心，即使交通方便也未必快捷（因为可能出现交通拥堵）；大医院的治疗费用也相对较高，对患者未必实用。所以如果自身的病情并不复杂和严重，是可以选择在中级医院甚至社区医院就诊的。这样既省钱省时，也可以把在大医院就诊的机会留给病情严重的患者。

对于病人和家属而言，最好是这样：如果是急诊，在确定可以解决问题或救急的情况下，应该采取就近原则，越快越好；如果不是急诊，可以多方权衡。

但是有一点，看病未必医院越大越好。

我们的建议是：如果是一般的伤风感冒，去基层社区服务中心或镇卫生院即可；稍微复杂一点的疾病，可以初诊选当地的区县级医院，复诊去省市（地级市）的三级医院；常规检查（比如简单的查血常规、尿常规，以及是否感染了乙肝之类）可以在区县级医院做；特殊检查（比如ECT、内窥镜、肿瘤定性的病理检查之类）最好是去专科医院，其次是一般的三级医院。

## 什么时候要看急诊

“时间就是生命”，当遇到紧急状况，比如车祸、重伤时，救护的关键是要及时。此时选择医院的原则是“就大不就小”，即在送诊距离差别不很大、时间差别不大的情况下选大医院。如能初步判断伤情，直接就近送相关专科医院更好。当患者出现以下症状时，首选附近的急救站或大、中型医院，送急诊科：

1. 急性高热（体温在39℃以上），伴有神志不清、抽搐。
2. 心前区突然疼痛、胸闷憋气、大汗淋漓，疼痛反复发作。
3. 突然出现的偏瘫、失语、神志障碍、大小便失禁等。
4. 突然血压升高、头晕、头痛、下肢无力、心跳加快、恶心呕吐、大汗、面色苍白或潮红。
5. 睡眠中突然被憋醒、被迫坐起、痰为泡沫或血性、唇舌青紫。
6. 面色苍白、大汗或汗出如油、脉搏细弱且快、尿少、神志恍惚。
7. 心慌、脉搏不齐、血压下降、颜面青紫、抽搐。
8. 喉咙咳痰、不能平卧、唇舌青紫、呼吸极度困难。
9. 急性中毒，如煤气中毒、食物中毒等。
10. 急性咽喉、气管异物。

11. 急性眼外伤或角膜异物，视力突然下降。

12. 突发性耳聋、外耳道异物、爆震性鼓膜损伤。

13. 腹痛突然加重，伴发热、腹肌紧张，腹疼拒按，腹硬如板状。

14. 咯血、呕血、便血、尿血。

15. 外伤、骨折、关节脱臼。

16. 烧伤、冻伤、毒蛇咬伤、犬咬伤、毒蚊虫叮咬。

17. 突然出现皮疹、皮肤瘙痒并伴有胸闷憋气、腹疼腹泻。

18. 溺水、触电、自缢、割腕、刎颈等。

19. 产前或产后大出血。

20. 患有高脂血症、高血压、糖尿病的病人，突然肢体麻木、意识不清等。

小贴士

### 看急诊的注意事项

1. 首先打120与急救站联系，简明扼要地说明病人年龄、性别、发病时间、发病症状、病人所在的详细地址，还要留下电话号码。家属在给急救站打电话时要注意，最好说明住所周围有何明显标志或标志性建筑，并安排人到路口去迎候；在路口迎救护车时，可挥舞头巾、帽子等物，越显眼越好。

2. 详细观察、记录病情变化（神志、面色、出血量、大小便量等）。

3. 采取力所能及的救急措施，如吸痰、人工呼吸、心脏按压、包扎固定、止血、采取合适体位、用药、保暖等。

4. 准备好患者以前的病历资料、健康卡片、所服药物等；本人或了解病情的家属要真实、详细、客观地向急救医生讲述发病经过，准确回答医生的问题。

如果医患之间相互配合好，可以节省很多时间。据统计，如果在4分钟内进行心肺复苏，骤停的心脏有近50%的可能恢复跳动。所以，有必要学会简单的心肺复苏术（后文有介绍），以便在关键时刻能够及时对患者进行救治。

## 选中医还是选西医

中、西医各有自己的优势，应该如何选择呢？

坊间有一种说法叫“中医治病，西医救命”，这有一定的道理。急症危重病情适宜看西医，而慢性病、疾病恢复期的养生保健，尤其是手术后以及癌症化疗、放疗后的饮食调理，中医则有其独到之处。

一般而言，以下疾病首先考虑选择西医：

危重病的急症（如突发昏厥、高热、严重创伤及烧伤、药物中毒、呼吸困难、心搏骤停等）；细菌感染性疾病的治疗（如急性呼吸道感染、创伤感染、泌尿系统感染、肠道传染性疾病等）；

器官功能衰竭（如心脏功能衰竭、肾功衰竭、肝功衰竭等）；早、中期肿瘤的治疗等。西医在治疗这些疾病已显示出明显优势，治疗方案也很成熟。

以下疾病中、西医各有特点和侧重，可以酌情选择中医：

慢性肾炎：虽然难以彻底根治，但中医疗法可以调整机体免疫功能，改善疲倦等症状，可延缓病情。

乙肝：中医治疗乙肝以复方疗法，兼顾解毒、退黄疸、降转氨酶、保肝护肝、抗纤维化等多种功效，同时能控制和减轻肝炎，延缓肝纤维化和肝硬化，增强体质。

中风后遗症：中风后遗症治疗和护理都比较麻烦，中医针灸和推拿是重要的康复治疗方法。

腰颈肩疼痛：中医通过按摩、针灸、中药等方法改善血液循环，促进功能恢复。

此外，中医对亚健康、儿童哮喘、诊断原因不明的疼痛（头晕、头痛、关节疼痛等）、功能性疾病（女性月经不调、痛经以及失眠、便秘、胃肠功能失调等）、某些皮肤病（如脂溢性皮炎、神经性皮炎等）也有很好的疗效。

## 识别灰、黑色医院

目前全国各地不同层级的医疗机构比较多，对于普通老百姓而言这意味着选择多了，就诊更方便了。但问题也随之而来：各种黑色、灰色医疗机构也纷纷登场，鱼龙混杂。

### 巧辨“李逵”和“李鬼”

俗话说“穷在闹市无人问，富在深山有远亲”。人如此，医院同样如此。有的医院，有意无意将自己的医院名称起得与知名大医院雷同或相似，让人不知虚实。乍一看是“李逵”，进去才发现是“李鬼”。不明真相的患者，因此蒙受不少损失。

还有一些，也不能说是“李鬼”，但是，确实又不是患者想找的“李逵”——比如著名的协和医院。随便在互联网上查一下，就能找到几十家，它们基本上都和大家慕名已久的中国医学科学院北京协和医院没有任何关系。其中有一部分，虽然和那个“协和”没关系，但也历史悠久，实力雄厚，颇受业内认可，比如华中科技大学同济医学院附属协和医院；而有些“协和医院”，网站上连是几级医院都没有明示，所以患者就诊时应心里有数。

不管医院叫什么名字，只要卫生行政主管部门批了，那就是合法的。是真是假，不妨拿起电话或是轻点鼠标核实一下。实在不知道怎样核实的，最好直接询问“真李逵”本人，比如上面所言的“协和”，直接打电话到中国医学科学院北京协和医院，询问他们在你们当地有没有分院，您所要去的“协和”与他们有没有关系等。要注意的是，在核实和查询时，一定要报医院的全称，地址、名称越详细越稳妥。

## 拉大旗做虎皮

有的医院，就像明代王磐《朝天子·咏喇叭》所云，“喇叭，唢呐，曲儿小腔儿大”——本身实力有限，却拉大旗做虎皮，将自己冠名为“全国”、“中国”某研究机构附属医院或分支机构。不仅如此，广告也做得大气磅礴——在路边广告牌、行驶的公共汽车车身、公汽内的移动电视、本地的广播电台乃至电视台，都可以见到它们的身影。除了医院牌子大得吓人，一般还有某知名专家（有关专家的问题，详见后文“医生从业的等级划分”）坐诊或担任技术顾问云云。

对于这种情况，除了如上文所言核实一番，还有一个常识性的识辨方法：真正的大医院知名教授，一般都不事张扬；而真正信誉、口碑一直很好的大医院也很少大作广告。因为它们本身名气就很大，病人常常饱和，极少靠广告拉病人。

所以，遇到广告做得震天响的医院，一定要谨慎，先核实，再就医。

## 火眼金睛识转包、承包的科室

当下，医院出租科室已经是一个“公开的秘密”了。

很多人疑惑，自己明明去的是正规医院，接诊医生在同一座楼中上班，穿同样的工作服，怎么还会上当呢？对于这些“院中院”，我们该如何辨别？

一般来说，承包科室或“院中院”有如下特点：

首先，装修不一致。承包科室转包后，诊治、设备、人员和财务独立，为了适应“先进的运作模式”，一般会重新装修，把大单间改为包厢式的小单间，环境较好，设备也较新；也有的改造后为了省钱，只作简单装修。但不管简装精装，都和医院原来的格局不一样。

其次，着装也是一个鉴别要点。有的承包科室为了显得高档，用的是专有服装，本身就与医院本部的服装不一样。有的虽然是同样的服装，但衣着打扮不够得体，比如不穿工作服，或身上穿了工作服脚下却是拖鞋，或没挂胸牌等；还有的承包科室，为防止接诊医师自行收钱，每个接诊室都加装了摄像头，医师在摄像头监视下会表现得非常拘谨，这与医院本部员工的自在是不一样的。

再次，服务态度特别好。为了招揽顾客，尽量使患者成为回头客，承包科室的人员一般都很热情。导医想方设法将患者导进来，接诊医师笑脸相迎斟茶倒水，还会贴心地和患者拉家常，顺便掌握患者第一手资料，摸清患者家底。此外，还有让利的“免费体检”，或请所谓的名医教授来看病坐堂，或搞健康讲座等花样。所谓“拉得进、留得住、聊得欢、治得长，外加一个回头忙”——从“服务”这方面讲，很多公立医院倒确实应该向他们学习。

另外，麻雀虽小，五脏俱全。承包科室既然是“独立王国”，当然要配备自己的相应机构和人员，还有各种检查、功能科室，比如化验室、B超室、激光室、碎石室、输液室甚至药房等一应俱全。这样既是为了保证“肥水不流外人田”，也是为了方便。当然，也有只设置其中部分科室，费用由医院收取，但处方和检查单由各相关科室另外拿出结算的。

此外，承包的科室一般多集中在皮肤病、美容、男科、不孕不育和肝病等边缘科目，或者是中医看风湿、类风湿之类。这些病或本身难以根治，或为患者难言之隐，往往又是天长地久的慢性病。而相应的治疗之道又往往是“专家门诊”或“祖传秘方”甚至“宫廷秘方”，或者使用“进口药”、“新特疗法”等，不一而足，费用很高。

全程陪护，一条龙服务也是承包科室的特点之一。因为是独立核算，故而其收费、检查、化验、治疗、取药等都自成体系。往往是医师接诊之后，由护士带患者缴费、化验、检查、取药、治疗。也有的没有自成体系，也就没有全程陪护，但处方单、检查单等一般都由相应科室单独放一边，以便核算。

## 门诊就医前的准备

如果不是毫无准备时间的特殊急诊，就医前作相应的准备是必需的。

这些准备牵涉到方方面面，其中有一些准备，甚至需要提前好几天。如果考虑不周或准备不够，就可能要花更多的时间，更多的钱来弥补，甚至有可能影响最终的治疗结果。

### 就医时间的选择

一般就医时机的把握，原则只有一条：越早越好。

选择就医时间，还可以从以下几方面考虑：

一是有些检查对时间有要求，比如体检的化验，最好早晨7：30～9：30，最迟不宜超过10：00，因为这个时候采血比较好。如果太晚，由于体内内分泌激素的影响，血液状态发生变化，有些项目即便仍然空腹采血，检测值还是容易失真（如血糖值）。

二是一般医院都是上午就诊的病人多，上午9：00～10：00是高峰，下午病人少，所以要注意错开高峰期。

三是有些病的化验，如糖尿病，要求病人空腹化验一次，吃东西后每隔一段时间再化验一次，病人如果下午去，化验根本就没法做。

四是要了解专家门诊的具体时间，可先电话预约挂号或网上挂号。

总之，为了保证圆满就医，时间的选择是必须考虑的，不妨事先打听清楚。

## 某些检查的特殊准备

如果大致清楚自己的症状和需要做的相关检查，就要清楚是否需要特殊准备，比如甲状腺检查前要禁食某些海产品，肝功能检查要空腹，妇科B超检查要憋尿，胃肠道检查需要禁食和肠道准备，胆囊造影前一天要吃高脂食品排空胆囊等。

另外，有些医院有特殊要求。比如做胃镜检查，很多医院分乙肝病毒携带者和非乙肝病毒携带者两个室。如果您做过乙肝病毒携带者检查或确知自己是否为携带者，就可以直接检查，否则，就需要先去检查乙肝，要到第二天才能做胃镜检测——不要小看这一天的差距，如果您是专门为此请的一天假，或者专门从某地去异地检查，或者挂的某个专家号（而该专家第二天不坐诊甚至下周才有一次坐诊，那您就得多跑好几次了），可能所有的计划安排都被打乱了。

所以，去之前最好打个电话，把一切都问清楚、准备好，就能省时、省力。

## 病历资料准备

准备好以前的相关病历资料，比如原来的病历、化验单、X光片、CT或核磁共振胶片等。如果有多本病历，应将不同的病历按时间顺序整理好（很多人来一次医院就买一次病历本，其实这样既浪费，又遗失了相关资料。建议最好始终都只用一本病历），把各种化验单按时间顺序粘到病历本后面的空白页上。

必须强调的是，做过X光、CT或核磁共振检查的，应将片子和报告单一起带上，尤其是片子。如果忘带，接诊医生很可能会要求重新检查一次。一是因为每个医院设备不一样，做出来的结果本身就可能存在差异；二是因为如果报告单有问题（写报告单的人有可能是实习医生或进修生，结果不一定准确），医生仅以此为依据诊断，很可能造成误诊，后果十分严重。因此，一定要注意带上片子。

如果您参加了医疗保险，还需要带上身份证和医保卡。

## 生活方面的准备

就诊前 4～6 小时内不要抽烟或饮酒，因为中等量饮酒或大量吸烟可引起心率、脉搏显著加快，血压波动等相关改变，在酒后或大量吸烟后立即就诊容易导致误诊。

服饰方面也要注意，要尽量着宽松的衣服，女性不要浓妆艳抹，不要戴首饰。因为化妆品会掩盖本来的肤色，影响望诊，对贫血、黄疸、斑丘疹、血管痣等病的诊断不利。耳环、项链之类会影响拍颈椎和头颅片。此处特别要提出的是女性不要穿牛仔裤、绣花衬衣（尤其是金丝线刺绣之类）和内衬钢丝、水袋的塑形胸罩，因为绣花衬衣和塑型胸罩会影响拍胸片，牛仔裤会影响拍腰椎、骨盆、四肢片。

另外，对于女性病人，月经期前后不宜做妇科检查，看妇科病时应避开月经期。

## 信任您的医生

曾经有人很诗意地说：上帝管生死，而医生是上帝唯一的手。

确实，在医患之间，就医过程中医生处于相对权威的地位。对于特定的患者来说，坐在他对面那个穿白大褂的人特别重要。简单地说，能帮我们简单、高效、省钱地解决问题的医生就是好医生。当然，如果他态度再和蔼一点，更人性化一点，那就是一个优秀的医生了。概而言之，德医双馨；具体而言，可以归结为人本主义精神、渊博的知识和敏锐的洞察力、良好的控制情绪的能力和内省能力，此外要有乐观的人生态度和自信，当然良好的专业技能是基础。

### 到哪里找那么好的医生

上面说了这么多好医生的标准，茫茫人海，具体到哪里去找呢?

对于疑难病患者来说，需要找顶级专家。这样的患者一般已知自己的病患是哪个方面，而且往往已经在本地看过，或不能确诊，或久治不愈，或当地的医疗技术力量有限，需要找更权威的专家来一锤定音或是妙手回春。那么，这样的专家上哪里找呢？一个有效的手段是从查找相关的协会入手。和其他各个行业一样，医学这一行也有行业协会，叫中华医学会，是中国各专业医生的联合组织，里面又按专业分很多分会。比如全国所有的消化内科医生的联合会是中华医学会消化病学分会，而骨科有中华医学会骨科分会，再细分还有中华医学会骨科分会微创学组、中华医学会骨科分会脊柱学组等，以此类推。这些分会的名誉主任委员、主任委员和委员往往就是该领域最权威的专家，其中不乏院士。如果您要找国内在该领域最权威的专家，找他们一般没错。

当然，这里有个问题，他们往往都是外地的，天高皇帝远，而且院士们往往年事已高，或种种原因“吾不得见之矣”。那也还有办法：如果当地没有一位中华医学会该分会的主任或委员，还有省市一级的。中华医学会在各省、自治区、直辖市有分会，比如中华医学会湖南分会；这些分会又按学科分出很多专业组，比如中华医学会北京分会内科消化组。只要查一下中华医学会各省分会各专业组谁是主任委员或副主任委员及委员，就可以大概知道哪个医院代表了该省、该地区的最高水平，到该医院去挂该专家的号就可以了。

除此之外，另一个初步判断专家学术威望的办法是：看他是否担任其专业领域学术期刊的编委等职务。最简单的办法是到书店去翻一下高校教科书——比如要找外科专家，就去翻看人民卫生出版社出的《外科学》，要看妇产科就去翻看《妇产科学》，打开封面看第一页的编委名单和他们所在的医院或学校。参编的人，一般学术水平是值得信赖的。

如果编委名单中找出的专家不在医院坐诊，也还有一个麻烦点的办法——查医学期刊。尽管中国医学学术期刊种类繁多，医学的每个分支都有数种至数十种专业期刊，但能挤进专业期刊当编委的专家还是有一定“含金量”的，特别是以“中华”两个字开头的专业期刊。依靠发达的媒介，作为普通患者，也可以在书店、邮局或通过网络查到这些相关专业著名教授的名单及所在的单位，顺藤摸瓜联系上专家本人。

以上，是已知自己的病症去找医生的方法。当然，还有更多的患者仅仅只是不舒服，那又该如何呢？也很简单，有用的信息就在您眼前。

不知道自己所患何病的患者，可以先到医院的门诊楼或候诊大厅看该医院名医的照片和简介，如专家的职称、毕业学校、学位、主攻方向、在哪些国家做过访问学者、在全国医学会或地方医学会里担任何种重要职位、做出过哪些突出贡献或科研课题、得过什么专业奖项等。如果您不知如何将专家的领域与您的症状对号入座，还可以询问医院导诊台的工作人员，他们会结合您的症状，找出本院哪个医生最适合您。除此之外，现在相关部门要求各大医院开展网上预约挂号，您有足够的时间去核查相关信息。

当然，以上所言，基本都是如何寻找专家，而且侧重于他们的学术水平，对于他们的为人所知甚少。不过，专家们能有今日的声望，不管当年如何，到了目前的位置都比较爱惜羽毛，重视自己的声誉，而做手术也好，接诊也好，都有助手或护士在场，所以对其为人处事总体上可以放心。

除专家之外，普通医生中也不乏德医双馨的优秀者。患者可通过询问该医院其他工作人员或曾在该医院就诊的熟人，作大致的判断。另外，也可参考医院大厅的优秀医生的简介。

## 挂号专家级别越高越好？

这个问题有点类似前面的“医院越大越好？”从理论上讲，就医找专家，治疗效果会更好一些，但也没必要“言必找专家”。

几乎每个临床医生都碰到过这种情况——有朋友请他帮忙找专家，一问情况，也不是什么疑难杂症。这种情况，根本就不用找专家，一般有经验的医生都可以很好地帮助患者解决问题。但是病人总是为了求放心，而跑很远的路，花更多的时间，花比普通门诊更多的金钱去找专家治病。于是，专家那里人满为患，疲于应付，真正需要专家救治的严重患者，也因此难以挂上专家号，而普通门诊越来越冷清，形成恶性循环。

其实，医学中的“专”与“博”是社会分工的产物，也是医学深入发展的必然结果，它一方面提高了医生的专业水平；另一方面，也可能造成“专业陷阱”。专家在自己的专业领域里是专家，学识再渊博，涉猎再广，也可能会出现“思维定势”，习惯性地把病人的问题往他的专业上去靠。比如病人去骨科医生那里就诊，所有临床症状都可以用运动系统的知识做出解释，医生很有可能为他做出符合运动系统疾病的诊断，但有时候未必与事实相符（例如患者有可能是肺癌向股骨颈转移，根源在肺癌，只是呼吸系统症状不明显）；而如果病人涉及了专科病以外的症状，专科医生往往不愿多问或一筹莫展。于是有可能出现这样的情况：医院越大，条件越好，专科和专家分科越细，您去就医时挂号、检查、转诊的过程就越复杂。

所以，看病不一定要找专家，要视自己的病情而定。事实上，很多普通门诊的接诊医生也经验丰富，完全可以胜任对常见病、多发病的诊治。又因为这些普通医生每天接诊的病人相对较少，他可以花更多的时间了解您的情况。作为患者，不仅无任何损失，还可以得到相对更多的关注，何乐而不为呢?

## 忙碌的专家 VS 贴心的初级保健医生

现代医疗服务被分成三个等级：初级、二级和三级。在美国的医疗体系中，初级保健医生（也叫基层保健医生，PCP）负责提供低水平、广覆盖的初级保健服务。一般的感冒、腰背疼、骨折、生孩子等，都可以去找他们。他们和蔼可亲，虽然学问不深，但会向您解释程序、检查结果和用药方案，回答您的问题；他们知道每一个病人的健康史，甚至熟悉其家庭成员和家族病史。因为经常和病人接触，他们也熟悉病人的生活：是否抽烟、酗酒？是否有晚上开夜车的习惯或受失眠困扰？平时是否经常锻炼身体？家庭和睦与否？……他们定期和病人见面，关心病人的健康问题，建议如何促进健康，教导病人如何预防和避免重大疾病的发生。这样，既完成了对病人全面的医疗照顾，也以人性化的形式教授、普及了健康知识。因为接受过多种专业训练，这些初级保健医生还能在您去看专业医生之前先给予诊治，节约时间和费用。如果您确实需要看专业医生或专家，他们能跟踪记录您的病史，使得您无需重复检查、重复用药就能得到连续的医疗照顾。

保健医生的出现，让医学又有了温情，回归到“以病人为中心”的人本主义，在减少医疗资源浪费的同时让医疗变得更加有序，这样的就医模式，正在被越来越多的国家采用。

事实上，我国社区医院医生和以前农村的“赤脚医生”就很有美国初级保健医生（PCP）的雏形。您所在地的社区医院和中小医院里的全科医生也具有基层保健医生的一些特点。如果您愿意积极主动和他们交朋友，次数多了，他们给您的服务完全可以达到美国 PCP 的效果。

循序渐进作为一种基本的处事原则，自有其道理，所以这里还是建议，就医时，初诊选择在中小医院，或挂普通号；复诊或转诊去大医院，看专家。

医生就是一个比您多一点医学知识的人，其他人群中可能有的各色人等在医生群体中也都有。每个人都有其性格特点，当这些性格特点出现在医生身上时，对于张三而言是好医生的，对于李四而言可能就不一定是好医生。所以选择医生最关键的是看自己的需求，适合自己的，就是好的。

此外，还必须要指出的是，独木难成林，一个人再优秀，如果医院其他条件不理想，也不能达到最好的医疗效果。所以，选择医生和医院要综合考虑各方面因素。

## 正确的服药方法

医生望闻问切，患者应答检查，诸般程序走完，剩下的就是诊断和治疗了。治疗往往免不了用药，本部分就介绍一些与用药相关的知识。

按照目前的说法，凡能用于疾病的预防、治疗、诊断以及能使机体的功能发生某种变化的物质，都称为药物。这个范围相当广泛。

### 合理用药有讲究

合理用药是药物能否最好地发挥疗效，使患者尽快康复的关键因素之一。

1. 遵照医嘱，按时按量用药

一般医生的处方中每样药品都说明了用法、用量，药剂师发药时，通常会将用药方法及剂量写在药品包装袋上，而且会向患者口头交代用法、用量。只要患者遵照医嘱用药，一般是安全可靠的。需要指出的是，有一些患者喜欢自己在第一次服药时一次性服用超过规定的大剂量药物，自称为“先抵抗住”，这种做法是不正确的，患者自己切不可随意加减用量和用药次数。

“饭前服用”实质是指此药需要空腹（餐前 1 小时或餐后 2 小时）服用，以利吸收。如果您在吃饭前刚吃了一大堆零食，那此时的“饭前”可不等于“空腹”。而“饭后服用”其实是指饱腹（餐后半小时）时服药，利用食物促进胃肠对药物的吸收或减少药物对胃肠的刺激。如果您在饭前刚吃进不少零食，也不必那么教条主义一定要等到饭后才服药。

下面是一些需要在空腹或饱腹时服用的常用药：空腹——阿莫西林、红霉素、利福平、息斯敏、大部分中药或中成药等；饱腹——青霉素 V 钾、阿司匹林、安定、磺胺、环丙沙星、扑尔敏等。

2. 不使用过期变质药物

药品包装标签上一般都注明了药品有效期，发现药品过期就不应再用。若没有过有效期，但是药品已经变质，也同样不可再用。没有注明有效期的药品或者遗失标签的药品要慎用。

鉴别药品是否变质最简便的方法是眼观、鼻嗅。如，有些注射类药是无色透明的，若出现浅黄色或乳白色或有沉淀杂质者，即说明药已变质。片剂若变色，出现花斑、发霉、松散、表面粗糙、凹凸不平、潮解等，或有结晶析出，也说明已变质。丸剂若出现发霉、粘连、变色、松散，也表明已变质。

3. 注意中西药能否同时服用

中西药能否同时服用，要视情况而定。有些西药不能同中药同时服用，比如治疗贫血用的硫酸亚铁片，治疗消化不良的酶制品如胃酶片、胰酶片，含有阿司匹林、氨基比林等成分的解热镇痛药如去痛片，还有治疗心脏病的洋地黄制剂如地戈辛片等，容易同中药里的鞣质发生化学变化，失去药效，甚至产生对人体有害的物质，故不宜与中药同时使用。

## 口服药物应注意

口服是最方便、最常用的服药方法。它的优点是简便、安全而经济，所用的药物可以是固体和散剂，也可以是液体。它的缺点是吸收比较慢，不适用于急救；有些药物口服后会被消化液破坏，或在消化道内不能有效地吸收；呕吐不止和人事不省的病人无法用口服药。一般，口服药物主要注意以下几点：

1. 药水

服用液体药物，一般将一次量药品倒入汤匙或小杯里，喝下即可。

服用冲剂，则将一次量药品倒入杯内，加开水至大半杯，用汤匙搅拌，等到温热方可服用。

在服用药水的时候，如果药水是混浊的，应先将瓶内的药水摇匀，然后倒出规定的分量服下。

药水是否可以冲淡服下，要视具体情况而定。健胃药是一种利用苦味刺激舌头上的味神经而促进食欲的药物，一般在饭前10～30分钟服用，以便到时发挥药性，所以服药时不应冲淡，更不宜在药水中加入白糖、果汁等甜味的东西，服药后也不要漱口。止咳类糖浆药物，口服时能保护咽部黏膜，缓和刺激，减轻咳嗽，所以不要冲淡，服后也尽可能不要喝水。对食道黏膜有刺激的药物（如稀盐酸、铁剂等），服用时必须冲淡，服后要漱口，不然酸类会损坏牙齿，铁剂会使牙齿变色。这一类药物最好饭后服，以减少对胃肠的刺激。其他用途的苦味药物可以冲淡，或加些蜂蜜、白糖等调味。

2. 药片

服用药片时可以多喝些温开水，使药片容易吞下，并帮助溶化吸收。服用糖衣片、胶囊，切不可将它咬碎或压碎，以免苦味刺激，妨碍吞服。

3. 药粉

药粉有三种服法：将药粉溶解在少量水中喝下；将药粉撒在舌上，用温开水送下；也可以先含一口水，再将药粉倒入口中吞下。婴幼儿用药粉时，用第一种方法较方便。

服药的误区

有些人吃药时为图省事，不用水送服，而是将药片或药丸放在嘴里硬往下吞咽，这种服法是有害的。有食道疾病者，更不可这样服用。

还有些人喜欢用茶水服药，这也是不科学的。因为茶水中含有多种化学物质，易与药物成分发生化学反应，轻则降低药效，重则增加副作用。

也有些人喜欢用酒服药，这要区别对待。活血化淤、祛风湿的中成药，可以用酒送服。但如果是西药，用酒服就有害了。医学研究证明，酒精可加速或减弱药物的代谢作用，影响疗效，甚至造成严重后果。

## 不同种类口服药最佳服用时间

口服药的药效与服用时间有着密切的关系，应在遵医嘱的前提下合理安排，以提高用药效果。

滋补类药物：如鹿茸精、人参蜂王浆等应在饭前 30～60 分钟或夜晚临睡前服用，以利于充分吸收。

强心药：心脏病人对地高辛、西地兰等药物以凌晨 4 时最为敏感，容易产生毒性反应。因此，服药时应避开这些时段。

抗癌药：用阿糖胞苷治疗急性白血病时，上午 8～10 时需给大剂量，晚上 8～11 时则给最低剂量。

降压药：现在大部分降血压的药物是长效的，一般是在早上起床洗漱后就服降压药。

抗贫血药：晚上 7 时服用富血铁、硫酸亚铁片等，效果比早上7时服用吸收率要高1倍左右，疗效延长4倍左右。

抗结核药：异烟肼、利福平、乙胺丁醇等的疗效，主要取决于血液中的高峰浓度。故将分次服用的1天剂量改为一次口服，效果会更好。

抗过敏药：赛庚啶早上7时服用，疗效长达15～17小时，而在下午7时给药，仅能维持6～8小时。

激素类药：上午8时一次性给药，效果最佳，可避免对肾上腺皮质功能的抑制。

助消化药：胃蛋白酶、干酵母等宜在饭前10分钟或吃饭时服，以促进消化液的分泌，充分与食物混合，及时发挥作用。

维生素类药物：一般宜在两餐之间服用，用维生素K止血时宜及时服。

解痉药：颠茄、阿托品等药物，饭前服可使药物保持有效浓度，较快发挥作用。

特定时间：睡前一般是指睡前15～30分钟；饭前指用餐前30分钟；饭后指食后15～30分钟；间隔一定时间指每隔4～6小时一次，以维持药物在血中的一定浓度。

## 常用药物服用期间的饮食禁忌

1. 服用止痛药期间忌饮酒。因为酒精进入人体后需要被氧化成乙醛，进而氧化成乙酸代谢掉。而止痛药物会妨碍乙醛氧化成乙酸，导致体内乙醛蓄积，加重头痛症状。同时，酒精还易让人昏昏欲睡，会与这类药物中大都含有的巴比妥成分的药效重叠。

2. 服用苦味健胃药、助消化药，中药期间忌吃糖或其他甜食。因为苦味健胃药和助消化药主要通过刺激末梢神经，反射性分泌唾液、胃液等消化液，以达到助消化、促食欲的作用。甜味会掩盖苦味，降低药效。

3. 服用降血压药、抗心绞痛药期间忌喝西柚汁，忌吃含盐高的食品。因为西柚汁中的柚皮素可以影响肝脏中某些酶的作用，而这种酶正好与降血压和抗心绞痛药物的代谢有关。以治疗心绞痛药物非洛地平为例，一杯西柚汁就能让体内的血药浓度上升134%，相当于服了两倍多的药，明显过量，大大增加副作用。而食盐则会引起血压升高，降低降压药的疗效，同时加重心绞痛的程度。

4. 服用抗抑郁药、抗结核药、抗肿瘤药、痢特灵期间忌吃奶酪、香蕉、油梨、豆浆、啤酒等含酪胺较多的食物。痢特灵和有些抗结核药（如雷米封等）、抗肿瘤药（如甲基苄肼等）中都含有 MAO 抑制剂，碰到含有酪胺的食品，都容易出现麻烦。

5. 服用钙剂期间忌食含草酸丰富的菠菜、茶、杏仁。因为草酸在小肠中会与钙结合，产生无法吸收的不可溶物质，在阻碍钙的吸收的同时还可能形成结石。

6. 服用铁补充剂期间忌食过多动植物油脂。因为油脂会抑制胃酸的分泌，影响三价铁离子转变为二价铁离子，不利于胃肠道对铁的吸收，削弱补铁、补血效果。

7. 服用碘剂期间忌食菠菜、桃、梨等。因为这些食物会阻碍碘进入甲状腺。

## 正确服用中药汤剂

正确服用中药汤剂，能充分发挥药效，取得较好的效果，具体的服药方法应掌握以下几个方面：

1. 掌握好服药时间

由于中药汤剂成分复杂，影响吸收利用的因素也较多，其中服药时间对药效就有很大影响。一般中药汤剂可在早晚各服一次或在两餐之间服用，即上午 10 时、下午 3 时左右各服一次。

对于不同病情、不同方药，又有不同规定：一般慢性病，必须定时服药，以保持体内一定的血药浓度；滋补药宜在饭后服用，使之随食物中的营养成分一并吸收，以利身体康复；解表药应趁热服下，令身体微汗，促使汗解，表解即可停药；对胃有刺激性的药，应在饭后立即服下，以减轻对胃肠的刺激；驱虫攻下药，宜在清晨空腹服，药力集中，起效快；催眠安神药，应在临睡前半小时服；特殊方剂应遵医嘱服。

2. 掌握好服药温度

为顺应药性，提高疗效，防止呕吐等，应注意掌握好服药温度。通常分为温服、冷服、热服。

温服：一般汤剂均宜温服，特别是一些对胃肠道有刺激性的药物，温服和胃益脾，能减轻刺激。

冷服：呕吐病人或中毒病人均宜冷服。热证用寒药宜冷服。真寒假热也可热药冷服。

热服：将煎得中药汤剂趁热服下。急症用药、解表药、寒证用药宜热服，以助药力，真热假寒，宜寒药热服。

对于易恶心、呕吐病人，可在服药前先嚼一点生姜，然后再服，可防止呕吐。

### 3. 掌握好服药量

中药汤剂通常以分服和顿服来表示服药量的大小。

分服：慢性病、病情轻，宜缓缓调治。一剂汤药可分 2～3 次服，呕吐患者应先少后多，分多次服下。小儿服时，宜浓缩体积，少量多次为好，不要硬灌，以免咳呛。夜尿多者睡前服药，也宜浓缩少量。

顿服：急病重病，宜急速治疗。一剂汤药可一次服下，药力猛，能充分发挥作用。病情危重，以医嘱为准，有时 1 日可服 2～3 剂，昼夜连服，以能迅速控制病情。

### 4. 掌握好服药时饮食禁忌

服药时一般宜少食豆类、肉类、生冷及其他不易消化的食物，以免增加病人的消化负担，影响病人早日恢复健康。

热性疾病，应禁用或少食酒类、鱼类、辛辣食物。因上述食物有腻滞生热生痰的作用，食后助长病邪，使病情加重。

服解表、透疹药，宜少食生冷及酸味食物。因冷物、酸味有收敛作用，能影响药物解表透疹作用。

服温补药，应少食萝卜，少饮茶。因其能降低药物温补脾胃之功效。

## 合理使用镇静安眠药

有些教师由于睡眠不好，习惯服用安眠药。镇静安眠药若使用适当，可促进或引起近似生理性的睡眠，但长期服用容易产生耐药甚至成瘾，并可引起肝、肾、胃肠功能的紊乱。一般来讲，镇静安眠药小剂量产生镇静作用，中剂量产生催眠作用，大剂量则产生深度抑制作用。因此，应用时不仅要严格掌握适应症，还要做到合理用药，防止滥用。镇静安眠药大体可分为三类：

1. 巴比妥类。常用的有苯巴比妥、异戊巴比妥和司可巴比妥。

2. 苯二氮卓类。这类药又称抗焦虑药，用于稳定情绪、改善睡眠，对持续的情绪紧张和焦虑状态有治疗作用。常用药物有安定、硝基安定、氟硝基安定、舒乐安定等。

3. 其他镇静催眠药。如左匹克隆（忆梦返）、唑吡坦（思诺思）、扎来普隆等，可在医师指导下任选一种即可。

除以上三类外，还有抗组织胺药（如苯海拉明、非那根等）、抗精神病药（如氯丙嗪等）、镇痛药（如颅痛定等），一些中草药（如酸枣仁、柏子仁、天麻、缬草、首乌藤等）亦有镇静安眠作用。

在使用镇静安眠药时除遵医嘱外，还应注意以下几点：

1. 选用药品。常用于镇静的药有苯巴比妥、安定等，能解除精神紧张、焦虑、烦躁不安等症状。用于催眠时，应根据药物作用时间的长短来选药，以便获得较好的疗效。对入睡困难者，应选用作用快的药物，如速可眠、异戊巴比妥、水合氯醛等；对能入睡而持续时间不长者，宜选用中长效类药物，如舒乐安定、异戊巴比妥等；对早晨早醒的失眠病人，应采用长效类药物，如苯巴比妥、安定、硝基安定等。

2. 镇静安眠药不宜长期使用，否则容易引起药物依赖性和成瘾性。一旦停药，可以出现戒断症状，表现为失眠、不安、烦躁、呕吐、震颤、肌肉抽搐、甚至惊厥等，故用时应谨慎。此外，巴比妥类、水合氯醛等药物对肝、肾有毒性作用，故不能经常使用。

3. 即使是间歇使用，也不要用单一的品种，以免对某种药物形成依赖性。

4. 能不用镇静安眠药的就尽可能不用，要注意养成有规律的生活习惯，特别是定时睡眠的习惯。

## 用药的误区

以上用药的注意事项或小窍门固然重要，下列较常见的用药实践或观念上的误区也不容忽视。

## 滥用抗生素的危害

自从1928年英国人亚历山大·弗莱明发现了那朵“青绿色的霉花”后，不仅他本人的人生故事更精彩了，也给人类带来了福音——他将此“花”变成了青霉素，于是抗生素这类主要用于治疗微生物感染的药物，慢慢变成了万金油，哪儿都用它。不过，人类在享用抗生素的好处时，也同时承受其副作用。比如滥用抗生素导致了细菌耐药性增强等问题。青霉素使用60年来，其剂量从最初的每日3万个单位飙升至如今的近千万个单位，抗菌效力已从原来的100%降至目前的20%左右。滥用广谱抗生素、对抗生素的作用机制不明、给药方式和给药剂量不当、联合用药日趋复杂，再加上有些病人自己不规范用药，使药物不良反应与细菌的耐药性急剧上升。

没人喜欢听大道理，举个典型案例——惊动医学界的“怪病”。从1994年7月到1995年6月，患者杨晓雯历时一年，村、乡、县、地、市、省各级医院的医生们，不约而同诊断为“感染症”。使用青霉素类、头孢菌素类及其β内酰胺类、喹诺酮类、氨基糖苷类、大环内酯类、四环素类、氯霉素类、林可霉素类、硝咪唑类、抗分支杆菌药、抗真菌药、抗病毒药及中药等多种治疗均不奏效，不得已行外科截肢术。后来医生们从腐烂组织中培养出了9种细菌，还有一种细菌不能被标明鉴定。这些细菌对59种抗生素均有耐受力，这就意味着，它们升级成了“超级无敌战士”。还有无法识别的“超级变形金刚”，现有的抗生素对它彻底没辙，能对付它们的新药还没被研制出来。

俗话说“道高一尺，魔高一丈”。当我们大用特用抗生素狂轰滥炸时，细菌“鬼子们”也被迫在搞“适者生存”。只不过，它们的生存是以我们的病痛乃至死亡为代价的——它们活，我们就得死或难受；我们要干掉它们，它们就要报复和反扑。

细菌对人类的复仇是以我们滥用抗生素为前提的，而在这场“军备”竞赛中，我们人类很有可能会落后甚至失败，这是每一位医生，每一位要求使用和自行使用抗生素的患者，都必须警惕的。

## 能吃药就不输液

往事并不如烟，相信年龄在30岁以上的读者们，大概都能记起自己小时候感冒发烧都是肌肉注射的，而现在，除了打疫苗，您想得起什么时候还打过肌肉注射针吗？

“三素一汤”（抗生素、维生素、激素和葡萄糖）如今成了一些医生和患者在治疗过程中的常规武器和家常便饭，与之相应，不知从何时起医患双方都爱上了输液治疗。

但其实大多都属于用药不合理：很多人可能并不一定需要静脉输液治疗。

世界卫生组织推荐的首选给药途径其实是口服，静脉给药是最后手段，通常在急救、失血和体液丢失严重以及非静脉滴注无法给药时才采用。

追究为什么会输液成风已经没有多大意义，这里简单列举一下输液可能会产生哪些不良后果：

1. 增加感染的机会。静脉注射过程中，无论怎样消毒都有可能增加细菌、病毒进入人体的机会（操作不规范和消毒不严就更不用提了）。

2. 输液反应。当注射液及输液管中有致热、致敏源存在时，有些患者会发生输液反应，甚至导致严重后果；过多过快地输液对心肺功能低下的患者或老人可能导致急性心肺功能衰竭和体内外环境被破坏；另外，由于输液是药物直接进入血液，一旦发生输液反应会非常危险，万一抢救不及时就会酿成大祸。2007 年上半年，某省药监局曾公布过一次药物不良反应监测报告，在省内发现的 1310 例不良反应报告中，1052 起都是因静脉滴注引起的，占总不良反应案例的 80% 以上。药物不良反应最终是药物本身的原因，但是静脉滴注加剧了不良反应。

3. 形成微栓。输液的液体中有些不溶性微粒是异体成分，部分会被吞噬细胞吞噬，但也有部分被吞噬细胞包围，这些物质体积大于体内毛细血管的管径，就像超高的卡车堵住了过江隧道一样，脑、肺、心、肾、眼底的毛细血管很容易因此形成微栓堵塞血管。

4. 血管损害。很多读者对此都深有体会了，输液次数多了之后手臂都找不到一块“好地方”来进针，自己痛苦，护士也找来找去皱眉头。由于化学物质、针头的刺激及血管对此的反应，久而久之出现静脉炎和血管硬化，万一哪一天急需使用良好的血管救命时也是无能为力了。

说一千道一万，治病用药归结起来就是一句话：能口服就不输液！

## 中医药无副作用或副作用较小

近几年有关中医药的讨论时断时续，中医药的疗效怎样，是否有副作用，争辩双方往往各执一词。之所以将中医药的副作用这个问题特意提出来，是因为有很多患者，尤其是中老年患者对此存在认识上的误区—— 一是对中医药治疗的副作用未加重视；二是对不涉及治疗，而仅仅只是看起来无任何风险的“进补”认识不足。

的确，相对于较年轻的西医学，古老的中医药学在我国应用的历史源远流长。正因为如此，有些人就想当然地以为，经过千年传承的中医药更可靠。同时，在实际生活中确实存在因使用西药导致过敏或产生其他副作用甚至致死的实例，其实因服用中药产生副作用乃至致死的例子也有，就其数量之比来说，似乎前者更为普遍，中医药的副作用较小的论断貌似名正言顺了。

然而，事实却非如此，甚至刚好相反——西医学虽然年轻，却是从实证一步一步慢慢走过来的，比如某根血管的具体位置，某个细胞的结构成分，都经过了解剖观察实验的验证，而某种新药的推出，更是经过数年的临床实验和试验，将其适用症、禁忌症、副作用等都掌握得非常准确之后才应用到人体。也正因西药如此透明直观，所以即便有些副作用很明显，也可以用其他的药物来拮抗其副作用，因而更可靠。而中医药呢，虽然历史悠久，但其理论根据很多无法证实，比如气，比如实证与虚证等等，摸不着看不到，甚至同样的病症不同的医生可能得出截然相反的结论。正因为如此，所以很多时候不免给人一种无以为据的感觉。具体到中药，部分中成药固然是成分明确、剂量明确，并能根据“君臣佐使”进行配伍以充分发挥药效，减少不良反应，但很多散抓的方剂，任何一种药材的增减，乃至煎药期间加水的多少，都会影响到最终治疗成分的属性不同或者浓度的差异，这种不确定性导致了其对人体作用的不可预知性。也许这副中药最终治好了您的病，但是有没有给您的某些器官造成功能或器质性损害，或者给您留下病根，您根本就无法知道。

用一句调侃的话来说，就是西药能让您明明白白地死（当然也是让您明明白白地生），而中药确是让您不明不白地生（当然也有可能让您或您的某个器官不明不白地死）。从这个角度来看，副作用不明，不就是最大的潜在危险和副作用吗？

另外，从中药已知的毒副作用来讲，也不可小觑。尽管大部分中药药性比较温和，但有些中药毒性也很强，比如众所周知的砒霜，本身就是剧毒品；再如妊娠期间孕妇要禁用商陆、三棱、莪术，慎用桃仁、大黄、附子等。至于中药“十八反、十九畏”配伍的副作用是用无数悲惨教训验证的，更别说近些年有关服用某些方剂导致肝肾衰竭的例子时有报道了。

已深入人心的中药进补观念，也很有必要在此提及。不少人都以为，进补肯定只有益处，没有害处，其实这是一个很大的误区。俗话说“过犹不及”，进补的某些药材对内分泌系统的影响，甚至可以用“危害”二字来形容。而我们平时生活中并不少见的现象诸如补到正常人头发脱落甚至流鼻血、孩子提前发育而到了发育年龄又停滞发育、女性生理周期不规则、老人补成高血压等，这些实例提醒我们，不科学的进补也是有风险的。

# 5 教师的四季养生

中医认为“上医治未病”，西医提倡“预防为主”，中国古代医家的这种防治原则和现代西医注重疾病的预防的指导思想可谓不谋而合。而在中国民间，也一直有“三分治、七分养”的说法。

求人不如求己，求医不如养五脏——与其病了再去大动干戈，不如平时生活中注意养生保健。

# 四季养五脏

较之西医，传统中医更强调标本兼治，祖国传统医学认为治病不如防病，防病首重养生，养生的关键是养好五脏。只要五脏健，身体就好。我们人体的肝、心、脾、肺、肾这五大主要脏器虽有各自的功用，但在运行过程中，脏腑之间相互协调，都有密切的联系，并与自然环境息息相关。养生要达成内外兼顾的效果，就先从调养五脏开始吧！

## 四季与五脏

祖国传统医学认为，五脏的运行应配合四时阴阳变化。

五脏是人体的五大系统，主管着人体一切的生命活动。一直以来，凡调补、补养、治病都会依据五脏的理论。除了强调“调饮食”、“慎起居”、“和喜怒”等生活的调摄外，《黄帝内经》的《素问·阴阳应象大论》中还提到：“冬伤于寒，春必温病；春伤于风，夏生飧泄；夏伤于暑，秋必痎疟；秋伤于湿，冬生咳嗽。”这是指四季之气皆能伤五脏，如夏天的暑热、秋天的湿燥、冬季的寒气。而季节性的病症不根绝，则会持续地伤害健康，所以应该顺应四时、五脏、阴阳调适生活，休养生息。正如《灵枢·本神篇》里所说的：“故智者之养生也，必顺四时而适寒暑……如是，则僻邪不至、长生久视。”“四季养生”为中医里极其重要的原则，也是健康长寿的法宝。

因此，春应“肝而养生”，夏应“心而养长”，长夏应“脾而养化”，秋应“肺而养收”，冬应“肾而养藏”。人体五脏的生理活动，必须适应四时阴阳的变化，才能与外界环境保持协调平衡。

## 调养五脏先调理体质

西医讲每个人都存在个体差异，中医讲“辨证施治”，都是基于一个前提：每个人的情况不一样，所以治疗方法和手段也应该不一样。很多人会以为，养生又不是治病，那么养生之道放之四海而皆准。其实，这种观念是不对的，养生也要因人而异，首先要先弄清楚自己是什么体质，否则就有可能做无用功甚至适得其反。

比如，当您去看中医时，是否常会听到医生说“您的体质不好，需要‘调一调’”？那到底什么是“体质”呢？

体质其实与现代医学所说的“基因”和先天禀赋相关。因为每个人的遗传基因不同，身体受环境的影响，在生长、发育和衰老的过程中，身体结构、机能和代谢上的反应皆有不同。例如，身体遇到冷风，有人会头晕、打喷嚏，有人则没有什么特殊感觉，这就是体质的差异。我们说吹风会感觉到头晕的人体质偏虚，而没有什么特殊感觉的，则又是另一种体质。所以，体质往往决定身体生理反应的倾向，与健康息息相关。

最简单的体质分类有三种：寒性、热性与中性体质。一般来讲，中性体质最好，此时身体处在平衡的状态，但大多数的人体质都是偏寒或偏热的，这样的体质虽无大疾病，但仍然需要调整成最理想的中性体质。

日常生活，只要吃对食物就能调养体质。以下是一个简单的人体体质鉴别表，可以据此大致判定自己的体质。后文小贴士里附有一个各种食材温热寒凉属性的归类，读者可根据自己胃口和喜好自行挑选适合自己的食材。

表 5.1 寒热体质鉴别表

| 症状类别 | 热性体质 | 中性体质 | 寒性体质 |
|---|---|---|---|
| 五官系统 | 脸色红润、易脸红<br>爱说话<br>粗喉大嗓<br>易口渴，喜多饮<br>易口臭、口干<br>喜欢喝冰冷的东西 | 脸色正常、健康<br>说话语调、语速平和<br>语音声调中等<br>饮水量正常<br>口不臭、不干<br>冷热饮无特定喜好 | 脸色苍白、暗淡<br>不爱说话<br>细声细气、有气无力<br>少口渴、喝水少<br>口淡、无气味<br>喜喝热饮 |

续表

| 症状类别 | 热性体质 | 中性体质 | 寒性体质 |
|---|---|---|---|
| 呼吸系统 | 呼吸气粗，喘促痰鸣 | 适中 | 呼吸怯弱，气短 |
| 运动系统 | 喜动<br>四肢偏温热 | 四肢温暖 | 喜静<br>四肢寒凉，手脚冰凉 |
| 神经系统 | 全身感到发热不安<br>易心情烦躁<br>易头晕、思绪不集中<br>注意力不易集中 | 精神好<br>无烦躁无疲劳<br>不易头晕<br>注意力可集中 | 精神萎靡不振<br>常觉得疲劳<br>易头晕<br>自觉记忆力减退 |
| 循环系统 | 脉搏快又强 | 脉搏强度、速度适中 | 脉搏细微、无力 |
| 泌尿生殖系统 | 大便燥结，易便秘<br>小便短赤，尿液赤黄<br>月经量多<br>月经色暗红 | 尿液浅黄<br>排便正常<br>月经正常<br>月经色鲜红 | 大便溏薄，易腹泻<br>小便清长或少，尿液白清<br>月经量正常或较少、月经色淡 |

您一定不难发现，在上面的表格中，热性体质的特征是热的、新陈代谢率高的、过度活跃的，而寒性体质则恰恰相反。五脏的寒热与体质的相似，热性体质者的五脏大多数呈现“热、新陈代谢率高、过度活跃”的状态，但不是百分百绝对，只是较容易使五脏趋于热性。例如，热性体质者吃温热性食物后，会比其他人更容易上火，中医可能诊断为“肝火旺盛”；又如寒性体质者，吹一下冷风、淋到雨，比其他人容易感冒，中医可能诊断为“肺气虚”。上述“肺气虚”或是“肝火旺盛”，可以通俗地称为体质，不过以中医专业术语称之为“辨证”。“辨证”是明确指出疾病，以五脏为体质辨证的主轴，以阴、阳、表、里、寒、热、虚、实这“八纲”进行分析、归纳。在门诊中常常会听到中医师说“肝热”、“脾虚”、“心气虚”之类的症型。为什么要这样复杂、详细地辨证？因为要辨明疾病，才能诊治。就拿头痛来说，肿瘤造成的头痛，与压力造成的头痛不同，要辨别病因，才能真正治疗与根除。

总之，人体气血运行的盛衰，关系着五脏六腑的健康，而气血运行的盛衰有赖于五脏的健康。五脏健，身体才能好，只有适当地调养五脏，才能保持身体功能的正常与平衡，促进健康。

小贴士

## 温热寒凉食材

按照食物各自的寒热属性，可以分凉性、温性与平性，分列如下。

温（热）性食材：鸡肉、羊肉、鹿肉、鲍鱼、带鱼、虾米、鲢鱼、鳝鱼、草鱼、蚌、海参、韭菜、榨菜、洋葱、香菜、辣椒、南瓜、胡椒、桂皮、枸杞、豆蔻、姜、葱、大蒜、白扁豆、龙眼肉、荔枝、红枣、桃、樱桃、柿饼、石榴、红糖、葡萄干、金橘、梅子、菜籽油、豆油、咖啡、糯米等等。此类食物多有温经、助阳、活血、通络、散寒等作用，我们居家食疗的时候，依照“损有余而补不足”的原则，此类食材尤其适合虚寒体质者食用调理。

凉（寒）性食材：鸭肉、兔肉、蟹、海蜇、海螺、蛇、鸭蛋、冬瓜、苦瓜、丝瓜、黄瓜、西红柿、竹笋、茄子、紫菜、紫草、海带、芹菜、油菜、蘑菇、莲藕（生）、甜菜、茭白笋、慈姑、荸荠、百合、绿豆、豆芽菜、豆腐、豆浆、豆豉、西瓜、香蕉、梨、甘蔗（青皮）、柚子、桑葚、李子、柿子、小麦、薏仁、茶叶等。这些食物多有滋阴清热、泻火、凉血、解毒作用，适合热性体质者食用。

还有一类平性食物，则像万金油，各种体质的人均可食用。例如：鸽肉、虾、青鱼、干贝、泥鳅、鲫鱼、鳗鱼、鸡蛋、鹌鹑蛋、马铃薯、大白菜、豌豆苗、大头菜、雪里红、胡萝卜、猴头菇、木耳、燕窝、芋头、花生、栗子、豌豆、豇豆、黄豆、黑豆、橄榄、冰糖、芝麻、葵花子等等。

## 春季居家保肝

有道是："肝脏如果好，人生是彩色的；肝脏若不好，人生是黑白的。"这话充分说明了肝脏的重要性。从教师群体的实际情况来看，患脂肪肝、酒精肝、肝硬化甚至肝癌者不乏其人，对于教师而言，实在是"要干，更要肝"！养肝刻不容缓。

春天阳气初盛，万物复苏，"野芳发而幽香，佳木秀而繁阴"，正是养肝的好时节。

### 春季养肝的生活妙方

《黄帝内经》云："春三月，此谓发陈。天地俱生，万物以荣。"春令之气有升发疏畅的特点，此时注意保养体内的阳气，可使阳气不断且渐旺起来。以下为春季养肝的生活妙方。

#### 1. 春天宜晚睡早起

对于教师，尤其是中小学教师来说，专门强调春天晚睡早起似乎是多此一举。但是从养生的角度，人的睡眠要顺应太阳的起落规律，春天应当晚一点入睡，早些起床，以顺应自然界的生发之气。这里的“晚”不是指熬夜，而是相对于冬天的入睡时间而言的。比如冬天晚上 9 点入睡，那么春天则可推迟到晚上 10 点睡觉。

2. 睡眠充足

春天可晚睡早起，但也不能睡眠不足。熬夜、睡眠不足、过度劳累是肝脏健康的大敌，也是患肝病的诱因之一。根据传统医学的经脉行理论，凌晨 1 点到 3 点为肝经时间，一定要熟睡才可养肝、排毒；有研究认为，晚上 10 点到凌晨 2 点为美容时间，如果这段时间不睡觉，就会皮肤粗糙、容易疲劳、倦怠、常感口苦咽干、火气大，甚至出现黑眼圈。所以说，养肝、保肝的最好方法是晚上 10 点就寝，保证充足的睡眠。

3. 保持乐观

肝脏在五行中属木。中医中讲“喜伤心、怒伤肝”，也就是说如果经常心情暴怒或者郁郁寡欢，对肝是一大伤害。

4. 多看绿色植物

绿色植物有益于人的健康，若能常在静谧、芬芳、优美的绿色环境中生活，还会使人减慢呼吸、降低血压，对于心脑血管疾病、呼吸道疾病、高血压及神经衰弱等疾病有良好的辅助治疗作用。此外，如前所述，教师们多受粉笔灰之苦、且易患干眼症，而绿色植物既可吸收尘埃和放射性物质，净化空气，又有利于消除眼部疲劳，保护视力。

5. 不抽烟、不饮酒

抽烟对肝脏有百害而无一利。吸食香烟时，血液中的尼古丁浓度会提高，而这些尼古丁又需要由肝脏来解毒与代谢。酒精对肝细胞的危害可以说是相当直接，任何酒类，都需要经过肝的代谢分解，酒精不但会增加肝的负担，对于慢性肝病患者来说更会加速肝硬化与罹患肝癌的进程。

6. 营养均衡

养成定时定量饮食的习惯。食物来源宜广泛、均衡。多吃绿色蔬菜及水果，这对于大便畅通、减少肝脏负担有相当大的帮助。

7. 饮食新鲜

避免进食不新鲜或已腐败的食物。特别是发霉的米或花生、玉米等，绝不要进食，其产生的黄曲霉素会诱发肝癌。

8. 戒食刺激性食物，避免摄取过多的动物性油脂及胆固醇

辛辣、油炸食物易燥火动肝，进而损耗肝阴。同时，要尽量少吃动物性油脂及胆固醇含量较高的食物如肥肉、动物内脏等，避免增加肝脏代谢的负担。

9. 定期体检

每年应抽血检验一次，观察肝功能指标，及时发现肝功能异常；已罹患肝病者应服从专科医师指示耐心服药，不可因数据下降过慢而胡乱换医、换药。

10. 养成运动习惯

适度的运动，即每星期至少两次，每次时间在 30～60 分钟，有助于血液循环，锻炼心肺功能，促进新陈代谢。

## 青色、酸味养肝食材

中医认为，“青”能益于肝气循环，有助于消除疲劳，舒缓肝郁，防范肝疾，能明目，提升免疫功能。按照现代营养学的研究，绿色养肝是因为绿色食物一般多为蔬菜，富含维生素和纤维素，能促使胃肠蠕动，促进新陈代谢，帮助体内排毒，减轻肝脏排毒的负担，使肝脏得到休养。另外，绿色食物一般还多具有平肝、清热、泻火的功效。

同时，因为酸入肝，所以酸味食物有益于肝脏。现代药理研究也发现，酸味食物所含的有机酸，具有镇静调节植物性神经、内脏和血管平滑肌之功效，临床用于活血化淤，降低血压，促进胆汁分泌，降低胆固醇。比如大家常用来开胃敛气的酸梅汤，其中起主要作用的乌梅，它味酸，能使胆囊收缩，促进胆汁排泄，解除胆管平滑肌痉挛，有止痛的效果。此外，酸味的李子、葡萄、猕猴桃、柠檬、番石榴、青梅、白醋等，对人体的肝、胆和眼睛都有帮助。不过，由于有些食物过酸，如柠檬，吃多了可能会伤胃，所以摄入酸性食物也要适量，最好在饭后或是非空腹时食用，或是泡水稀释食用。

另外，因为肝肾同源，肾是肝之母，有些既不是青色也无酸味的食材、药材，如菊花、枸杞、莲子等也具有清肝明目的功效，是我们日常生活中养肝的佳品。

特别要说明的是，这些食材，主要是推荐给肝脏功能正常的人使用，下表及下文所推荐的有些食材，比如韭菜之类，反而不太适用于特定的肝胆病患者，后文在具体讲肝病对症食疗时会专门列出禁食食材。

表 5.2　养肝食材

| 食材种类 | 食材 |
| --- | --- |
| 豆类 | 绿豆、蚕豆、四季豆、豌豆、扁豆、刀豆、豇豆 |
| 蔬菜类 | 菠菜、芹菜、苋菜、西兰花、韭菜、竹笋、莴笋、芦笋、空心菜、白菜、香菜、油菜、卷心菜、苦瓜、西葫芦、黄瓜、冬瓜、丝瓜、海藻 |
| 野菜类 | 马齿苋、荠菜、茼蒿、芥菜、香椿、苦菜、莼菜、萍菜、薇菜、落葵、芜菁、清明菜、仙人掌、蕃菜、黄鹌菜、鹅肠菜、谷芽、荷叶 |
| 水果类 | 猕猴桃、青梅、李子、葡萄、苹果 |
| 鱼、肉类 | 鸡肝、牡蛎、鲫鱼、鲤鱼、泥鳅、鳝鱼 |
| 茶类 | 绿茶、菊花茶 |

## 推荐养肝茶饮

绿菊茶：绿茶6克，菊花12克，白糖30克。开水冲泡。可清热解毒，宁神明目。适用于春季忽冷忽热，气候干燥，肝火上炎，目赤头疼，并能预防感冒。

枸杞茶：红茶1～1.5克，枸杞5～10克。枸杞加水400毫升煮沸，开水冲泡红茶即可。保肝护肝，适用于肝炎、肝硬化。

黄花菜红枣茶：黄花菜10克，生甘草8克，红枣30～50克，五味子5克。将上述材料放入大茶杯中，开水冲泡5分钟即可。该茶清热解毒，益气健脾。适用于慢性肝炎活动期，也可用于黄疸肝炎。

茵陈绿茶：茵陈10克，生大黄12克，绿茶适量。将大黄研碎，茵陈切成碎末，混匀，放于保温杯中，加绿茶，开水冲泡15分钟即可。每日1～2剂，连服两周。该茶清热利湿，通腑退黄。适用于肝火所致的小便黄赤，尤其是黄疸肝炎。

小贴士

## 常用养肝、护肝中药食材

除了以上列举的一些常见食材、茶饮，还有不少传统上常用、现代生化学和实验室验证有保肝、护肝作用的中草药，现简单列举如下。

当归

味甘辛苦，性温。入心肝脾，为血中之气药。有保护肝细胞、防止肝糖原降低、恢复肝功能的作用，对中毒性肝损害细胞修复有促进作用。

蒲公英

味甘，微苦，性寒。蒲公英注射液能使胆汁分泌量大幅增加，显著降低血清转氨酶和减轻肝细胞脂肪变性。

黄芪

味甘，性微温。有保护肝脏、防止肝糖原减少的作用。

女贞子

味甘、苦，性凉。女贞子果实所含的齐墩果酸对急性肝损伤有明显的保护作用，可降低肝中转氨酶，促进肝细胞再生，防止肝硬化。

五味子

味甘、酸，性温。能益气生津，补肾养心，收敛固涩。实验发现，五味子能明显诱导大白鼠肝微粒体药物代谢酶的活性，增强肝脏解毒功能。

三七

味甘、微苦，性温。实验发现，三七总甙对肝损伤具有防治作用，能降低肝中转氨酶。

牛膝

味苦、酸，性平。能促进胆汁分泌，改变胆汁成分，使胆酸及胆红素含量增加，胆固醇含量减少。

白术

味苦、甘，性温。归脾、胃经。口服白术煎剂可减少肝细胞变性坏死，促进肝细胞生长，使升高的转氨酶下降，防止肝糖原的减少，促进 **DNA** 的修复。

苍术

味辛、苦，性温。归脾、胃、肝经。动物实验证明，苍术有抗肝细胞损坏作用，能明显促进肝蛋白合成。

何首乌

味苦、甘、涩，性微温。归肝、肾经。何首乌能增加肝糖原的作用，使血清游离脂肪酸及肝脏过氧化脂质显著下降。

茯苓

味甘、淡，性平，入药具有利水渗湿、益脾和胃、宁心安神之功效。实验对大白鼠皮下注射茯苓注射液，发现对四氯化碳引起的肝细胞损伤及转氨酶升高有良好的防治效果。

## 拍打按摩也保肝

除了食养五脏，经穴按摩也是实践证明的既便于操作又非常行之有效的居家养五脏方法。同时，由于“肝胆相照”，肝胆互为表里，所以这里讲按摩保肝实际上包括整个肝胆系统。

与肝胆有关的养生穴位，主要有肝俞、胆俞，肝胆两经的原穴太冲和丘墟、募穴期门和日月及其他相关穴位。其定位及按摩方法如下：

肝俞

［定位］正坐或俯卧，第九胸椎下，脊椎骨两侧外开 1.5 寸（中医穴位中所讲的“寸”不同于日常度量中的“寸”，具体含义详见文后小贴士）处。

［方法］向下浅按约 0.5 寸，压至有酸感，持续按压或摩挲 5 秒，然后休息 5 秒再按压，30 次左右。

［功效］肝俞排肝脏系统之毒，舒通肝气，泻五脏之热。

胆俞

［定位］正坐或俯卧，第十胸椎，脊椎骨两侧外开 1.5 寸处。

［方法］向下浅按约 0.5 寸，压至有酸感，持续按压或摩挲 5 秒，然后休息 5 秒再按压，共 30 次左右。

［功效］胆俞排肝脏系统之毒，改善肝胆系统慢性病及消化不良、胸闷胸痛等。

肾俞

[定位] 正坐或俯卧，第二腰椎下，脊椎骨两侧外开约 1.5 寸处。

[方法] 向下浅按约 0.5 寸，压至有酸感，持续按压或摩挲 5 秒，然后休息 5 秒再按压，共 30 次左右。

[功效]保肝之所以选肾俞，主要是因为五行相克相生中“水生木”，肾为肝之母，所以治肝也需治其母。拍打、按摩肾俞可泻五脏之热。

太冲

[定位]正坐或卧，脚拇指头和第二趾之间的夹缝向上移 1.5 寸，第一、第二趾关节后方，压至感到动脉应手。

[方法] 向下浅按约 0.5 寸，压至有酸感，持续按压或摩挲 5 秒，然后休息 5 秒再按压，共 30 次左右。

[功效] 此穴位为肝经原穴。拍打、按摩此穴可清泄肝火肝阳，疏泄下焦湿热，能治肝疟、腰痛、小腹胀满、踝痛，对生闷气也有很好的疏泄作用。

行间

[定位] 正坐或卧，脚拇指头和第二趾之间的缝隙，太冲穴下方 1.5 寸处。

[方法] 向下浅按约 0.5 寸，压至有酸感，持续按压或摩挲 5 秒，然后休息 5 秒再按压，共 30 次左右。

[功效] 泄肝火，凉血热，清下焦，熄风阳。

阳陵

［定位］站立、正坐或卧，膝盖下，小腿外侧，腓骨下头前下方凹陷处（即手指触摸小腿两根长骨交汇处）。

［方法］向下浅按约 0.5 寸，压至有酸感，持续按压或摩挲 5 秒，然后休息 5 秒再按压，共 30 次左右。

［功效］本穴属足少阳胆经，拍打、按摩此穴可清泄肝火，对肝炎、胆囊炎，便秘、坐骨神经疼等均有疗效。

章门

［定位］肚脐上 2 寸，两旁横开 6 寸，在第十一肋骨之端。

［方法］向下浅按约 0.5 寸，压至有酸感，持续按压或摩挲 5 秒，然后休息 5 秒再按压，共 30 次左右。

［功效］《难经》曰："脏会章门。"故"脏病室此"，所以凡心、肝、脾、肺、肾、包络之疾病，皆取章门穴。灸章门穴，有疏肝行气之效。

血海

［定位］大腿内侧，髌骨内侧端上 2 寸（端坐，腿绷直，膝盖内侧可见一凹陷，凹陷上方则有一块隆起的肌肉，该隆起肌肉顶端即为血海）。

［方法］每天上午 9～11 点，按压或摩挲该穴。向下浅按约 0.5 寸，压至有酸感，持续按压或摩挲 5 秒，然后休息 5 秒再按压，共 30 次左右。

［功效］肝脏的问题，是"肝气常有余，而肝血常不足"，本穴虽属脾经，但可治疗体内淤血，生新血，解决肝血不足的问题。

足三里

［定位］膝盖外侧缘下 3 寸，胫腓骨之间（端坐，用同侧那只手盖住膝盖，五指平行小腿向下按，保证掌心对准膝盖顶。此时中指的顶端向外一横指即为血海）。

［方法］每天上午 7～9 点，按压或摩挲该穴。向下重按约 0.5 寸，压至有酸感，持续按压或摩挲 5 秒，然后休息 5 秒再按压，总共持续 5～10 分钟。

［功效］本穴为保健按摩的“万金油”，虽属胃经，可补血益气，解决肝血不足的问题。

小贴士

**指寸定位法找穴**

指寸定位法，是把本人的手指规定为一定分寸用以比量腧穴位置的定位方法，又称手指比量法、手指同身寸取穴法。常用有以下三种（如下图）。

● 中指同身寸：以患者的中指屈曲时，中节桡侧两端纹头（拇、中指屈曲成环形）之间的距离作为 1 寸。适用于四肢部腧穴的纵向比量以及背腰部腧穴的横向定位。

● 拇指同身寸：以患者拇指的指间关节的宽度作为 1 寸。

● 横指同身寸：患者将食指、中指、无名指和小指并拢，以中指中节横纹所在部位为标准，此处测量的四指的宽度作为 3 寸，或以食中二指并拢的宽度作为 1.5 寸，食指中、末两节长度作为 2 寸等。

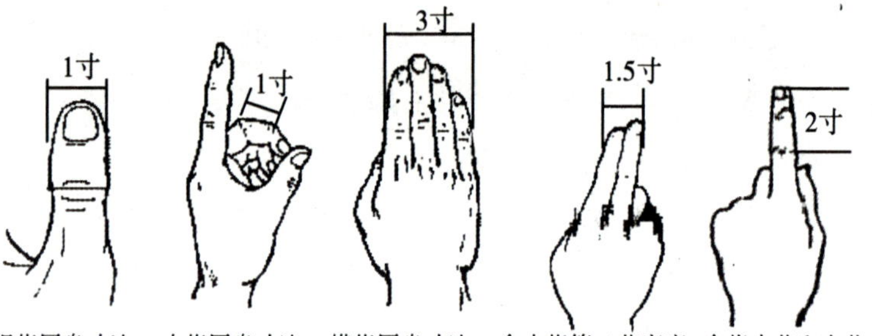


拇指同身寸法　中指同身寸法　横指同身寸法　食中指第二节宽度　食指中节和末节

## 夏季居家养心

“夏属火，其气热”，在五脏对应上，夏季、红色对应人体五脏的心和六腑的小肠。事实上，夏季天气炎热，万物蓬勃旺盛，而红色正给人一种有如火焰般的感觉，刚好在季节上也对应。从教师群体的实际情况来看，中学毕业班的老师要为学生中考、高考冲刺呕心沥血，非毕业班的老师也往往因为学生要升级而劳累，而劳心费力之后刚好可以暑假休息，所以夏季养心，正当其时。

## 夏季养心的生活妙方

“立夏”之后，天气愈来愈热。因“夏属火，其气热”，五脏中的“心”亦属火，掌握夏天时机好好养心，有助于预防心血管疾病，同时使体内血脂代谢正常，避免体内脂肪堆积，维持体态轻盈，并保持良好的精神状况。

1. 注意补气养阴、清热去暑

人都会被气候所影响，夏季湿、热易使情绪不稳、烦躁，这也是诱发心血管疾病的因素。另外，中医所称的“心”还包括大脑中枢神经系统及精神情绪变化等功能，心血不足者也有心悸、失眠、健忘、面色差等症状，夏季养心除了着重心血管保健，也要兼顾情绪。夏季的疾病以暑病为多——夏季炎热而多雨，暑热夹湿，热能伤阴、耗气，因此在饮食上应以补气养阴、清热祛暑为主。

2. 一小时午休

不论是早睡晚起，还是晚睡早起抑或早睡早起，夏季到中午或下午容易缺觉犯困。对于广大教师而言，夏季一定要午休，哪怕条件有限，只是将就着趴在办公桌上或靠在座椅上打个一刻钟的盹也好。只要能真正入睡，即便只是一刻钟午休，对身体也好处多多，如能睡着，午休期间心脏和大脑也可以得到较好的休息，能大大降低心、脑血管疾病的发生。

## 红色、苦味养心食材

因为红色对应心脏，而且红色食物大都具有温热的特性，能影响我们的心与小肠，多半有补血、生血及补阳的功效，所以适于养心。

一般，常见赤色或偏赤色食物，都可以用来养心。比如赤小豆、马齿苋、胡萝卜、西瓜、苹果、樱桃、荔枝、龙眼肉等，大多数红肉如牛羊肉，以及红枣、洛神花、枸杞、红花、山楂、桑葚等食材，大多富含铁质，可以补铁、补血，都是养心的可用之材。

又因为心在五行中对应“苦味”，所以有些苦味食材，比如大众熟知的黄连，便是“苦入心”的代表。还有银花、连翘、黄芩、夏枯草、鱼腥草、蒲公英、苦参等均能加强心肌功能，改善全身血液循环；野菊花能扩张冠状动脉，增加冠状动脉血流量，也可用于改善治疗心脏疾患。

表 5.3 养心食材

| 食材种类 | 食材 |
| --- | --- |
| 粮食类 | 赤小豆、花生、高粱 |
| 蔬菜类 | 西红柿、胡萝卜、芹菜、菠菜、苋菜 |
| 水果、干果类 | 山楂、樱桃、西瓜、草莓、柿子、苹果、杨梅、荔枝、石榴、沙果、李子、洛神花、红枣、枸杞子 |
| 鱼、肉类 | 鸡肝、猪肉、猪血、猪心、猪肝、猪肺、猪肾、火腿、羊肉、羊心、羊肝、羊肺、羊肾、羊肚、牛肉、牛肝、牛肾、牛肚、狗肉、驴肉、兔肉及部分海鱼 |

## 养心茶饮

除了水果及各种蔬菜，当然还有各种制作简单方便却又疗效显著的养心茶。

银菊茶：菊花、金银花各 30 克。沸水冲泡即可。抗菌消炎、降压，高血压、冠心病病人可以适量饮用。

山楂麦芽茶：山楂 25 克，麦芽 25 克，绿茶 2 克。将三种材料共放入沙锅（最好用沙锅、瓦罐，因为山楂与铁锅会起反应），加水适量煮沸；起锅，滤去榨汁即可。活血降压效果明显，可用于高血压。

番茄绿茶饮：小番茄90克，绿茶2克。将小番茄洗净、切片，加水适量煮沸，以煮沸的番茄汤冲绿茶即可。生津止渴，降血压。

香蕉茶：香蕉一根，茶叶9克，蜂蜜12克。将香蕉去皮、研碎成泥；沸水冲泡茶叶，再将香蕉泥及蜂蜜加入，调匀即可。该茶活血化淤，降压降脂，适用于高血压、冠心病及动脉硬化。

芪草归枣茶：红枣9个，黄芪15克，当归9克，炙甘草8克，绿茶5克。前四种材料加水500毫升煮沸，再用小火煮15分钟，然后滤渣，用沸汤冲泡绿茶即可。温饮，每日一次。该茶补心益气。适用于胸闷气短，动则喘息；心悸易汗，倦怠少言；心胸隐痛，反复发作之气虚型心痛者。

二冬丹草山楂饮：天门冬9克，麦门冬9克，丹参9克，炙甘草9克，山楂9克，绿茶5克。将前5种材料加水500毫升煮沸，再用小火煮15分钟，然后滤渣，取沸汤冲泡绿茶即可。滋阴养心。适用于头晕耳鸣，腰酸腿软，气短乏力；心悸易汗，心烦少寐，心胸隐痛，久发不愈之心肾阴虚型心痛者。

## 拍打按摩能养心

除了日常饮食调养，经穴按摩对养心同样有效。在平时的闲暇时间拍拍打打、捏拿按摩一下即可起到保健养生之效，何乐而不为？

养心的穴位，主要有心俞、小肠俞，心经和小肠经的相应原穴神门、腕骨，关元、巨阙两处募穴以及其他的相应穴位。

心俞

［定位］站立或坐、俯卧均可，第五胸椎脊突下，向两边旁开 1.5 寸。

［方法］向下浅按约 0.5 寸，压至有酸感，持续按压或摩挲 5 秒，然后休息 5 秒再按压，共 30 次左右。

［功效］对于健忘、心烦、易受惊吓的人，可以常按摩、摩擦此穴，畅通心之气血，补心之气。

小肠俞

［定位］站立或俯卧均可，平第一骶空椎，后正中线向两边旁开 1.5 寸。

方法和功效同上。

手神门

［定位］伸手，掌心向上，小指与无名指侧。

［方法］向下浅按约 0.5 寸，压至有酸感，持续按压或摩挲 5 秒，然后休息 5 秒再按压，共 30 次左右。

［功效］神门穴是人体精、气、神中“神”之入口，该穴通畅则心静神宁。同时，此穴还是治疗心脏疾病之要穴，可调节内脏器官。

内关

［定位］手腕第一横纹上 2 寸。

［方法］向下浅按约 0.5 寸，压至有酸感，持续按压或摩挲 5 秒，然后休息 5 秒再按压，共 30 次左右。

［功效］古人有云，“内关心胸胃”，凡是心胸胃的不适，均可以按摩内关缓解。

百会

［定位］头的“颠顶”部。

［方法］向下浅按约 0.5 寸，压至有酸感，持续按压或摩挲 5 秒，然后休息 5 秒再按压，共 30 次左右。

［功效］该穴是“百脉之会，百病所主”，为各经脉气会聚之处，能通达阴阳脉络，连贯全身经穴，对于调节机体的阴阳平衡有重要的作用。此外，本穴于大脑功能关系密切，是调节大脑功能的要穴。

巨阙

［定位］站立或正坐，位于身体正中线上，胸骨体下端再下 2 寸处即是。

［方法］向下浅按约 0.5 寸，压至有酸感，持续按压或摩挲 5 秒，然后休息 5 秒再按压，共 30 次左右。

［功效］调理心脏气血，宁心安神，对神经性心悸有效。

大陵穴

［定位］在手横纹之陷中，在两骨（尺、桡骨）之间。

［方法］向下浅按 0.3～0.5 寸，压至有酸感，持续按压或摩挲 5 秒，然后休息 5 秒再按压，共 30 次左右。

［功效］大陵穴是心脏保健要穴，主心之外围，不仅能主治

有关心经的一切疾病，还有治失眠、心悸、癫痫的效果。

三阴交

［定位］从足内踝尖直上 3 寸。

［方法］向下深按约 1 寸，压至有酸感，持续按压或摩挲 5 秒，然后休息 5 秒再按压，共 30 次左右。

［功效］这也是“万金油”穴位，是气、血两补之要穴。有补脾胃，助消化，通经活络，调和气血作用。它是脾、肝、肾三脉之会穴，所以补脾之中，间接可补肾阳、养肝阴，亦是妇科、内科要穴。但要注意的是，孕妇禁用。

## 长夏居家健脾

我们讲五时养五脏，春应“肝而养生”，夏应“心而养长”，长夏应“脾而养化”，可能马上就有人会问：一年四季，并无五季之说嘛，“长夏”是什么意思呢？其实，这是古人因为五行配四季，所以想出长夏来弥补的。

具体说来，中医的长夏指从立秋到秋分的时段，正是“秋老虎”发威、将人们折腾得苦不堪言的时节。此时，如果有人善解人意地给送上冰棒、冰冻汽水之类来解暑，恐怕您会当仁不让地笑纳了。而事实上，这些冰冷的食物很可能会对您的消化系统造成伤害，所以，古人讲长夏养脾，也确实有其道理。

## 长夏滋脾的生活妙方

长夏时节，人体湿热，易引发各种身体不适，如何在日常生活中注意起居饮食细节，是长夏养生的关键所在。

### 1. 天气闷热首重防湿补脾

古代医家指出“长夏防湿”。因“湿”为六邪之一，会伤人的阳气，尤其是脾阳，因脾脏喜燥而恶湿，一旦湿邪侵入，则导致脾气不能正常运化，从而使气机不畅。具体表现为消化、吸收功能降低，脾湿者小腹胀满、食欲不振、口淡无味、胸闷想吐、大便稀溏，甚至水肿。而长夏时节，气候多潮湿闷热，不仅炎热多汗，还经常阴雨绵绵。穿着半干不湿的衣物，容易引起感冒，湿气也容易诱发关节疼痛。食物也会因为这样的天气而容易变质，引起胃肠炎，所以必须“防湿”。

### 2. 防着凉、防中暑和上火

长夏时节，“一天有四季”，特别是临近秋分，不仅昼夜的温差大，气候也多变化，忽热忽冷既容易中暑也容易着凉，所以出门多带一件薄外套，方便增减，适合多变的天气；在户外运动后，要及时擦干汗水，穿衣保暖。具体建议如下：

少晒太阳，尽量在阴凉处活动；

多喝水，每天至少饮2000毫升，包括茶、汤、豆浆、果汁在内；

上火时吃一些西瓜、香瓜等凉性水果；

劳逸结合，保证充足的睡眠；

不吃或少吃辛辣、燥热、油腻、高甜度的食物。

3. 调整饮食强化脾脏功能

长夏时节因湿气重，影响脾脏功能，容易产生胃肠道疾病。因为湿困脾，人体生清降浊的功能削弱，油腻或过甜的东西，在体内会转化为“黏腻”的营养物质，而脾脏的功能如减弱，使这些黏腻的物质就更不易分解，造成脾脏与身体的负担。“五味入五脏”，若脾胃虚弱，消化功能不强，就应尽量少吃太甜、尤其是太油腻的高脂肪食品，如油炸类食物，减轻脾胃的负担。另外，食甘味可以补脾、食苦味可以燥脾湿、“吃饭七分饱”、“饭后百步走”，皆可强化脾脏功能。

## 黄色、甘味食材健脾

按照五行理论，黄色对应在五脏六腑的脾和胃，黄色养脾食材多半味甘，气香，入足太阴脾经，中阳明胃经。秋天是收获的季节，很多瓜果都已成熟，正好给我们食养食疗提供了条件。

《黄帝内经》中《素问》第二十二篇有云：“病在脾，愈在秋，秋不愈，甚于春，春不死，持于夏，起于长夏。禁温食饱食，湿地濡衣。……脾欲缓，急食甘以缓之，用苦泻之，甘补之。”这也告诉我们脾脏的调养之道，靠“甘”——吃甜食缓解或食补，所以，有甜味的食材药材，也是我们养脾的重要来源。

表 5.4　健脾食材

| 食材种类 | 食材 |
| --- | --- |
| 粮食类 | 黄豆、黄玉米、小米、燕麦 |
| 油料、调料类 | 花生油、芝麻油、玉米油、豆油、菜籽油、棉籽油、米糠油、葵瓜子油；蜂蜜、黄酒、黄啤酒 |
| 蔬菜类 | 金针菇、竹笋、南瓜、地瓜、土豆、生姜 |
| 花类 | 金针菜（黄花菜）、金银花、南瓜花、黄菊花、桂花、腊梅 |
| 水果类 | 菠萝、木瓜、杨桃、香蕉、橘子、柑子、柚子、枇杷、橙子、金橘、柠檬、佛手、香橼、芒果、番木瓜、沙棘果、香瓜 |
| 水产类 | 大黄鱼、小黄鱼、黄姑鱼、黄颡鱼、鳜鱼、黄鳝 |

## 养胃健脾茶饮

除了平时饭食可以健脾，茶饮也是健脾的简单、有效方法之一。

佛手花茶：佛手 9 克，玫瑰花 6 克。开水冲泡，盖住茶杯 5 分钟即可。适用于肝郁胃痛、嗳气少食的胃脘痛。

连茱竹陈茶：黄连 6 克，吴茱萸 1 克，竹茹 9 克，陈皮 5 克，绿茶 3 克。前 4 种材料加水 500 毫升，煮沸，再小火煮 15 分钟，用沸汤冲泡绿茶即可。适用于口苦舌红、吐酸、胀痛的胃热炽盛型胃脘痛。

姜醋糖茶：生姜 60 克，醋、红糖各适量。将生姜切片，用醋浸泡 2 天。然后每次取姜 3 片，用沸水冲泡，盖住茶杯 5 分钟后加红糖冲饮。温中和胃、降逆止呕。适用于泛酸、呕吐，食欲不振的虚寒胃痛。

薏米茶：取 60 克左右的薏米洗干净，泡 3 小时，然后煮十分钟。把煮后的薏米水倒出来保存，分次取出饮用，浓稠可以根据个人口味调制。另外，也可将炒过的薏米泡茶喝。一般来说，薏米泡水的功效不如煲汤、煲粥好。该茶饮能健脾祛湿，对脾胃虚弱、便溏腹泻、脾虚湿盛所致的水肿、小便不利或湿热痹痛等有帮助。但虚寒体质不适宜饮用，女性在孕期和经期应该避免饮用。另外，汗少、便秘者也不宜食用。

红枣枸杞茶：红枣 10 克、枸杞 8 克，开水冲泡，焖 2 到 3 分钟即可。可根据个人喜好加入少量冰糖。能健脾、补中益气、养血安神。经血过多的女性，经期后经常饮用红枣枸杞水有助改善面色苍白和手脚冰冷的状况。由于枸杞、红枣有滋补的功效，所以正感冒发烧、有炎症或腹泻的人最好别饮红枣枸杞茶。

## 拍打按摩能健脾

很多人都有这样一个习惯，饭后隔一段时间，用手顺时针、逆时针按摩腹部消食。其实这也是有意无意间拍打按摩了属于胃经的中脘、上脘、下脘等穴位。当然经穴对于胃肠的作用不仅止于此，各处穴位搭配健脾胃效果更佳。

健脾的重要穴位，主要有胃俞和脾俞，两者的原穴冲阳和太白，募穴中脘及其他相关穴位等。

脾俞

[定位] 正坐或俯卧，第十一胸椎棘突下，脊椎骨两侧外开 1.5 寸处，或两手贴紧后，手肘联结至背椎的位置。

[方法] 向下浅按约 0.5 寸，压至有酸感，持续按压或摩挲 5 秒，然后休息 5 秒再按压，共 30 次左右。

[功效] 舒通脾脏之气，主治肝、脾肿大，胃炎、溃疡，调养食欲不振、消化不良等消化系统毛病。书载，常刺激“脾穴”能防“痰”、防“泄”、可“卫”、可“濡”，能摄、能壮等作

用，用以“未病预防”及“复元调养”。

胃俞

［定位］正坐或俯卧，第十二胸椎棘突下，脊椎骨两侧外开1.5寸处。

方法及疗效同上。

中脘穴

［定位］站立或仰卧，腹中线上，脐上4寸的地方。

［方法］向下深按1寸左右，压至有酸感，持续按压或摩挲5秒，然后休息5秒再按压，共30次左右。

［功效］强化胃肠消化，主泻六腑之热气及消炎。

上脘穴

［定位］站立或仰卧，腹中线上，脐上5寸。

［方法］向下深按1寸左右，压至有酸感，持续按压或摩挲5秒，然后休息5秒再按压，共30次左右。

［功效］强壮脾胃消化。

下脘穴

［定位］仰卧，在腹中线上，脐上2寸，仰卧取穴。

［方法］向下深按1寸左右，压至有酸感，持续按压或摩挲5秒，然后休息5秒再按压，共30次左右。

［功效］健脾和胃、降逆止呕，调节脾胃功能。

梁丘

［定位］髌骨外上缘上2寸凹陷处。

［方法］向下深按1寸左右，压至有酸感，持续按压或摩挲

5 秒，然后休息 5 秒再按压，共 30 次左右。

［功效］适用于胃痛、腹泻、乳腺炎、刺激食欲（本穴有很强的刺激食欲的作用）。

商丘

［定位］站立或正坐，在内踝前缘直线与内踝下缘横线交点凹陷处。

［方法］向下深按 0.3 寸左右，压至有酸感，持续按压或摩挲 5 秒，然后休息 5 秒再按压，共 30 次左右。

［功效］健脾利湿，通调中气。

三阴交、足三里

“万金油”穴位，位置及功效见前文。

## 秋季居家清肺

《诗经》有云：“蒹葭苍苍，白露为霜。”对我们人体而言，“白露”是个很重要的节气，在每年的 9 月 7、8 或 9 日，白露这段时间具有典型的秋季气候——秋燥。秋燥易伤人肺腑，往往让人口干舌燥、鼻干唇裂、青春痘拼命地往外冒；即便“过了青春不战痘”的中老年人也好不到哪儿去，往往会出现咳嗽气喘、皮肤干燥、瘙痒以及大便干结、便秘等症状；婴幼儿和部分体质较差的成年人还会出现秋季腹泻。所以，我们要注意“秋而养收”，秋季着重调养肺脏。

## 秋季养肺生活妙方

秋天是一个适合养肺的季节，中医强调肺喜润而恶燥，秋天天气干燥，易对肺部造成伤害，因此这一季节要特别注意对肺和呼吸系统的保养，滋阴养肺、润燥生泽。

1. 顺时保养有元气

“秋三月，早卧早起，与鸡俱兴，使志安宁，以缓秋刑，收敛神气，使秋气平，无外其志，使肺气清。”在秋主“收”的原则下，情绪要慢慢收敛，凡事不躁进亢奋，也不畏缩郁结。不仅以食补来预防秋燥，而且生活调养要维持心性平稳，注意身、心、息的调整，顺时保养有元气。

中医认为笑能宣发肺气，调节人体气机的升降，可以消除疲劳，驱除抑郁，恢复体力。所以我们要笑口常开，使肺吸入足量的自然“清气”，呼出废气，加快血液循环，达到心肺、气血调和。

2. “秋冻”养生法

由于秋天的天气多变，早秋以热、湿为主，而到了深秋及晚秋时节，却以凉、寒为主，故衣物的增减要适时。秋季天气微凉时的气温人体都还能耐受，不妨先别急着加穿衣服，趁此锻炼一下身体的耐受程度。这种方法称为“秋冻”健身法。在秋天开始时便每天锻炼挨凉，以适应气候的变化，可达到增强免疫力的效果。但老人及小孩的生理功能较差、抵抗力较弱，当风大及进入深秋时就要注意保暖。若是气温骤降到20℃，就不要再“秋冻”了，一定要多加衣服。

### 3. 早睡早起

从四季来看，秋天天气逐渐转凉；从日夜变化来看，秋天白天逐渐变短，天黑得越来越早。秋天阴气增、阳气减，对应人体的阳气也随着内收，为了贮存体内阳气应该早睡早起。

### 4. 运动养生法

将双手搓热后，以热的手掌擦面，从上到下如干洗脸般，可去除邪气，使皮肤保持光亮柔润。秋天天高气爽，是做运动锻炼身体的好时期，加强运动可提升身体的免疫力。持续到冬天，身体除了会较耐寒外，也不易感冒、生病。

### 5. 过敏性体质秋季养生

过敏性疾病以中医观点而言，属脾、肺、肾三脏腑的虚弱所致，多由体内痰饮内扰，外感邪气而成疾病。生活上应特别注意避免受冷的刺激，避免接触过敏源，具体有：

早晨起床时即加衣服，避免受凉；不要晨泳及淋雨。

起床后刷牙洗脸宜用温水；洗澡或洗头发后，应尽快擦干身体及吹干头发。

冷天外出骑车、乘车，应戴口罩以保持口鼻温暖。

避免尘螨诱发过敏。家中不要使用布窗帘、地毯、布沙发，床品可用防尘枕头被单。

应选择规律而渐进的运动，如登山、健走、韵律舞或打羽毛球等能增进心肺功能的运动为佳，同时舒缓压力。一周三次，每次 20～30 分钟为度。

饮食上应禁食或少食梨、西瓜、番茄、椰子、香瓜、橘子、哈密瓜、白萝卜等。这些食物皆属寒凉性质，影响身体抵抗力；也应禁冷饮。中医认为过敏性体质易受刺激，冷食、冷饮都会使病情加重。

## 白色、辛味清肺食材

中医一般用白色食物来预防和缓解秋燥。需要注意的是，白色食物多偏寒凉，一般体质食用当然不成问题，但如果是过敏性体质，需要防止“过犹不及”，此时要增强对于秋燥及外邪的防御能力，最好偏向温补，忌吃、少吃寒凉食物。

另外，《灵枢・五味》提及“辛入肺”，《灵枢・九针十二原》亦有“辛走气”的说法，《本草备要》说“凡药辛者，能散、能润、能横行”，所以辛味食材也可用来清肺。事实上，所谓“辛入肺走气”，辛能清肺，主要是辛味食物一般含有挥发油成分，能调节汗腺分泌、扩张呼吸道、改善呼吸功能。

表 5.5 清肺食材

| 食材种类 | 食材 |
|---|---|
| 粮食类 | 小麦、粳米、糯米 |
| 油料、调料类 | 白胡椒、白砂糖、冰糖、白醋、白酒、椰子油、猪油 |
| 蔬菜类 | 白萝卜、豆腐、大蒜、茭白、百合、绿豆芽、莲藕(生)、芋头、荸荠、山药、芡实、葛根 |
| 菌类 | 银耳、蘑菇、平菇、猴头菇、慈姑 |
| 果品类 | 梨、香蕉、椰子、桃子、杏仁、松仁、薏仁、白果、莲子、榛子、南瓜子、冬瓜子、丝瓜子、葵花子 |
| 鱼肉蛋乳类 | 银鱼、鱼鳔、白鱼、白鳝、鲢鱼、带鱼、蚬肉、海蜇、蛤蜊、牡蛎；鸡蛋、人乳、牛奶、羊奶、酸乳、蜂乳、羊脂、牛脂 |

## 推荐清肺茶饮

生姜糖醋茶：生姜3克，食醋3克，茶叶3克，红糖15克。以上4种材料用沸水冲泡，加盖闷10分钟即可。本茶饮辛温解表，适用于头疼、鼻塞、流清涕的风寒感冒初起。

三花茶：金银花15克，菊花9克，茉莉花3克。用沸水冲泡10分钟即可。清热解毒，适用于头疼、发热出汗，鼻塞无涕、咽喉肿痛的风热感冒。

蒲公英茶：蒲公英20克，甘草3克，蜂蜜20克，绿茶6克。将前两种材料煎煮15分钟，取用沸汤冲泡绿茶，加蜂蜜即可。清热解毒，适用风热感冒。

苏姜桔甘饮：紫苏9克，生姜6克，桔梗6克，甘草3克，红茶6克。前4种材料加水500毫升煮沸，再小火煮15分钟，用沸汤冲泡红茶即可。疏散风寒，化痰止咳。适用恶寒、咳嗽或发热无汗、痰稀薄色白的风寒袭肺型咳嗽。

沙麦杏贝饮：沙参9克，麦冬10克，杏仁9克，川贝9克，绿茶6克。前4种材料加水500毫升煮沸，再小火煮15分钟，用沸汤冲泡绿茶即可。养阴化痰止咳。适用咳久痰少、咽干口燥、手足心热的肺阴亏型咳嗽。

小贴士

## 常用清肺药材

中医中讲“肺为娇脏”，它很娇嫩，容易出问题，所以历代以来试验出很多对肺脏有益的中草药，这里作个简单的介绍。大家可以根据自己的实际情况，在医生的指导下，在平时生活中添加在菜、汤、粥、茶中保养肺脏。

金银花

味甘，性寒，入肺。金银花能解热、可消暑气、清肺热，更兼有消炎解疮毒的效果。

川贝

味甘苦，微寒，可化痰、止咳、减轻喉咙不适。

杏仁

杏仁祛痰止咳，平喘，润肠，有微毒，对呼吸中枢有镇静作用，能使呼吸运动趋于安静而达镇咳平喘功效。口服小剂量苦杏仁，能反射性使呼吸加深，更易于排痰。但此味药因其毒性，普通人不好控制其用量，所以一定要遵医嘱。

北沙参

甘苦，微寒，无毒。主治肺虚咳嗽、咳痰不爽、咽干、喉痛、虚热燥咳。

银杏叶

实验证明，能明显拮抗支气管收缩，扩张血管。

半枝莲

辛，凉，清热解毒。所含红花素颇能对抗组胺引起的平滑肌收缩，并有良好的祛痰功能。

## 拍打按摩能清肺

秋天天气渐凉，人的心情也容易悲凉。我们的五行对应表中“悲”对应于肺，悲会伤肺，这时候如果对相关经络拍打、按摩，能适度舒缓情绪，同时也清养了肺脏。

清肺的重要穴位，主要有肺俞、肺经和大肠经的原穴太渊和合谷，以及募穴天枢、中府等相关穴位。

肺俞

[定位]正坐或俯卧，第三胸椎下，脊椎骨两侧外开1.5寸处。

[方法]向下浅按约0.5寸，压至有酸感，持续按压或摩挲5秒，然后休息5秒再按压，共30次左右。

[功效]肺俞穴是肺脏排毒的总开关，是肺脏精气转输、流注聚结于体表之所，具有内外相应作用。

太渊

[定位]掌后腕横纹桡侧端凹陷处。

[方法]向下浅按约0.5寸，压至有酸感，持续按压或摩挲5秒，然后休息5秒再按压，共30次左右。

[功效]调治胸痛、咳喘、咯血、咽痛、过敏性鼻炎、腕臂痛。

合谷

[定位]手背，第一、二掌骨之间，约平第二掌骨中点处，稍偏食指侧。简便取法：以一手的拇指指骨关节横纹，放在另一

手的拇、食指之间的指缘上，当拇尖下即为该穴。

［方法］向下浅按约 0.5 寸，压至有酸感，持续按压或摩挲 5 秒，然后休息 5 秒再按压，共 30 次左右。

［功效］可治感冒发烧、高血压、头痛、目赤肿痛、牙痛、鼻出血、口眼歪斜、耳聋、发烧无汗、多汗、腹痛、经闭、滞产等。

迎香

［定位］鼻翼外侧与鼻唇沟（鼻翼两旁各有一道沟纹）的中点。

［方法］向下浅按约 0.5 寸，压至有酸感，持续按压或摩挲 5 秒，然后休息 5 秒再按压，共 30 次左右。

［功效］通鼻窍，散风热。

印堂

［定位］两眉头的正中间。

［方法］向下浅按约 0.5 寸，压至有酸感，持续按压或摩挲 5 秒，然后休息 5 秒再按压，共 30 次左右。

［功效］疏风清热，宁神益智。

丰隆

［定位］端坐或站立，外膝眼与外踝尖连线的中点，胫骨前缘外开两横指处。

［方法］向下浅按约 0.5 寸，压至有酸感，持续按压或摩挲 5 秒，然后休息 5 秒再按压，共 30 次左右。

［功效］清热化痰。

涌泉穴

［定位］端坐，将 5 个足趾屈曲，足掌心前正中央的凹窝即

为本穴；在足掌心正中前 1/3 与后 2/3 的交界处。

［方法］向下浅按约 0.5 寸，压至有酸感，持续按压或摩挲 5 秒，然后休息 5 秒再按压，共 30 次左右。

［功效］主治昏厥、中暑，灸涌泉能降肺气，止鼻血。

### 督脉

［定位］从头顶的百会穴经过背部正中线，过背脊，一线到肛门皆为督脉。

［方法］可用拍打、按摩，或让太阳直晒、淋热水浴等方法，保持背部督脉温暖。

［功效］督脉是人一身之阳，向来是养生的核心经脉。

### 足三里

前文曾述，“万金油”。

## 冬季居家固肾

古云：“冬不藏精，春必病温。”民间也广为流传“今冬进补，明年打虎”的说法，与中医理论“肾而养藏”是一个意思。

## 冬季固肾的生活妙方

冬季草木枯萎，天气寒冷，寒气易侵入体内。因为寒气与肾脏相通，所以冬季最消耗肾的阳气。而冬季固肾不仅可以增强抗寒能力，还可以提高人体免疫力，延缓衰老。

### 1. 冬季养生首重护肾

冬季是万物闭藏的季节，此时雪降冰封，百虫眠藏，人类虽然不用冬眠，但是人体气血向于里，处于休息的状态，所以冬季进补、“收藏”是有道理的。

### 2. 早睡晚起、黑色冥想

冬季万物沉睡，照理说是个安静、休养的季节。中医的睡眠养生观中，人体的作息应该要随太阳而起，冬天日出较晚、日落较早，所以冬季三个月，宜早睡晚起，起床“必待日光”。所以冬天早上起床后仍哈欠连连，是很正常的现象，但是想要天天早睡晚起，教师一族几乎不可能。这里介绍一种“黑色冥想法”来保健眼部：闭上眼睛，掌心盖眼，幻想黑色，可以放松视神经，放松肩膀、后背；再以擦热的掌心覆盖眼睛，盖 5 分钟让眼睛休息。累积的压力要多次放松才能去除，所以一天至少做 2～3 次，眼睛一旦放松，就看得清楚了。

### 3. 注意保湿

冬天空气干燥，湿度较低，加上暖气和空调的使用，不少人感觉特别干燥。我们人体的呼吸道需要许多水气湿润，如果过于干燥的话，皮肤与黏膜（如眼、鼻、口腔等）都受影响，且容易诱发各种呼吸道疾病。一般将室温保持在18℃～24℃之间，湿度50%～60%为宜，在室内可以摆放盆栽，调节室内湿度，保持环境中的水分。

4. 室内要通风

教师们本来待在室内的时间就长，而冬天天气冷，加上常常有雨雪，待在室内的时间更多。如果室内不通风的话，一些病毒、病菌容易滋生和繁殖，容易引发感冒、气管炎等多种呼吸道疾病。一般气窗要开，大窗户至少要留5厘米宽的缝隙，让空气保持流通；可在庭院或室内养些能净化空气、涵养水分的绿色植物，并定期采用食醋熏蒸、臭氧紫外线或者熏香等措施给室内空气进行消毒。

5. 以茶养生、生热暖腹

“养生之道，贵乎御寒保暖”，红茶性甘温，可养人体阳气，因而冬天喝茶以红茶为上品。红茶含有丰富的蛋白质和糖，能生热暖腹，增强人体的抗寒能力，还可助消化去油腻。冲泡红茶，宜用刚煮沸的水冲泡，并盖上杯盖，以免释放香味。如将红茶加糖、奶、芝麻饮用，不仅能生热暖腹，还可增添营养，强身健体。

## 黑色、咸味固肾食材

俗话说“食以黑为补”，“遇黑三分补”。食材前面多了个“黑”字人们就会觉得滋补效果不一样。比如，乌鸡和普通的鸡、黑米和大米相比较，民间就认为前者更滋补，二者之间价格差异就很大。按中医的五行对应，黑色食物入肾经。

此外，咸味药材、食材富含无机盐，具有调节肾脏泌尿的功用，其所含的钙、磷质也是构成骨骼的要素，这和中医“咸入肾走骨”的记载相契合。

因此，我们养肾理所当然地选择黑色及五行对应的咸味食、药材了。

表 5.6　养肾食材

| 食材种类 | 食材 |
| --- | --- |
| 粮食类 | 黑豆、黑米、黑芝麻、荞麦 |
| 调味品类 | 豆豉、酱油、陈醋、红糖 |
| 蔬菜类 | 黑木耳、海带、黑紫色茄子、香菇、灵芝、紫菜 |
| 水果、干果类 | 核桃仁、荸荠、乌梅、黑桑葚、槟榔、板栗 |
| 鱼肉水产类 | 乌骨鸡、黑鱼、鲫鱼、墨鱼、田螺、乌龟、甲鱼 |

## 常用固肾壮阳食材

一般性味寒凉的药材、食材，如黄连、龙胆草等，易泻人精气、虚损肾气，过食甚至会导致阳痿，而温补类的则刚好相反。上述食材之中，有些如甲鱼、核桃等，都是起固肾壮阳作用的。中医对阳痿等肾虚导致的病症的治疗，主要以改善体质为主，通过中药调养及长期食疗补中益气，强化肝肾机能。以下是另外一些常见的固肾壮阳食材。

韭菜

在“养肝食材”中我们曾经见过韭菜，再度重逢其实也不意外。因为中医讲究“肝肾同源”，能对肝脏功能有好处的，大多也对肾脏有益。

中医把韭菜称为“起阳草”，认为它具有温补肝肾，助阳固精的作用，可治疗因肾阳虚衰引起的盗汗、阳痿、遗精、遗尿、白带、白浊、腰膝酸软等症。

要注意的是，韭菜一次不宜食之过多，以免上火。阴虚内热及疮疡、目疾者忌食。

肉桂

肉桂性大热，味辛、甘，归肾、脾、心、肝经。肉桂精油中含有锌、锰、铜等微量元素，可以温补肾阳，刺激性激素的分泌。

中医认为其补火助阳，引火归源，散寒止痛，活血通经。主要用于阳痿、宫冷、心腹冷痛、虚寒吐泻、经闭、痛经、温经通脉。

要注意的是，阴虚火旺，里有实热，血热妄行出血及孕妇均禁服。

### 腰子

腰子是民间的俗称，其学名是动物肾脏。我们较常食用的腰子主要有猪、羊、狗肾及鸡、鸭、鹅肾等。

腰子一般含有丰富的锌与其他微量元素及矿物质，食之能补肾、治肾虚腰痛。

要注意的是，过犹不及，久食或大量食用有时会适得其反。

### 虾

不论溪虾、河虾、海虾，均味甘、咸，性微温，含蛋白质、脂肪、维生素 A、维生素 $B_1$、维生素 $B_2$、烟酸、钙、磷、铁等成分，海虾还富含碘，营养价值很高，其肉质和鱼一样松软，易消化，但又无腥味和骨刺，对人类的健康极有裨益。虾能补肾壮阳，可治肾虚阳痿、畏寒、体倦、腰膝酸痛等病症。

要注意的是，阴虚火旺者及皮肤病患者不宜食用。

### 鱼鳔

俗称鱼泡，硬骨鱼类大多数都有鳔，其味甘、性平，入肾经。鱼鳔中含有的生物大分子胶原蛋白质，是人体补充合成蛋白质的原料。鱼鳔能补肾益精、滋养筋脉、止血散瘀、消肿，适用于肾虚滑精、产后风痉、破伤风、吐血、血崩、痔疮。

要注意的是，食欲不振、胃呆痰多及痰热者忌食。

## 养肾茶饮

黄芪养肾茶：黄芪 15 克，丹参 9 克，山楂 9 克。用沸水冲泡，加盖 10 分钟即可。益气消肿、活血化淤。适用于慢性肾功能轻度不良。

瓜皮豆壳饮：冬瓜皮 50 克，蚕豆壳 20 克，绿茶 18 克。将 3 种材料加水 150 毫升煮沸，再小火煮 15 分钟，去渣饮即可。降压、利尿、清热。适用于肾源性水肿和心源性水肿。

金玉茶：金钱草 50 克，玉米须 50 克，绿茶 6 克。将 3 种材料加水 150 毫升煮沸，再小火煮 15 分钟，去渣饮即可。清热化湿，利尿排石。适用于胆结石及尿路结石。

通草茶：通草 9 克，小麦 25 克，绿茶 3 克。将前 2 种材料加水 300 毫升煮沸，再小火煮 15 分钟，加入绿茶去渣饮即可。利水通淋。适用于泌尿系统感染、水肿及前列腺炎。

莲子糖茶：莲子 50 克，绿茶 3 克，红糖适量。水煎代茶饮即可。温脾止泻，补肾固精。适用于小便频数、遗精、阳痿。

制金二山茶：金樱子 9 克，制附子 6 克，淮山药 21 克，山茱萸 9 克，红茶 6 克。先将制附子加水 500 毫升煮沸，再小火煮 15 分钟，再加后三种材料共煮 15 分钟，取沸汤冲泡红茶即可。温肾固精。适用于头晕目眩、耳鸣健忘、畏寒肢冷的肾阳虚型遗精。

小贴士

## 常用养肾固肾中药材

冬虫夏草

冬虫夏草这几年炒得很火，价格节节攀升。其味甘性温，秘精益气，专补命门。

鹿茸

味甘、咸，性温，入肾、肝经。其所含雄性激素鹿茸精，对于男性可生精益血、壮阳健骨，对女性子宫虚冷也有良效。

海马

味甘、咸，性温，富含蛋白质，能补肾壮阳，调气活血。

紫河车

即人类胎盘，通常制成胶囊服用。性味甘、咸、温，入肺、心、肾经，含有许多蛋白质与荷尔蒙，能补肾益精、益气养血，提高性功能，适用虚损阳痿。

五味子

性温，味酸、甘，收敛固涩，益气生津，补肾宁心。

淫羊藿

味辛、甘，性温，入肝、肾经。能补肾阳、强筋骨、促进精液分泌，刺激性欲、祛风湿。适用于肾虚阳痿、遗精早泄、腰膝痿软、肢冷畏寒、筋骨痿软，风湿痹痛、麻木拘挛及更年期高血压。

仙茅

性温、味辛微咸，有小毒，入肾、肝二经。能温补肾阳、壮筋骨，治阳痿精冷、小便失禁、崩漏、心腹冷痛、腰脚冷痹，对肾虚阳痿、慢性肾炎者有良效。

巴戟天

味辛、甘，性微温，入肾，肝经。补肾阳、壮筋骨，治阳痿、小腹冷痛、小便不禁、子宫虚冷、风寒湿痹、腰膝酸痛。

肉苁蓉

味甘、咸，性温，入肾、大肠经，是历代补肾壮阳类处方中使用频度最高的补益药物之一。适用于肾虚阳痿、遗精早泄及腰膝冷痛、筋骨痉弱。治肾虚阳痿、遗精、早泄等症。

锁阳

又名不老药，味甘、性温，入肾、大肠经，可以益精壮阳、养血强筋。适用于肾阳不足、精血虚亏、阳痿、不孕、腰膝酸软、肠燥便秘。

## 拍打按摩也固肾

肾藏精、精生髓、髓养骨，肾精决定了人类的生殖繁衍、神智精神，决定了心主血、脾摄血、肝藏血、肺气升降的成败。正因为肾与其他脏腑关系密切，那么补肾实质上就补了五脏。所以，补肾、养肾较其他脏器的保养更具有全局性意义。

固肾的穴位除了肾俞、膀胱俞，膀胱经和肾经的原穴京骨、太溪，肾脏募穴中极、京门外，主要选具有补肾养肝或滋阴补血的穴位。

### 肾俞

［定位］站立或俯卧，腰部肾脏处，脊椎旁开 1.5 寸。

［方法］向下深按约 1 寸，压至有酸感，持续按压或摩挲 5 秒，然后休息 5 秒再按压，共 30 次左右。

［功效］促进肾脏血液循环，缓解腰痛酸痛，对于肾系疾患多有作用。

### 膀胱俞

［定位］站立或俯卧，腰下平第二骶骨孔处，脊椎旁开 1.5 寸。

［方法］向下深按 1～1.5 寸，压至有酸感，持续按压或摩挲 5 秒，然后休息 5 秒再按压，共 30 次左右。

［功效］对于膀胱炎等泌尿系统疾患、遗精等生殖系统疾患均有疗效。此外，对于腰痛、坐骨神经痛、便秘、糖尿病、腹泻等亦有作用。

### 太溪穴

［定位］站立或正坐，足内踝旁开 1 寸凹陷处。

［方法］向下浅按 0.5 寸左右，压至有酸感，持续按压或摩挲 5 秒，然后休息 5 秒再按压，共 30 次左右。

［功效］固肾。

### 关元

［定位］站立或仰卧，肚脐正中直下 3 寸。

［方法］向下深按 1.5～2 寸左右，压至有酸感，持续按压或摩挲 5 秒，然后休息 5 秒再按压，共 30 次左右。

［功效］补肾强肾要穴，对于生殖系统和泌尿系统疾患均有

显著疗效，对月经不调、白带等妇科病亦有效。

气海

[ 定位 ] 站立或仰卧，肚脐正中直下 1.5 寸。

[ 方法 ] 向下深按 1 寸左右，压至有酸感，持续按压或摩挲 5 秒，然后休息 5 秒再按压，共 30 次左右。

[ 功效 ] 补气固肾，对泌尿生殖系统疾患如遗尿、遗精、月经不调等有效。

命门

[ 定位 ] 正坐或俯卧，背部第二腰椎下凹窝中（一般与肚脐前后相对）。

[ 方法 ]向下按0.5～1寸，压至有酸感，持续按压或摩挲5秒，然后休息 5 秒再按压，共 30 次左右。

[ 功效 ] 补肾壮阳。

涌泉

[ 定位 ] 脚掌心前三分之一与后三分之二交界处（或五个足球趾屈曲，在足掌心前正中出现一个凹窝就是本穴）。

[ 方法 ] 向下深按 1 寸左右，压至有酸感，持续按压或摩挲 5 秒，然后休息 5 秒再按压，共 30 次左右。

[ 功效 ] 涌泉穴是肾经起源，善治肾虚体亏，按摩涌泉穴，可以促进血液循环、强壮身体、预防心脑血管疾病，对手脚冰冷也很有效。有机会可多按。

足三里

前文已述，“万金油”。

三阴交

此穴前文已多次提及，虽为“万金油”，因对于肾脏保养格外重要，特作说明。但要注意孕妇不可用。

# 6 清除“人体垃圾”

想想看，您的电脑和手机运行久了是不是需要清理垃圾才能运行得更快更好？您的身体也是这样。身体各个器官运行久了，所产生的垃圾和负荷就多了。为了您的健康，也应该经常“清理”。

## 对付雾霾

“渭城朝雨浥轻尘，客舍青青柳色新”。读到这句诗，一股清新的空气就扑面而来，人人都想深深吸一口。只是，如今十面“霾”伏，室外的好空气已经主要取决于老天爷是否肯帮忙刮风下雨。

霾的成分非常复杂，包括数百种大气化学颗粒物质。其中有害健康的主要是直径小于10微米的气溶胶粒子，如矿物颗粒物、硫酸盐、硝酸盐、燃料和汽车排放的废气等，它能直接进入并黏附在人体呼吸道和肺泡中。尤其是亚微米粒子，会分别沉积于上、下呼吸道和肺泡中，引起急性鼻炎和急性支气管炎等病症。对于支气管哮喘、慢性支气管炎、阻塞性肺气肿和慢性阻塞性肺疾病等慢性呼吸系统疾病患者，雾霾天气可使病情急性发作或急性加重。如果长期处于这种环境中，还可能诱发肺癌。

可如今雾霾日益严重，怎么办？天不救，人得自救。土地污染太严重可以想办法搬家躲开，吃的问题可以靠营养学知识和管住嘴，可是这铺天盖地的雾霾，既躲不了，又不能屏住呼吸，只能在室外靠口罩遮挡，在室内想办法净化空气。教师群体除了要承受一般人都要承受的雾霾外，还要面对粉笔灰的侵害，对于防尘和净化空气，更是不可掉以轻心。

## 口罩的种类与选择

我们现在常用的口罩，主要有工业防尘和医用防护两类。

1. 工业防尘口罩

工业用的一般是防尘口罩。国家有关部门公布的呼吸防护用品标准（GB2626-2006），把防尘口罩分为油性防尘口罩 P 类和非油性防尘口罩 N 类，并根据阻尘原件的性能和阻尘率的高低分为 KN90、KN95、KN100、KP90、KP95、KP100 六类（90 即防尘率 90% 以上，100 为防尘率 99.97% 以上）。KP 类适用于防带油性的粉尘，如石蜡、玉米油等，KN 类适用于防非油性粉尘，如煤矿、石矿等。工业防尘口罩主要用于特殊职业的防尘保护。

2. 医用防护口罩

医用防护口罩是靠佩戴者呼吸克服部件阻力，滤过空气中的微粒，阻隔飞沫、血液、体液、分泌物等，依照国家相关标准，防护口罩采用的滤料级别为 N95，即大家耳熟能详的“N95 口罩”，其中 N95 表示该等级滤料对非油性颗粒的过滤效率不低于 95%。供医护人员在进出隔离室或者与甲型 H1N1 流感患者密切接触者选用。但 N95 口罩呼吸阻力较大，长时间佩戴易致呼吸困难、头晕。

常见的一次性无纺布医用口罩，产品标准为YZB，多为三层。内层为普通卫生纱布或无纺布，中层为超细聚丙烯纤维熔喷材料层，外层为无纺布或超薄聚丙烯熔喷材料层。这种口罩疏水透气性强，对微小带病毒气溶胶粒子或有害微尘的过滤效果显著，总体过滤效果良好，所用材料无毒无害、佩戴舒适。但是要注意的是，这种一次性口罩一般缺少对颗粒的过滤效率要求，或者对雾霾中的颗粒的过滤效率要求低于N95口罩。

### 3. 口罩的选择

选用什么样的口罩，主要取决于我们的用途和要求。防禽流感和甲型流感当然选医用口罩，防灰霾得选防尘口罩。在购买和选用时，一定要查看产品标准和型号，特别要注意的是，型号中的数字越大，表明阻尘率越高，防尘安全系数也越高。一般城市的教师，出门可以购买N90的防尘口罩和一次性医用无纺布口罩（产品标准为YZB）交替佩戴。

## 口罩的正确佩戴

对于一次性医用口罩，佩戴前先洗手，将口罩有颜色的一面向外，有金属片的一边向上；系紧固定口罩的绳子，或把口罩的橡皮筋绕在耳朵上；口罩应完全覆盖口鼻和下巴；把口罩上的金属片沿鼻梁两侧按紧，使口罩紧贴面部。由于口罩的外层往往积聚着很多外界空气中的灰尘、细菌等污物，而里层阻挡着呼出的细菌、唾液，因此，两面不能交替使用，否则会将外层沾染的污物在直接紧贴面部时吸入人体而成为传染源。口罩在不戴时，应叠好放入清洁的信封内，并将紧贴口鼻的一面向里折好，切忌随便塞进口袋里或是在脖子上挂着。

对于防尘口罩，先将头带每隔 2～4 厘米处拉松。将口罩放置掌中，将鼻位金属条朝指尖方向，让头带自然垂下。戴上口罩，鼻位金属条部分向上，紧贴面部。将口罩上端头带位放于头后，然后下端头带拉过头部，置于颈后，调校至舒适位置。将双手指尖沿着鼻梁金属条，由中间至两边，慢慢向内按压，直至紧贴鼻梁。

另外，两种情况要尽量避免：一是防护不足。再轻、舒适性再好的口罩，戴着也会影响呼吸，很多人会将一次性口罩的金属片拨开，不让口罩上缘紧贴眼睑下；或将口罩拉到仅盖住鼻尖，其实这样都大大降低了口罩的作用。二是防护过度，有事没事都戴口罩。尽管戴了口罩安全性强了很多，但如果长期佩戴，会使鼻腔的黏膜因为长期使用不足而自废其功。

## 雾霾天防护措施

1. 减少外出

抵抗力弱的老人、儿童以及患有呼吸系统疾病的易感人群应尽量减少出门或户外活动；外出时戴口罩防止污染物由鼻、口侵入肺部；外出归来后，应立即清洗面部及裸露肌肤。

### 2. 减少户外锻炼

雾霾天气气压低，能见度低，空气中悬浮大量尘埃等有毒颗粒，尤其是中等和重度霾天气易对人体呼吸循环系统造成刺激。患有支气管哮喘、慢性支气管炎、阻塞性肺气肿和慢性阻塞性肺疾病等慢性呼吸道疾病的患者，应尽量避免户外锻炼，以免慢性病急性发作或加重。同样，大雾时气压较低，高血压、冠心病等慢性病患者不宜到户外锻炼，以避心绞痛、心衰。通常来说，早晨空气质量差，锻炼的时间最好选择上午到傍晚前空气质量好、能见度高的时段进行，地点以树多草多的地方为好。雾霾天气时也应适度减少运动量，降低运动强度。

### 3. 关闭门窗，使用空气净化器

雾霾天气时，空气中的污染物难以消散，应紧闭门窗，避免室外空气进入室内，有条件的家庭建议在室内使用空气净化器等装置。

### 4. 行车走路要倍加小心

中等和重度雾霾天气下，能见度较低，视线差，驾车、骑车和步行的人都应多加小心，特别是通过交叉路口和无人看管的铁道口时，要遵守交通规则，减速慢行，避免发生交通事故。

### 5. 注意饮食，增强自身抵抗力

患有慢性呼吸道疾病的患者，尤其是老年人，要保持科学的生活习惯，避免过度劳累，要多饮水。要注意饮食清淡，少吃刺激性食物，多吃些豆腐、牛奶等食品，必要时要补充维生素D，以增强自身抵抗力。

6. 勤洗口鼻，深层护肤

如果在外待的时间较长，回到家后一定要及时洗脸、洗手、漱口。值得一提的是，很多人虽然发现雾霾天鼻子比平时脏，但往往忽略了鼻腔的清洗。实际上，外出回家后，用棉签蘸自来水或生理盐水清洗鼻腔很有必要。

## 净化空气的植物

口罩是“治标”，杜绝空气污染、净化空气才是“治本”。

室内的空气污染，除了从外入内的雾霾之外，还有来自于吸烟、暖气、烹饪、办公设备以及建筑材料的热化和磨损带来的飘尘。飘尘上一般带有电荷，当它们接近不带电的植物时，就会被吸附在植物叶面上。因此，除了使用空气净化器之外，在封闭的室内摆放一些植物也是有好处的。随着电脑、打印机、传真机等办公设备的应用，大理石地板、密度板等各种室内装修材料的应用，室内也免不了辐射和噪音的污染。室内摆放多叶植物，可以形成屏障，有效地降低辐射和噪音污染。

植物之中，吸尘效果最好的是马尾松，有条件的学校可以在校园内广植。

办公室和教室内，可考虑摆放以下植物：

芦荟：可吸收甲醛、二氧化碳、二氧化硫、一氧化碳等有害物质，尤其对甲醛的吸收特别强。

吊兰：在微弱的光线下也能进行光合作用，制造氧气，吸收毒害气体的能力也很强。

君子兰：一昼夜能吸收 1 立升空气，释放 80% 的氧气，在十几平方米的室内有两三盆君子兰就可以把室内的烟雾吸收掉。

橡皮树：一个消除有害空气的多面手，对空气中的一氧化碳、二氧化碳、氟化氢等有害气体有一定吸附力。

银皇后：非常适合通风条件不佳的阴暗房间，空气中污染物的浓度越高，银皇后越能发挥其净化能力。

仙人掌：除了制造氧气，还具有很强的消炎灭菌作用，是减少电磁辐射的最佳植物。

此外，龟背竹、富贵竹、红掌、文竹、发财树、巴西木等绿色植物也都兼具观赏性与空气净化作用。

## 流汗清理

消化道、泌尿道和汗腺是人体的三大排毒及清理垃圾的管道。流汗能利用人体面积最大的皮肤作为排毒的系统，通过流汗达到疏通人体经脉、加快血液循环、排出体内人体垃圾和毒素的目的。发汗可以排毒，当全身的毛孔大开，大汗一出时，毒素也就随着汗液被排出了。同时，体内的尿素、尿酸和盐分也会被汗液携带出去，使身体得到净化。

教师以劳心劳神的伏案工作为主，出汗较少。正因为如此，更需要通过流汗来排除体内毒素。

## 流汗清除人体垃圾的方法

1. 饮食流汗

中医认为，辛入肺，辛辣之物如辣椒、大蒜、生姜、芫荽、桂皮、茴香，以及热性食物如狗肉、羊肉等都有助于发汗。感染风寒之后，喝点生姜葱花汤，甚至是吃顿加了辣椒、生姜、桂皮、茴香之类辛辣调味品的狗肉、羊肉火锅，都会让人出一身大汗。应该注意，患胃病、痔疮的人不宜食用辣椒，可改饮生姜红糖水发汗。具体操作方法是：取生姜 30～60 克，切碎，加红糖 25 克，加水煎成生姜红糖水两碗，趁热喝下。这种清除人体垃圾的疗法很安全，但要避免因出汗过多而发生虚脱等现象。

2. 温水浴流汗

在温泉、浴室或家中用温热水洗澡，由于水温较高，人体容易流汗，适用于感冒、腰酸背痛、风湿性关节炎等病症。这种流汗清除人体垃圾法很安全，对清洁皮肤或抵抗病菌从皮肤侵入有很好的效果。也可以蒸汽浴发汗，主要是通过升高温度使人排汗，促进皮肤新陈代谢；也可使人在温湿空气中进行呼吸运动，治疗感冒或其他呼吸系统疾病。患有高血压、心脏病的人应事先向医生咨询。运用此法也应注意不宜出汗太多，要根据自己的身体耐受力而定。否则，有可能发生意外。

3. 运动流汗

在进行跑步、跳绳、打拳、爬山等运动时，肌肉伸缩得快，运动量大，会产生较大的热量，人体为了维持温度的恒定，就会加快热量的散发，很快就会出一身大汗。运动时要结合自己的情况慎重进行，年老体弱者只要微微出汗就可以了，而年轻人则可以加大运动量，使自己大汗淋漓。大家可根据身体的耐受力，选择适当的运动项目。运动发汗每个星期可进行 5～6 次。每次发汗之后，应松解衣襟或适当脱减衣服。待身体感到凉爽轻松时，便立即穿上衣服，以防着凉感冒。同时，要做好放松整理活动。运动前后最好注意补充 1～2 杯温开水或淡盐水，以防止虚脱。

## 刮痧与拔火罐

皮肤是最大的人体器官和最重要的排泄器官之一，除了流汗排毒之外，刮痧和拔火罐也是行之有效的排毒办法。

对于久居室内、流汗较少而又熬夜较多的教师群体而言，周末或休息时刮刮痧或拔拔火罐，既能清理体内垃圾废物，又能轻松减压，实在是一举多得。

## 刮痧排毒清垃圾

用刮痧的办法排毒和清理垃圾是民间常用的一种方法，多用于感冒或中暑人群。刮痧对于肩颈痛、头痛、便秘、暗疮、皮肤灰暗、面色焦黄等毒素淤积过深造成的多种疾病有一定疗效。

刮痧利用具有“凉血”作用的“刮痧板”，通过反复刮拭，刺激皮肤表面特定部位的神经末梢，调节神经系统的兴奋与抑制反应，增强其传导功能，刺激经络穴位，促进气血运行，促使皮肤毛细血管扩张，加速血液及淋巴液循环，同时增强局部血管的功能，增加细胞的营养和氧的供给，使细胞活化，加快代谢物的排泄，从而达到解毒、排毒、清理垃圾的功效。

人体可以刮痧的部位很多，常见的有第七颈椎上下左右四处、喉骨两旁、两臂、两腿弯、脊椎两旁、前胸肋肌间、两足内外踝后的足跟肌腱处、左右肋下肝脾区以及两肩胛冈上和冈下等处。背部刮痧取俯卧位，肩部取正坐姿。

刮痧前先清洁准备刮痧的部位，用刮痧板的边缘蘸上刮痧油或按摩油，再确定部位刮痧。如有头痛或喉痛，则取坐姿；头晕眼花或胸腹疼，则取仰卧位；如肩背腰骶等处疼，则取俯卧位。刮痧要顺一个方向刮，不要来回刮，力量要均匀合适，不要忽轻忽重。按上述刮痧部位，一般每处刮 20 下即可。

一般情况下，如能按照前面介绍的刮痧部位，依次刮完，人立即会感到轻松，可休息几分钟，然后再在其前胸、后背、肋间、颈椎上下，或两肩胛冈上冈下，每处刮十几下。刮完后，可饮姜糖水或白开水，人体会感觉异常舒畅。

## 拔罐清理妙招

拔罐疗法又名“火罐气”、“吸筒疗法”，古称“角法”，是祖国传统医学中一种清理垃圾、治疗疾病、排除毒素的方法。经多年的临床试验证明，这种疗法具有拔毒泻热、逐寒祛湿、行气活血、祛除淤滞、疏通经络、消肿止痛的功效，能够解除疲劳、增强体质，还能调理人体的阴阳平衡，进而达到扶正祛邪、治愈疾病的目的。

拔罐需要用一种特殊的工具——罐。罐分为很多种，有陶瓷罐、竹罐、玻璃罐等，甚至常见的罐头瓶也能够用来拔罐。在临床中玻璃罐、陶瓷罐、竹罐用得比较多。不管懂不懂医术，只要依照“哪里痛就拔哪里”的原则操作即可。而玻璃罐光滑透明，能够透过玻璃观察罐内皮肤充血、淤血、起泡及放血时的出血情况等，因此在临床中被广泛使用。

拔罐的方法有很多种，主要有拔罐、闪罐、走罐、放血拔罐四种。

1. 拔罐

拔罐是最基本、最简单的方法。一般用一只手拿罐，另一只手拿着已经点着火的探子，把着火的探子在罐中晃几晃，然后撤出，再把罐迅速放在需要治疗的部位，接着用手轻轻拔一拔罐子，看是不是已经吸上了。拔罐时需要注意不要把探子上的酒精抹在罐子口上，也不要将探子上的酒精滴落在受罐者的皮肤上，否则易导致烫伤。

2. 闪罐

闪罐就是把已经拔上的罐子，迅速取下，接着再拔、再取下，这样反复做多次。闪罐法多用于虚寒症或肌肉萎缩症，以及需重点刺激的穴位。闪罐时应注意在反复闪拔罐子时，罐子本身的温度也会迅速升高，因此要多准备几个罐子，轮流使用，防止烫伤受罐者的皮肤。

3. 走罐

走罐指的是在罐子吸上之后，用一只手，或两只手抓住罐子，轻轻上提，推拉罐体在受罐者的皮肤上慢慢移走。可以来回移动，也可以向一个方向移动。因此，走罐不仅仅作用于一个穴位，而是作用于数个穴位，也可作用于一部分或者一段经络。上罐时应注意，走罐之前要在罐口或在欲走罐的部位涂抹一些润滑剂，如甘油、刮痧油等，用来防止走罐时拉伤皮肤。走罐经常用于后背酸痛、头晕、发凉、感冒等病症。

4. 放血拔罐

放血拔罐是指在脓肿处或选定的穴位上，用三棱针扎上几针，然后在上面拔罐。人体内的脓血、淤血会沿着针眼流出。放血拔罐的时候应注意，在起罐之后需做好消毒工作，以防感染。放血拔罐法一般用于热毒、发热引起的疾病，具有逐淤散结、清热解毒的功效。使用此方法时一般拔 3～5 分钟就可将罐取下。取罐时可一手将罐向一面倾斜，另一手按压皮肤，渗入空气，使罐子自然脱落，不要强行扯罐、硬拉或转动。

因火罐操作时使用明火，有安全隐患。如今市面上已有无需用火的“气罐”，以抽真空的方式达到原始火罐同样的效果。为了安全起见，建议大家在家拔罐时使用这种新型抽真空式的“气罐”。

另外，如下情况下患者请勿尝试拔罐：重度心脏病、或体内有金属固定钉、心脏起搏器者；有出血倾向、出血史、败血症、血友症者；全身皮肤病或局部皮损（如皮肤过敏或溃疡破裂处）或全身浮肿者；急性外伤性骨折者；极度衰弱、消瘦、皮肤失去弹力者；高热不退、抽搐、痉挛者；患有肝炎、活动性肺结核等传染病者；患有精神分裂症、抽搐、高度神经质及不合作者；6 岁以下的儿童及 70 岁以上的老人。

心尖区、体表大动脉搏动及静脉曲张部位；恶性肿瘤部位；瘰疬、疝气处；以及生殖器和会阴部位，亦不适于拔罐。女性拔罐应避开经期、孕期。

# 清除自由基

衰老是生命过程中的自然印象，自由基的氧化作用，可能会加剧人的衰老进程。

## 人的衰老与自由基增多有关

自由基有两个来源：一是来自体外，如环境污染、紫外线照射、室内外废气、烟尘、细菌等等，它们会直接导致自由基的产生；二是来自体内，人体内也会自然产生自由基，它是人体代谢过程的正常产物，十分活跃，极不稳定，会附着于健康细胞之上，再慢慢瓦解健康细胞。

人体细胞受到自由基攻击，就好比铁在空气中暴露久了会生锈一样，这个过程叫做氧化。铁生锈了，就开始耗损，渐渐被腐蚀，人体衰老的过程也是这样。实际上，生命衰老和病变的过程就是氧化的速度超过了还原的速度，而让我们体内细胞“生锈”的物质就是自由基。如果“生锈”受损的细胞太多，器官和组织会失去功能，产生病变，呈现老化的现象，最后导致死亡。当人的年纪越来越大，受损的细胞越来越多时，身体的功能很自然就会大不如前。

## 自由基为什么会增多

1. 过量的运动

过量的运动可以明显增加身体产生自由基的数量。当我们中等或适度运动的时候，自由基数量只会略微增加，但是过量运动的时候，自由基产生的数量会急剧上升。

2. 压力过大

重度的精神压力可以导致自由基数量明显上升。您有没有注意到，压力过大时自己容易生病?

3. 空气污染

环境对人体内形成的自由基的数量影响巨大。空气污染对健康的影响已经引起了人们的极大关注。空气污染物质中包括二氧化氮、二氧化硫和多种碳氢化合物，这些物质都能显著增加自由基的数量。如果日复一日地处于空气污染的环境中，我们的健康会受到严重威胁。

4. 吸烟

对身体危害较大的是香烟的烟雾。吸烟包括一手烟、二手烟乃至三手烟，与日益增多的哮喘、肺气肿、慢性支气管炎、肺癌和心血管疾病有直接关系。

5. 阳光紫外线辐射

紫外线能增加人体皮肤的自由基，这些自由基已被证明能够破坏皮肤细胞的DNA，从而导致皮肤病甚至皮肤癌。太阳光线中的UVA和UVB射线均能增加皮肤中的自由基，其中UVB射线的杀伤力是最大的。

6. 药物和放射

对身体而言，任何药物从本质上来说都是一种外来物质，身体必须非常努力地把它代谢和消化掉。这就要求肝脏和整个身体进行更多的代谢反应，因此会产生更多的自由基，并可能增加氧化压力。

## 饮食疗法拮抗自由基

人体的细胞外液中有相应的抗氧化的酶，使自由基无害化，但它们对清除自由基贡献较小。要拮抗自由基的氧化作用或清除自由基，主要还得靠种类繁多的抗氧化剂。比如，水溶性抗氧化剂有维生素C、氨基酸、葡萄糖、含硫化合物和丙酮酸等；脂溶性抗氧化剂有维生素E、维生素A、类胡萝卜素、胆红素、胆固醇、肾上腺素、胰岛素、辅酶Q10、褪黑素及雌激素等。

现已发现，植物化学物质，如类胡萝卜素、多酚、植物雌激素、蛋白酶抑制剂和硫化物等，也具有明显的抗氧化作用。

以下几种食物是很好的自由基清除剂，您不妨试一试：

1. 番茄

研究表明，烹制过的番茄可以降低人类患前列腺癌和其他癌症的危险。这都要归功于番茄里含有的番茄红素，它是同类营养素中最强有力的抗氧化剂。

2. 菠菜

菠菜里富含铁和叶酸。叶酸不但可以预防小儿神经管缺失，还可以降低同型半胱氨酸（一种可以刺激血管和导致心脏病的氨基酸）在血液中的浓度。此外，菠菜中含有叶黄素和玉米黄质，它们可以阻止视网膜黄斑性病变的发生。

3. 坚果

坚果像一个小型的营养发动机，其中含有对人体有益的脂肪酸和维生素 E。

坚果是植物的精华部分，一般都营养丰富，含蛋白质、油脂、矿物质、维生素较高，对人体生长发育、体质增强、疾病预防有极好的功效。

4. 燕麦

每天吃点燕麦可以起到降低胆固醇的作用，因为它含有 β 葡聚糖（一种海绵状可溶解的纤维素），可以让早期生成的胆固醇化于无形。

5. 花椰菜

花椰菜含有很多植物化学因子，可以在癌细胞形成之前将它们消灭掉。它还含有胡萝卜素、纤维素和维生素 C。最好的食用方法就是稍稍炒一下，吃时多咀嚼。类似的蔬菜还有甘蓝和卷心菜。

6. 鲑鱼（三文鱼）

这种鱼主要以吃海藻为生，而海藻可形成一种特别的脂肪，就是我们熟知的 Ω—3 脂肪酸，是脑、视网膜及神经系统不可或缺的物质，所含虾青素是非常强力的抗氧化剂。所含丰富的不饱和脂肪酸能有效降低血脂和胆固醇，防治心血管疾病。

7. 大蒜

大蒜里含有的植物化学因子对心脏有益。为了让它发挥最大的功效，最好把大蒜切碎或者捣碎食用，吃时不要长时间加热，否则会丧失它的有益成分。

8. 绿茶

绿茶内含有的多酚，是一种健康作用百倍于维生素 C 的植物化学因子。日本科学家研究表明，每天饮用 10 杯绿茶可以减低患心脏病的危险，用它做漱口水还可以抑制口腔细菌的生长。

9. 蔓越莓

蔓越莓中所含的抗氧化剂比任何水果和蔬菜都多，其中的花青素对心脏病和癌症的治疗很有帮助，而且还可以防止大肠杆菌附着在膀胱壁上，导致尿道炎。

## 改善血液黏稠

《红楼梦》里，贾宝玉说：女人是水做的。他这话其实不完全正确，从某种意义上讲，不论男女都是水做的。水是人体细胞的重要成分，占成人体重的60%～70%，占儿童体重的80%以上，占人体血浆的90%～92%。

血浆里面溶解了红细胞、白细胞、血小板3种血细胞以及一些营养、免疫物质，它们不断地在血管中循环流动。当血液成分发生变化后，血液就可能变得很黏稠。

使血液变得黏稠的原因有机体缺水、营养成分变化（比如摄入过多的动物性脂肪、葡萄糖等）、血管受损，还有疾病和不良习惯的影响。比如高血压、糖尿病、动脉硬化患者，常年运动不足、吸烟、摄入酒精和蔗糖过多的人，都易使血液变得黏稠。

教师由于平时活动较少、用脑较多，本身就是易致血液黏稠的人群。血液黏稠最大的危害是加剧动脉的硬化进程，甚至形成血栓和栓塞。

## 预防血液黏稠

补水预防血液黏稠：所谓“解铃还须系铃人”，既然血液黏稠的一个重要原因是缺水，那么补水当然是最直接、有效的预防之道。人体每天要排出1500毫升尿液，再加上从肠道、呼吸道及皮肤所蒸发的水，总共消耗的水分大约是2500毫升，而人体每天能从食物中和体内新陈代谢中补充的水分只有1000毫升左右，因此正常人每天至少需要喝1500毫升水。只要保证每天八杯白开水，即可大体预防缺水。另外要注意的是，有些人以果汁和运动保健饮料替代白水来补充水分，这样只会适得其反，因为这些饮料中含有大量糖分，糖分也是导致血液黏稠的原因之一。

鱼类食品中的不饱和脂肪酸可防止血液黏稠：不饱和脂肪酸EPA（二十碳五烯酸）和DHA（二十二碳六烯酸）能够防止血液凝固、溶解血栓，减少血液中的坏胆固醇（低密度脂蛋白），同时增加好胆固醇（高密度脂蛋白）。EPA和DHA含量丰富的鱼类有鲭鱼、鳙鱼、金枪鱼、鳗鱼、秋刀鱼、鲥鱼、鲱鱼等。要注意的是，烧烤会造成鱼类脂肪中EPA和DHA流失，最佳的食用方法是生吃（深海鱼可生吃，河鱼不可生吃）或者蒸煮，同时喝鱼汤。

银杏叶降可低血液黏稠度：银杏叶制剂能促进毛细血管的血流速率，保持血液循环的顺畅。

马齿苋可降低血液黏稠度：马齿苋中含有Ω—3脂肪酸，能抑制人体内血清胆固醇和三酰甘油（甘油三酯）的生成，是保护心脏的有益物质。

以上几种药食同源食材主要是针对血液本身的，通过对血管壁的作用，也可以拮抗和缓解血液黏稠。

大蒜可预防血栓：大蒜中含有蒜素，能扩张末梢血管，有抑制血小板聚集、防止血液凝固和预防血栓的功效，甚至能够溶解血栓。

温水半身浴和足浴可防止血液凝固：15分钟38℃～40℃的温水浴，不仅可以扩张血管，加速血液循环，防止血栓，还能调节副交感神经，令人全身放松、心率减缓、血压降低。

戒烟可延缓血管的老化：香烟中的尼古丁不仅会使坏胆固醇增加并使之氧化，使血管收缩导致血管阻塞，从而形成血栓，还会加速血管老化，加速动脉硬化的发生。戒烟能延缓这些进程。

## 消浮肿，清“水毒”

上一节谈“预防血液黏稠”时我们还在强调补水的重要性，这下又要提“水肿时排水的重要性”，这不是自相矛盾吗？当然不是。这只是说明，某种物质是体内垃圾，还是必需成分，要以“量来衡量”。人体约 60%～70% 都是水分，水少则缺水，过多又会出现水肿。我们要做的就是使身体里的水分达到平衡——“天之道，损有余而补不足”，少了就补，多了就排。

体内的水分约 2/3 分布在细胞内，被称为细胞内液；剩下的 1/3 在细胞外，被称为细胞外液。为了使每个细胞正常发挥功能，细胞内液和细胞外液常常要相互“串门”，互通有无，进行水分交换。一方面使水分的绝对量保持一定的值，另一方面让细胞内外液中所含的钠、钾、镁等元素保持一定的量。同时，将过多的水分和盐排出，才能维持动态平衡。但是，如果机体调节机制出现紊乱，水代谢功能失调，打破了细胞内液和细胞外液的平衡状态，导致细胞外液的间质液增加，就会引起身体全部或某部位水肿。中医学把这些与水相关的种种弊害，视为“水毒”。

例如，钠盐摄入过多，会使间质液中钠的浓度增加，于是在渗透压的作用下，血液中的水分会从血管壁渗到间质液中，引起人体的浮肿。此外，肾脏、心脏、肝脏等内脏疾病，女性在月经期和更年期时激素分泌的变化，怀孕时子宫压迫下腔静脉等都可导致下半身浮肿。

广大教师长时间站立或坐着工作，会因静脉淤血引起腿部、脚部浮肿。

## 多管齐下清理“水毒”

由疾病引起的人体浮肿，需要医治；其他情况下的浮肿，则应在日常生活中注意调节、保养。教师群体因工作需要，必须长时间站立或坐着，会引起脚部浮肿。浮肿造成的身体不适，使得他们不愿运动和走路，于是水肿加剧。如此恶性循环，对身体健康很不利。此时，除了适当运动，打个现代绑腿——穿长筒弹力袜，也可以消除足踝部浮肿（此法我们在前文有关“下肢静脉曲张”章节也曾介绍过）。

多吃含钾食物能消肿：人吃了过咸食物后，身体为了降低钠的浓度，会抑制水分的排泄，导致体内水分增加。结果是血液量增加了，给心脏带来多余的负担，长此以往甚至可引起高血压。

钾具有稳定钠浓度的作用，能够将过剩的钠从细胞中引出。因此，多吃土豆、西瓜、柿子、橘子、香蕉、芹菜等含钾量很高的食物，能相应减少钠的量，排出人体内积累的水分，从而消除浮肿。要注意的是，肾脏病患者不要摄入过多的钾，以免形成高钾血症。

利尿消肿：黄瓜皮含有异槲皮苷，有利尿作用。红豆含有丰富的钾，外皮含有皂角苷，有很强的利尿作用，对脚气病、肾脏功能衰退所致的浮肿很有效。西瓜所含的氨基酸瓜氨酸，具有很强的利尿作用，对治疗肾病有辅助作用。另外，西瓜对消除心脏病、高血压以及妊娠造成的浮肿也有效果。鲤鱼也具有利尿作用，能够消除怀孕期间的浮肿。赤豆鲤鱼汤，或薏仁赤豆粥，都是常用的利尿除水毒、湿疹良方。

桑拿流汗去水毒：如前所述，体内积累了过多的水分，易出现浮肿等症状的人，采用桑拿浴排汗是一个不错的选择。

竹盐按摩防浮肿：每天沐浴时，选用含有竹盐的沐浴乳和身体磨砂膏，均匀涂抹在身上，并进行适度按摩，尤其是大腿、腹部、臀部这些易肿的部位，可以防止浮肿。

# 清理体内多余脂肪

对于爱美的女士而言，减肥是一生的事业。其实，不管是男性还是女性，消除体内多余脂肪，对于保持健康，都很重要。教师脑力劳动多，体力劳动少，在这方面，更应该多加留意。

## 饮食、运动清理体内多余脂肪

“管住嘴”：产生多余脂肪的根源是营养过剩，所以首要的措施是堵住源头“管住嘴”。管住嘴，一是注意少吃油腻、含糖量高的食物；二是注意吃的顺序，比如先喝汤，再吃饭，同时吃菜。最关键的是要保证临睡前不吃东西。

辣椒素促进脂肪分解：辣椒素能刺激中枢神经，促进肾上腺皮质分泌肾上腺素，从而活化分解脂肪的酶——脂肪酶，使脂肪作为能量被消耗掉。

绞股蓝降血脂：临床研究表明，用绞股蓝冲剂对高脂血症患者治疗一个月，血清胆固醇和甘油三酯明显降低，高密度脂蛋白有所提高。

饮乌龙茶、红茶、普洱茶、咖啡去脂：乌龙茶、红茶含有茶多酚和咖啡因等成分，茶多酚能使肾上腺素分泌增加，肾上腺素能兴奋交感神经从而增加人体能量消耗，同时茶和咖啡中咖啡因能抑制肾上腺素的分解。两者作用叠加，对促进体内脂肪的消耗很有效。

此外，魔芋、韭菜、芦蒿、黄瓜、冬瓜、海带等都能降脂或清除血脂；蛋黄、大豆、酵母等富含卵磷脂的食物有助于消除脂肪。

除了饮食调理，有氧运动也是消耗脂肪的有效途径：有氧运动主要包括游泳、划船、骑自行车、体操、慢跑、羽毛球、乒乓球、保龄球、瑜伽、跳舞等，可以燃烧脂肪。如果持续有氧运动，比如每天保持有氧运动 30 分钟以上，消耗的能量就很可观了。有氧运动贵在坚持，对于教师这样的伏案工作一族，可因地制宜选择下班不坐电梯、提前下车走路回家等方式，利用零散时间进行锻炼，长期坚持会有好的效果。

## 清理体内“坏”胆固醇（LDL）

胆固醇广泛地存在于动物体内，是动物组织细胞不可缺少的重要物质，人体每天都需要更新 1 克胆固醇，才能满足身体机能的正常需要。它是脂溶性的，必须靠脂蛋白运送，运载胆固醇的脂蛋白主要分为LDL（低密度脂蛋白）、HDL（高密度脂蛋白）两种。相应的，胆固醇也因载体的不同而被分为LDL胆固醇和HDL胆固醇两种。当LDL胆固醇增加过多时，无法代谢的LDL胆固醇就会附着在动脉血管壁上，体内的巨噬细胞就会聚集在该处，吞噬、消除被氧化的LDL胆固醇，形成泡沫细胞而留在血管壁上，动脉硬化由此就慢慢产生了。因此，胆固醇就有了好坏之分，导致动脉硬化的元凶LDL胆固醇就成了坏胆固醇，而HDL胆固醇则成了我们清理垃圾的同盟军，成为了人人称颂的好胆固醇。

在日常生活中，如果我们摄入动物性脂肪等含有胆固醇的食品过量，就会破坏体内胆固醇的平衡，使得坏胆固醇增加，从而引发高胆固醇血症，不仅易患动脉硬化，还易引发胆结石。所以必须控制胆固醇水平，清除坏胆固醇。

## 饮食调节、清理坏胆固醇

促进胆固醇代谢：研究显示，每天食用9克干香菇，坚持一周后，胆固醇值可下降约10%；黑木耳中含有类核酸物质，可以降低血液中的胆固醇和甘油三酯的含量。

清理坏胆固醇：绿茶含儿茶酚，有清理坏胆固醇的作用；橄榄油、玉米油、杏仁、核桃、花生等坚果中都富含不饱和脂肪酸，能抑制胆固醇的吸收，减少坏胆固醇的形成，使血液中的脂质保持平衡状态，起到软化动脉血管、预防动脉血管硬化及冠心病的作用；此外，洋葱也是清理坏胆固醇的好食材。

抗氧化、强化血管：猕猴桃、柑橘富含维生素 C，具有抗氧化作用，能防止坏胆固醇被氧化。同时，维生素 C 还能促进细胞结缔组织胶原蛋白的合成，强化血管细胞的组织。橘瓣上的白色筋状物（橘络）含有丰富的膳食纤维，能帮助减少血液中的胆固醇，抑制餐后血糖上升。

## 生活调理降血糖

多数人从小到大都喜欢吃糖。可惜，人的血液如果太“甜”了实在不是什么好事。

人体血糖正常值范围为：空腹血糖 3.9～6.1mmol/L，餐后两小时 3.9～7.8mmol/L，过高即为高血糖，过低为低血糖，都有问题。

长期摄入过多的糖分，或患有胰腺癌和胰腺炎等胰腺疾病、肝病、甲状腺功能亢进症、库兴氏综合征等激素分泌异常的疾病，都会引起血糖升高。高血糖状态下，红细胞失去柔韧性而变硬，多个红细胞重叠黏在一起，在细小的血管处容易阻塞，成为血栓的诱因；不仅如此，糖分和蛋白质结合，形成糖化蛋白，使血液黏稠，损伤血管，引发动脉硬化。

高血糖所致的最麻烦的后果主要是糖尿病。糖尿病患者的细胞无法利用葡萄糖来提供能量，只好另寻他途，转而靠脂肪和蛋白质代替葡萄糖作为能量来源，随着脂肪、蛋白质的大量消耗，患者就日渐消瘦。随着糖尿病持续，还会产生诸多并发症。所以，一定要警惕高血糖。但是反过来，高了不好，低血糖呢？低血糖会让人体能量消耗跟不上，从而四肢发冷、面色苍白、出冷汗、头晕、心慌、恶心，严重者甚至还会昏迷，所以血糖低了也不行。低血糖较高血糖相对容易解决，我们首要防止的是高血糖。

## 饮食、运动疗法降血糖

苦瓜降血糖：医学实验证明，从苦瓜中提取出一种名为“多肽 P”的胰岛素样物质，对动物和人体有明显的降血糖作用。

芋头降血糖：芋头中含有黏蛋白、镁、锌、维生素 $B_1$ 等有效成分，能降低血糖；它还含有半乳聚糖，能有效降低血压和胆固醇。

洋葱降血糖：洋葱含钙、磷、铁、胡萝卜素、维生素 B、烟酸等成分，能抑制高脂肪饮食引起的胆固醇升高，糖尿病并发动脉硬化患者宜适量食用。洋葱最突出的功效是抑制血糖上升，虽然没有化学制剂那样立竿见影的效果，但它将血糖降到正常之后不再下降，不会发生低血糖。每日摄取50克洋葱（约1/4个洋葱），就能发挥其效能。新鲜的洋葱辣味比较强，含有较多的有效成分，效果更好。

番石榴茶降血糖：将热带地区的水果番石榴的叶干燥后，用热水浸泡而成番石榴茶。番石榴茶中含有番石榴多酚，能抑制淀粉酶的活化，延缓糖的吸收，避免人体短时间内吸收过多的糖分，从而抑制血糖的上升，防止胰岛素的过度分泌。

桑叶茶降血糖：有关研究表明，桑叶有降血糖的功能，它能抑制 α—蔗糖酶的活性，从而抑制血糖的上升。还能维持胰岛素的正常分泌，改善高血压，减少胆固醇和三酰甘油（甘油三酯）。因此，桑叶可以有效地预防糖尿病。不过，桑叶茶应在饭前饮用，若饭后饮用，则不能抑制餐后的血糖升高。

山药稳血糖：山药中含有黏蛋白，能包裹肠内的其他食物，使糖分被缓慢地吸收，抑制饭后血糖急剧上升，同时可以避免胰岛素分泌过剩，使血糖得到良好的调控。山药中还含有胰岛素分泌必不可少的镁和锌等有效成分以及维生素 $B_1$、维生素 $B_2$，它们均可促进葡萄糖的代谢。

另外，菠菜根含菠菜皂甙A、B等成分，有养血、止血、敛阴、润燥的功能，对高血压、糖尿病和夜盲症等有一定的治疗作用。萝卜含有钙、磷、铁、锰、维生素B、维生素C等，有消积滞、化痰热、解毒、降糖、抗癌等效用，食用鲜萝卜降糖效果更显著。蘑菇含钙、磷、铁、铜、锌、氟、碘等微量元素及多种氨基酸、维生素，有安神降压、降糖、开胃消食、化痰理气、抗癌等功能，身体消瘦的糖尿病患者宜多食用。南瓜含精氨酸、天门冬素、胡萝卜素、维生素 C 及维生素 B 等，可防糖尿病、高血压和肝、肾疾病等。

运动降糖：多运动是降糖的方法之一，但是要把握最佳时间。运动安排在餐后 30 分钟至 1 小时为宜。散步是最佳的糖尿病运动方式之一，对体质较差的老年糖尿病患者尤其适合。每次以中等速度散步 30～60 分钟，散步时应全身放松，眼观前方，自然而有节律地摆动上肢。

## 消除体内疲劳因子：乳酸

您是否经常觉得疲惫？是否随便活动一下就会感到腰酸腿疼、浑身乏力？不要惊慌，这都是由于体内乳酸堆积的原因。

乳酸是在生命活动消耗热量的过程中产生的废弃物，是导致疲劳的物质之一。当人体摄入过多热量而无法顺利代谢时，就会产生大量乳酸。

乳酸过多会使本来呈弱碱性的细胞变成酸性，细胞的功能会被削弱，进而无法顺利摄入营养和氧分。此外，过多乳酸滞留静脉中，会使血液偏酸性及血液循环不畅，于是腰酸腿疼、发冷、头痛等症状由此而生。

正常情况下，堆积在体内的乳酸会被送到处理乳酸的工厂——肝脏中去，分解成水和二氧化碳，并释放出热量。但若要完成这一循环，前提是有充分的氧和 B 族维生素等营养物质。

## 清除乳酸消疲劳

B 族维生素食物清乳酸：前文已述，糖类和脂质在转化成热量的时候，需要酶的催化作用，而 B 族维生素对于发挥酶的功能来说必不可少，其中维生素 $B_1$ 对于乳酸的分解尤其必不可少。维生素 $B_1$ 无法在体内合成，只能通过食物摄取。而维生素 $B_1$ 易溶于水，即便所食食物富含维生素 $B_1$ 也容易在烹调过程中流失，所以在注意及时补充的同时一定要注意烹调方式，尽量少水煮。富含维生素 $B_1$ 的食物有猪肉、鸡肉、鳗鱼、干松鱼、大豆、四季豆、糙米等，其中猪肉中含量最高，猪肉中又以里脊肉中维生素 $B_1$ 的含量为最。

含碱蔬菜中和乳酸：紫甘蓝、花椰菜、芹菜、油麦菜、萝卜缨、小白菜等新鲜的蔬菜中含有的碱性物质可以中和乳酸，从而达到缓解疲劳的目的；醋，柠檬、橘子等柑橘类水果，豆芽和芦笋等蔬菜都有利于乳酸的清除。

含钙的奶制品可以缓解疲劳：钙是天然的压力缓解剂，经常喝奶就不会缺钙，这样就可以保证旺盛的精力，抵制疲劳的产生。

香熏疗法：薰衣草和迷迭香等植物具有镇静作用，不妨试试芳香疗法，让身体和心灵都得到放松。方法很简单，您可以用熏香炉加热稀释后的薰衣草精油，让自己沉浸在香气中闭目养神；或者直接在温水中滴上几滴，慢慢浸浴20分钟。

伸展运动有助于乳酸的清除：长时间保持同一姿势伏案工作，肌肉会持续处于收缩状态，也会导致乳酸堆积。做伸展运动能够促进滞留的血液与含有充分营养和氧分的新鲜血液进行交换，改善这种状态。

## 清除亚硝酸盐毒素

前不久，一篇《隔夜菜放冰箱24小时　亚硝酸盐含量全部严重超标》的报道，再次将亚硝酸盐中毒的问题推到了风口浪尖。报道引述了浙江大学生物系统工程与食品科学学院食品科学与营养系实验室的一个实验，将炒青菜、韭菜炒蛋、红烧肉和红烧鲫鱼四个菜放置半小时、6小时、18小时、24小时后分别测定其亚硝酸盐的含量。结论倒也不出乎意外，四个菜放置后亚硝酸盐含量都升高了，升高的幅度也基本和放置时间呈正相关。由此得出一个结论：隔夜菜最好别吃，因为亚硝酸盐超标。

亚硝酸盐到底是何方神圣？我们不妨来看看它的前世今生。

氮是自然界中广泛存在的物质，植物在生长过程中吸收环境中的氮或氮肥，通过生化反应合成氨基酸。在这个过程中，必然要产生无毒的硝酸盐。然后植物体内的一些还原酶会把一部分硝酸盐还原成有毒的亚硝酸盐，所以，几乎所有的植物中都含有硝酸盐和亚硝酸盐。当植物被收割后，硝酸盐和亚硝酸盐的平衡被打破，还原酶被释放，会有更多硝酸盐被转化成亚硝酸盐。像白菜等硝酸盐含量本来就高的绿色蔬菜，在运输分销过程中很容易就超过了“每公斤 4 毫克”的国家标准。如果再变成过夜的剩菜，经过一两夜的盐渍，亚硝酸盐的含量会更高。

亚硝酸盐毒性较大，人体摄入 0.2～0.5 克可引起急性中毒，摄入 1～2 克即可致死。当亚硝酸盐进入人体后，可使血液中低铁血红蛋白失去运氧的功能而导致组织缺氧，引起紫绀，如口唇、舌尖、指尖青紫，甚至导致头晕头疼、四肢乏力、心跳加速、嗜睡或烦躁、呼吸困难、恶心呕吐、腹痛腹泻；严重者昏迷、惊厥、大小便失禁，可因呼吸衰竭而死亡。一般我们不会一次过量摄入，但是经常摄入少量亚硝酸盐慢慢累积的危害也不可小视，它有致癌作用，主要会引起食管癌、胃癌、肝癌和大肠癌等。

## 预防摄入亚硝酸盐、清除亚硝酸盐毒

预防摄入：蔬菜应注意保鲜，防止腐烂；一定不要吃已腐烂变质的蔬菜；煮熟的蔬菜和剩饭剩菜不宜在高温下长时间存放；腌菜必须腌透，至少腌制半个月以上再食用。酸菜腌渍过程中，亚硝酸盐含量有一个变化规律：在腌渍完毕的 2～4 天亚硝酸盐含量开始增高，7～8 天含量最高，9 天以后逐渐下降。所以，腌菜一定要渍透，腌半个月后再食用，最好在两三日内吃完。

不要被颜色所迷惑：亚硝酸盐是很好的保色剂，故而选用香肠腊肉制品时不要选择那些色泽鲜艳的，通常越红、看起来颜色越诱人的往往添加的亚硝酸盐越多。消除香肠腊肉制品中的亚硝酸盐，水煮是最好的方法。如果实在不能接受水煮的香肠，可先水煮，再用小火油煎或烘烤一下，也比直接加热好。

注意搭配：含亚硝酸盐的食品应避免和乳酸制品合吃，亦应避免和胺类食物合吃。含有亚硝酸盐的食物若和胺类食物合吃，容易在胃肠道产生亚硝胺。如鱿鱼、刀鱼、干贝、鱼翅、鳕鱼、章鱼或虾米干等都是含胺类成分较高的食品。

绿茶清理亚硝酸盐：绿茶的茶多酚可有效降低食品中亚硝酸盐的含量。所以，如果哪天含亚硝酸盐的食品吃多了，不妨泡杯绿茶喝。

大蒜清理亚硝酸盐：研究发现，大蒜能抑制亚硝酸盐转变为亚硝胺。

含维生素 C 丰富的蔬菜水果清除亚硝酸盐：维生素 C 是阻止亚硝酸盐在人体内转化成亚硝胺的“克星”。所以在吃含亚硝酸盐的食品时，可清炒一盘深色绿叶蔬菜或青椒，就能带来丰富的维生素 C。

## 巧戒“烟毒”

有句话叫“饭后一支烟，快活似神仙”，很多男士也就沉迷于这种神仙般的体验中。老师们因为要备课、批改作业和试卷，免不了要熬夜，不少人都习惯用抽烟来提神。可是和您同处一室的家人、同事的身体健康也就随着您指尖香烟的明灭受到不同程度的损害。

香烟燃烧时产生4000多种致癌化学物质等等，报纸、杂志、电视各媒体已经说得太多。吸烟有损健康，我们提倡戒烟。

### 六步戒烟法

吸烟有害众所周知。

戒烟之难，主要有以下几个原因：

吸烟给人好心情。把烟吸入体内后，尼古丁7秒钟就通过肺泡进入大脑，并使那里的各个部分兴奋起来，人感到清醒、注意力集中，同时很镇静。

对于有烟瘾的人，不吸烟会感到很痛苦。如果身体已经习惯了尼古丁的刺激，那么当它得不到尼古丁时，就会出现强烈的不适症状。

吸烟的诱惑无处不在。取烟的动作已与日常生活中一定的场合连接在一起：饭后饮茶喝咖啡时、与重要客户谈话前的几分钟、工作中需要全神贯注时，或者仅仅是因为同事点烟后空气里的那股“香味儿”，都会让人情不自禁、欲罢不能。

说到底，戒烟之难，难在心理依赖。有鉴于此，特介绍从心理入手“断奶”的“六步戒烟法”。

第一步：记录吸烟的理由。要想戒烟，您必须首先让自己明确意识到那些习惯性地与香烟结合在一起的场合。为此，您需要一个列每天列一个画线清单，在这个清单上您要记下您抽的每一根烟，您要抽它的理由，而且要在您点燃它之前记下。

第二步：阻断“条件反射”。您应当警惕引诱您抽每一支烟的信号，并逐渐有意识地忽略它，使这种抽烟与场景的结合不再起作用（比如，不要在喝咖啡时抽烟，要抽的话，自己有意识地拖延，晚一些再抽）。用这样的方法让大脑重新编程，“条件反射”就不起作用了。

第三步：拖延烟瘾。当您每一次想吸烟时，都等待和拖延至少5分钟。“瘾”就会慢慢减退，要学着不随便对一时的欲望妥协。

第四步：记下妥协的理由。写下哪些是您要吸烟和妥协的理由，哪些不是，和自己辩论。例如：“我认识一个人，他都90岁了，一辈子都在抽烟。”“我怎么知道自己也会是他这样的例外（抽烟还这么长寿）？”或者“我现在改抽味淡的。”“可能会因此抽得更多而且吸入更深，结果减不了多少尼古丁，进入体内的焦油也会更多。”

第五步：奖励自己。您要承诺为自己开始戒烟后 10 天内不吸烟发一次奖，100 天不吸发一个更大的奖，也可以让家人监督和奖励。

第六步：您要搞清楚什么是让您复吸的最大危险：是习惯（吃饭以后），是无聊（当您必须等什么人的时候），还是紧张不安时（一次重要会议前）？是在交际场合（如庆祝活动上），是随手找点什么事情做做（起床后的第一支烟），还是一种压力和强迫？

做好这六步，也许从现在开始，也许从明天开始，总会有一天，您可以确定不吸烟的日子了。

小贴士

**戒烟后给健康带来的好处**

戒烟后，您被一氧化碳封锁的血液吸收氧分的功能恢复正常，可减轻心脏和肺的负担。

戒烟两天后您的嗅觉和胃口变得更好。

戒烟两个月后肺功能可以得到改善，有助于支气管黏膜恢复健康。

戒烟后患肺癌的风险可降低，大脑的血液流通也恢复正常。

戒烟后患心肌梗死和中风的风险和不吸烟的人一样。

戒烟后10年，得肺癌的几率下降至接近非吸烟者。

15年后您患冠心病的危险性可下降至和不吸烟的人一样。

男人平均体重可增加2.8千克，而妇女可增加3.8千克。

## 清除“酒毒”

我国有句话叫“无酒不成宴”，不过，从健康的角度来讲，饮酒不能过量，更不能酗酒。

单次饮酒过量，症状较轻的会面红耳赤或脸色苍白、心悸、头痛、恶心、呕吐、目眩等，一次醉酒对人体肝脏和身体的损害不亚于患一场肝炎！症状重的可能因短时间内大量饮酒而引起急性酒精中毒，甚至昏迷或直接危及性命！

还有一种情况是单次饮酒不过量，但常年持续饮酒，虽然饮酒量不是很大，但最后可能导致脂肪肝、酒精性肝炎、肝硬化等严重的肝脏疾病；脑沟回扩大、脑萎缩，或连带的中风、脑梗死之类脑血管疾病。

因此，杜绝饮酒过量及戒酒迫在眉睫。

## 减轻酒精毒性的对策

喝酒定时定量：酒精在肝脏中完全分解的时间约为 6 小时，一天之内不要喝两次以上。一天多次，肝脏无法休息，疲于应付，更易受损。晚上饮酒不要超过两小杯葡萄酒或50毫升低度（38°）白酒。

不要每天喝酒：持续每天喝酒，患慢性酒精中毒或发展成酒精性脂肪肝的危险性很大。如果一天喝了两杯以上，接下来两三天一定不要再喝带酒精的饮料，给肝脏休息调理和身体康复的时间。

饮酒要慢：肝脏分解酒精的速度是每小时约 10 毫升，饮酒速度不应超过肝脏处理的能力。酒中所含的纯酒精（乙醇）的量，可以通过酒瓶标签上标示的度数计算出来。比如，酒精度数为 42% 的 100 毫升酒，那么酒精的量就是 42 毫升（100 毫升 ×0.42=42 毫升）。如果一个人花 4 个小时喝完，那么平均每小时摄入的酒精量是 10.5 毫升，刚刚超过肝脏的处理速度。

喝酒时不要忘记喝水：每喝 1 杯酒喝 1～2 杯水，既可补充身体流失的水分，也可以加快身体排毒的速度。

不要空腹喝酒：一定要搭配营养价值高的下酒菜，例如奶酪、豆腐、鱼类等优质蛋白质食品，还有蔬菜和海藻类食物。

喝酒时不要吸烟：烟与酒同食，危害更大。因喝酒而扩张的血管又因为吸烟而收缩，会给心脏带来负担，而且溶于酒精的焦油会吸附在消化器官黏膜上。

酒后适宜吃点水果：葡萄等水果有助于解酒。

## 饮食清酒毒妙方

催吐清酒毒：最好的方法莫过于减少酒精的吸收，比如让醉酒者直接吐出胃内尚未被吸收的酒精。可在一杯水中加入两小撮盐并一口喝下去，刺激胃使食物吐出来。

贝类强化肝脏清除酒毒：贝类营养均衡，在饮酒后和宿醉时食用，其解酒功能非常有效。贝类含有的维生素 $B_{12}$ 和糖原，对促进肝脏的功能也发挥着重要作用，而氨基酸中的牛磺酸与胆汁酸结合后，可以活化肝脏的解毒作用，这也是不可忽略的。

姜黄可减轻酒精对肝脏的损伤：姜黄是一种传统的药草，自古就用来治疗黄疸、肝脏和胃肠疾病等。姜黄中含有姜黄色素，它有解毒、促进胆汁分泌的作用，对于因酒精造成的肝脏损伤非常有疗效。

芦荟可降低血液中乙醛的浓度：研究发现，芦荟带刺的绿色部分和其内部的胶质中所含的多糖体、糖蛋白等，可以降低血液中酒精分解后生的有害物质乙醛的浓度。因此，在饮酒之前，如果喝些芦荟汁，对预防头痛、恶心、脸红等症状很有效。此外，芦荟中的芦荟素有健胃作用，对治疗宿醉引起的反胃和恶心等有效。

富含蛋白质的食物可减轻肝脏负担：饮酒时，如果胃中有食物，酒精到达十二指肠的时间就会延长，而蛋白质和脂肪在胃内停留的时间最长，故蛋白质和脂肪含量高的食物适合作为下酒菜。醉酒后肝脏的能量会因代谢酒精而消耗，加上有害物质乙醛的伤害，肝脏会变得十分脆弱。牛奶和奶酪等乳制品、鸡蛋、鱼贝类、瘦肉、鸡肉、豆制品等含有优质蛋白质的食品，对肝脏尤为有益，还可补水。同时，肉类和大豆中的胆碱以及海鲜中的牛磺酸等，能够预防肝脏中酒精变成脂肪而蓄积。

以上方法主要针对慢性酒精中毒者，对于急性轻、中度酒精中毒者，还可采用以下疗法：

- 吃生梨、苹果、香蕉、荸荠、柑橘等有解酒作用的水果。
- 新鲜芹菜 500 克，捣烂取汁内服。
- 葛花 10 克或葛根 20 克，煎水内服。
- 白萝卜捣烂取汁加白糖少许，饮用 1 杯。
- 白菜心洗净后切成细丝，加少许香醋、白糖凉拌食用。
- 鲜甘蔗汁 1 小杯内服。
- 少量多次内服食醋，或用食醋 20 毫升，红糖 15 克，生姜汁 5 克，冲水内服。
- 绿豆 50 克，生甘草 10 克，入锅浓煎后内服。
- 吃两个生西红柿。

# 7 教师的睡眠保健

俗话说："一夜好睡，精神百倍；彻夜难睡，浑身疲惫。"

不论是从因为压力大或工作紧张易失眠的实际情况，还是从养生的角度，对于广大教师而言，睡眠问题都要引起高度重视。《周易》中说，"一阴一阳谓之道"，人体也一样。夜间睡觉是休养生息，养精蓄锐；白天工作、学习则是释放能量。如此一张一弛，才能阴阳调和，永葆健康。

## 打针吃药，不如睡个好觉

现代人注重健康，习惯性地从营养结构方面入手，花大量的时间研究健康食谱，参悟其中的养生之道；同时也重视加上适量的运动。营养和运动相结合是养生的好方法，但是不要忽略了睡眠。

睡觉是人体的基本需要，它和食物、水、空气一样重要。如果一个人长期无法保证充足的睡眠，就不可能保持身体健康，更不用说正常地生活，出色地工作了。睡眠过程中得到休息的不仅仅是眼睛，更重要的是，人体自身的保护机能充分发挥作用，能缓解身体疲惫和精神压力，使人在恢复体能的同时，大脑也得到最大程度的休息。

睡眠是人体一项很重要的生理功能，人在睡眠中，自主神经系统依然可以通过它自身的调配，完成食物消化、营养转化、营养存储、废物清除的任务；其他很多系统则更加活跃，比如分泌系统、排毒系统、免疫系统，人体的某些功能从而得到更大程度的强化。

## 睡眠修复身体

人体器官的功能从 20 岁之后就开始缓慢地减弱，中年时期开始衰老，牙齿基本上在 40 岁的时候开始老化；皮肤和眼部肌肉也是在这个时间段变得松弛；而女人到了 35 岁的时候，乳房组织和脂肪开始丧失，丰满程度和弹性都大幅下降。

更多时候，身体是依靠它自身的修复功能，得以维持正常运作，并不是仅靠药物就能起到最佳效果。比如，生活中人们会遇到小划伤，医生一般是消毒、敷药、包扎，这样做主要是为了让伤口不受到任何感染，真正的伤口修复、细胞组织再生只有靠身体自身去完成。

身体自身具有的这种功能，可以进行最好的自我保护。

有医学专家曾说过："睡眠是人类抵御疾病的第一道防线。"人类通过睡眠消除身体和神经的疲劳，使精力在短时间得到恢复。睡觉是健康的巨大源泉，是真正的"天然修复剂"。

人们白天活动，消耗体内能量和营养成分，身体处于"消耗"的状态，如果没有办法得到相应的补充，就不能维持正常的新陈代谢。只有进行正常的新陈代谢，人的生命才能得以维系，营养才能得以更新，细胞组织得到再生。所以，人们不能只消耗能量，更应该及时地补充，让身体随时都保持充足的能量。睡眠就是人们最方便的补充、储存能量的方式。

人体定时摄入食物，食物中的营养成分通过器官的消化和转化之后，把对身体有利的养分储存起来，然后用于人们的日常消耗。“储存——消耗——再储存——再消耗”就是人体能量的更新规律。这规律存在于每一个正常人的体内，而睡眠使其完整。所以人的睡眠不仅是闭上眼睛睡觉那样简单，也不仅仅是生理上的需要；在睡眠过程中，人体内部各种系统和细胞组织进行着能量的转化、吸收和储存，同时各个机能组织也在进行着自我修复。比如，脑垂体会在睡眠时增加生长素的分泌，蛋白质的合成也显得特别积极。

《素问·五脏生成篇》中讲过睡眠和人体内部组织的关系，毛冰注：“肝藏血，心行之，人动则血运于诸经，人静则血归于肝脏，肝主血海故也。”也就是说，当人们睡觉时，肌肉组织会自动松懈，连同身体的其他各项机能都一起减弱，新陈代谢虽然依旧在持续，但速度很缓慢；因为身体内部各个器官也在休息，只有在这样的“轻活动”状态中，能量才能得以储存，器官的生理功能才得以调整和恢复。经过了充足的睡眠之后，第二天人就会变得精力充沛、思维敏捷、容光焕发。

## 要想皮肤好，睡眠不能少

拜伦曾说："早睡早起最能使美丽的脸鲜艳，并降低胭脂的价钱——至少几个冬天。"充足的睡眠是保持美丽的前提。

随着时光的流逝，您是否发觉眼角的皱纹逐渐加深？皮肤变得越来越粗糙黯淡？记忆力也开始衰退？这个时候很多人都会感慨"时光易逝，容颜易老"，并且开始习惯接受自己已慢慢变老的事实。其实，这一切也许只是因为您长时间睡眠不足造成的。如果能够早些了解这些常识，并引起足够重视，衰老或许能晚一些到来。

### 睡眠是最好的"皮肤修复机"

皮肤科专家认为，皮肤的色泽，取决于表皮细胞内黑色素的含量、位置以及皮肤血管收缩扩张的程度。这些因素都受控于神经体液内分泌系统的调节，而睡眠对此起着主导作用。睡眠充足后，能改善皮肤末梢的循环，消除皮肤毛细血管的淤滞，加快皮肤的再生。

光滑、红润、富有弹性的皮肤，有赖于皮肤真皮下组织微血管的充足营养供应。皮肤微血管畅通时，皮肤红润光泽；睡眠不足的人，常常出现皮肤表面微血管血液循环淤滞现象，使皮肤变得颜色晦暗或苍白。因为当皮肤微血管得不到充足血液时，皮肤细胞组织的新陈代谢就会因皮肤缺乏营养而受到阻碍，使皮肤细胞迅速衰老。另外，睡眠不足也会直接影响内分泌，这对皮肤也有很大影响。睡眠不足，还会加深皮肤皱纹。

睡觉的时候是肌肤进行自我修复的重要时段，假如长期熬夜或者睡眠质量不高的话，那么皮肤很容易出现状况——“痘痘”、“脱皮”、“斑点”、“眼袋”、“黑眼圈”等，肌肤暗哑无光泽、毛孔粗大，整个人看上去也是病快快的，尽显疲态。

充足的睡眠会让您神采奕奕、肌肤紧致、眼睛澄亮、精神焕发，因为熟睡时的皮肤细胞格外活跃，皮肤表面的新陈代谢使皮肤能够吸收更多的营养，清除表皮的多余物质，保证肌肤细胞的再生。人在熟睡状态时，脑下垂体会分泌大量的成长荷尔蒙，可以促进肌肤表皮下的真皮层生长，和肌肤的新陈代谢，从而产生娇嫩的肌肤。反之，睡眠不好会使肌肤的生长速度停滞，造成皮肤粗糙、缺少光泽。

医学研究表明，人表皮细胞的新陈代谢最活跃的时间是从午夜至清晨 2 时，因此如果想保持自己脸部皮肤好，务必养成在午夜 12 时前入睡的习惯。

面部是体现美的直观部位，所以保持面部的健康十分重要。外界恶劣的环境对皮肤的损伤无法估量，高档的保养品也只能从皮肤外边进行保养，而要拥有更完美无瑕的肤质，从身体内部开始调养才是最根本的方法。

## 午睡给健康充电

如果把人体看作是一台机器，午睡就好比对这台机器进行一次维修，它能帮助各个部件很好地运行，起到调养身心、舒解压力、消除疲劳的作用。

### 午睡的好处

午睡对心脏健康十分有利，能舒缓心血管系统，降低人体紧张度。在午睡过程中，人体交感神经活性减弱，副交感神经活性增强，机体新陈代谢减慢，心肌耗氧量减少，心脏消耗和动脉压力减小，这可使与心脏有关的激素分泌更趋于平衡，降低心肌梗死等心脏病的发病率。

同时，午睡还可以养脑健脑，振奋精神。经过一上午的学习或工作，大脑处于疲劳状态，午睡不仅可以补偿夜间睡眠不足，还可使人的大脑及身体各个系统都得到放松与休息，使人精力充沛、反应敏捷、情绪良好，工作效率也会大大提高。

## 午睡应注意的问题

虽然午睡有许多益处，但也存在一些需要注意的问题。

午餐后立即午睡不健康。刚吃过午饭，大量的血液流向胃肠，胃肠蠕动加强，这时入睡极易引起大脑供血不足，睡醒后会更加疲劳。

午睡时间不宜过长。最长不要超过 1 小时，15～30 分钟最恰当。时间太短，无法达到休息的目的；时间太长，会进入深睡眠状态，大脑中枢神经会加深抑制，醒来后会感到轻微的头痛和全身无力。

防止午睡时受凉。不要在风口处午睡，因为入睡后肌肉松弛、毛细血管扩张、毛孔张大，易受风寒，轻者醒后身体不适，重者会受凉感冒。最好在办公室准备一条旅行毯，以保证午睡时身体不着凉。

午睡姿势要正确。趴在桌上午睡是很多人的选择，但其中的危害却鲜为人知：（1）趴着睡觉眼球容易受到压迫，醒来后通常会出现暂时性的视力模糊。如果长时间这样，会造成眼压过高，使视力受到损害，形成近视，也容易增加青光眼的发病率。（2）趴着睡觉会长期压迫手臂和脸部，影响正常血液循环和神经传导，使两臂、脸部发麻甚至感到酸痛。如果不加注意，时间长了会演变成局部性神经麻痹或使脸部变形。（3）趴着睡会使颈椎不正常弯曲，久之易患颈椎病。

午睡醒后不要马上剧烈运动。午睡后要慢慢站起来，适当活动一下，或用冷水洗洗脸，再喝上一杯水，以补充水分，稀释血液。

小贴士

午睡时把脑袋耷拉在椅背上是不正确的，这样极易造成头部血流量减少，最好在头后垫一些柔软的物品当枕头。

睡姿应取右侧卧位，这样可以减少对心脏的压力，促进胃排空，防止打鼾。

若坐位午睡，可将腿抬高放在椅子上，有利于腿及全身的血液循环，能够使下半身彻底放松，尤其是可以预防腿部静脉曲张的职业病。

## 拒绝熬夜

当今社会，随着竞争日益激烈，父母望子成龙的愿望越来越强烈，人们对教师的要求也越来越高，教师的工作也愈来愈繁重。

面对繁重的工作任务，许多教师会选择熬夜加班来弥补时间的不足。经常熬夜是一种非常不科学的生活习惯，长此以往会损害大家的健康。

## 长期熬夜所导致的危害

疲劳、精神萎靡：人体熬夜之后，最直接的危害就是次日疲劳和精神不振。长期熬夜则会慢慢出现失眠、健忘、易怒、焦虑不安等症状，从而严重影响工作和生活。

免疫力下降：经常熬夜的人，尤其是对于免疫力本身就比较弱的人来说，感冒等呼吸道疾病、胃肠感染等消化道疾病很容易找上门来。这主要是因为熬夜时人的正常生理周期发生紊乱，人体的正常免疫“应答”功能遭到破坏，因而抵抗力也随之下降。

头痛：熬夜后次日上班经常会出现头昏脑涨、注意力无法集中的情况，甚至会头痛；长期熬夜、失眠对记忆力也有损害。

黑眼圈、眼袋：夜晚是人体的生理休息时间，该休息而没有休息，就会造成眼睛周围的血液循环不良，从而引起黑眼圈、眼袋或是眼球布满血丝。

皮肤干燥、黑斑、青春痘：晚上 11 时到次日凌晨 3 时是美容时间，也就是人体的经脉运行到胆、肝的时段。这两个器官如果没有获得充分的休息，就会表现在皮肤上，容易出现皮肤粗糙、脸色偏黄、黑斑、青春痘等问题。

乳腺增生：熬夜加上工作压力大、精神紧张所致的睡眠不足，以及不良的饮食习惯等，会导致人体内分泌失调，是乳腺增生疾病高发的主要原因之一。

怎样降低熬夜对身体的伤害呢？

在某些特殊情况下，如果不得不熬夜，事先做些准备、事后做些补救是十分必要的。

保证晚餐的营养丰富：多补充一些含维生素C或含有胶原蛋白的食物，有利于皮肤恢复弹性和光泽。鱼类、豆类产品有补脑健脑功能。熬夜时要注意补水，可以喝枸杞大枣茶或菊花茶，既温补又有去火功效。

晚睡不“晚洗”：在22时到23时之间是皮肤吸收养分的好时机，在这段时间里，一定要进行一次皮肤清洁和保养。用温和的洁面用品清洁之后，涂抹一些保湿营养乳液，这样，皮肤在下一个阶段即使不能正常进入休息，也能正常得到养分与水分的补充。

定时动一动：最好每隔一小时休息5～10分钟，动一动，比如远眺、做眼保健操等，同时也可伸一下懒腰，活动一下四肢和脖子，借此放松疲劳的肌肉，改善血液循环。熬夜时大脑需氧量也会增大，应该让室内保持空气通畅和一定湿度，可以不时做个深呼吸。

补觉很重要：熬夜之后，最好的弥补措施当然是“把失去的睡眠补回来”，如果做不到，午睡也是十分有用的。此外，打打羽毛球、进行一些户外运动也有助于身体健康和精神愉快，有助于摆脱熬夜后的萎靡状态。

## 瑜伽助眠

对于广大教师而言，想要拥有优质的睡眠，瑜伽疗法是一种非常健康的方式。瑜伽注重身心平衡、精神愉悦、心境淡泊和宁静，可清心解压。

瑜伽是一种辅以体位、强调呼吸和冥想的运动，对神经系统（特别是脑部）会产生良好的放松效果。同时瑜伽的体位会增加血液对脑部的供应量，使睡眠进入正常状态。此外，瑜伽还可排除体内毒素，使身体循环顺畅，身心更为放松。

肌肉（包括四肢、躯干及内脏器官的肌肉）无法放松会导致睡眠不好，甚至失眠。因肌肉处于紧张状态，机体的交感神经就会兴奋，大脑和神经系统无法镇静下来，导致难以轻松入睡，从而影响睡眠质量。瑜伽体位中，有一些能专门释放肌肉张力的练习，使瑜伽练习过程更加轻松，从而保证睡眠的质量。

精神不放松也是睡眠不好的直接原因。即使身体躺在床上，如果大脑没有放松，没有舒适的环境让其安静下来，也难以进入良好的睡眠状态。瑜伽练习中对姿势、呼吸和注意力的修炼可以使大脑和身体平静下来，刺激副交感神经系统，起到镇静作用。

## 瑜伽助眠基本动作

在练习之前需要先做肌肉拉伸等热身运动和深呼吸。以下每个动作至少练习 5 分钟以上，初学者可适当自行调整练习时间。

动作一　冥想式

助眠功效：放松大脑皮层，进入安静的内心世界。

动作详解：

（1）坐姿：最简单的是散盘坐。双腿交叉，左脚压在右脚下方，右脚压在左腿下方。挺直脊背，收紧下巴。

（2）深吸一口气。呼气时先发出“O”的声音，然后合上嘴唇，发出“M”的声音，直到这口气彻底呼出，然后再吸气重复。反复进行。

（3）发出的声音要足以让自己的耳朵听到，注意力集中在语音上，体会它在大脑中的回音。

动作二　犁式

助眠功效：犁式能使体内的血液暂时回流，清理血液中沉积的杂质，促进全身的血液循环，保护脊柱，减轻背痛和腰痛，改善新陈代谢，缓解头疼。

动作详解：

（1）平躺于地面，双腿向前伸直，双足并拢，手臂放于身体两侧。

（2）吸气，手掌轻轻向下用力，抬起双腿离开地面。

（3）呼气，双腿继续上抬 90° 后，臀部和下背部离开地面。向头部方向放低双足，直到足尖触地。保持自然的呼吸。

### 动作三　倒立式

助眠功效：增加血红蛋白含量，恢复大脑和腹部器官的活力，促进血液循环，改善面部皮肤，同时按摩甲状腺和甲状旁腺，维护肾上腺的正常，增进性控制力。

动作详解：

（1）起步同犁式或在犁式基础上直接进行。

（2）将双腿向上伸直，背部离开地面，以肩部着地，保持自然呼吸。

小贴士

**瑜伽调理睡眠的注意事项**

1. 严重失眠者，可单独安排时间去指定的场所进行练习。

2. 选择环境清静、空气清新的瑜伽馆。

3. 练习瑜伽前，缓慢呼吸，调整坐姿，进行 15 分钟的冥想。

4. 练习瑜伽前，可做一些准备动作，这有助于肌肉放松。

5. 练习瑜伽时，切记不要吃太饱，不要带着满肚子食物和满腹心事练习。

6. 练习后可用热水泡脚，促进血液循环。

## 音乐催眠

罗曼·罗兰说："音乐不是一种单纯的消遣，它或是对于心灵的一种理智上的裨益，或是镇定灵魂的一种抚慰。"音乐也是一种天然的疗法，可使心灵得到缓释。音乐能消除教师工作的压力，改善身心状态，调节情绪，提高睡眠质量。

人类具有丰富的情绪和情感，除了喜、怒、忧、思、悲、恐、惊外，还有平静、轻松、愉悦、喜欢、爱慕、崇拜、嫉妒、敌意、孤独、空虚、渴望、依恋等，并因外界情况的变化，存在极其微妙、细腻和复杂的变化。

音乐可以准确而细致地描述人类情绪活动的微妙变化，能够直接、迅速、灵敏地作用于人的情绪活动。这是因为当人类感知音乐的变化时，会不由自主地直接产生相应的音乐情绪反应。专家们经过对大脑结构、睡眠特征与心理因素的研究，认为可以利用催眠音乐帮助人们进入深度睡眠状态。

## 选择最佳睡眠音乐

现代医学和传统医学等多学科的理论，创造出不同类型、多元化的音乐治疗方法。

莫扎特的音乐能使人获得平静和愉悦的情绪体验；Amethystium 乐队的音乐更接近自然；佛教音乐、轻音乐等等都可以放松神经，舒缓心情，帮助睡眠。

以下曲目是帮助睡眠的很好选择。

1.《故乡的原风景》
2.《the old road》
3.《爱的纪念》
4.《三国志 · 英雄的黎明》
5.《罗密欧与朱丽叶》
6.《月亮湖》
……

# 中药促眠

中药在我们的日常生活中并不陌生，如果使用得当，能调理身体，帮助睡眠。

那么具有帮助睡眠功效的中药有哪些呢？这里着重介绍最具助眠效果的几种中药和其使用疗法。被失眠困扰的教师可依照个人失眠类型，量身取用适配的中药进行调治，当然具体用量要听取医生的建议。

## 中医看失眠

中药多用于中医的诊疗，但到底哪些中药可应用于失眠症状，先要了解自己的实际状况，辩证分析，才能正确使用。

中医将失眠分为四种类型，失眠者可针对不同的类型选用不同的中药疗法。

### 第一种：肝郁化火型

症状表现：失眠、性情急躁易怒、不思饮食、口渴喜饮、目赤口苦、小便黄赤、大便秘结、舌质红、苔黄、脉弦而数。

适配中药：茯苓、柏子仁、合欢皮等。

### 第二种：阴虚火旺型

症状表现：心烦不寐、心悸不安、头晕、耳鸣、健忘、腰酸梦遗、身心烦热、口干津少、舌质红、脉滑数。

适配中药：茯苓、柏子仁、苦参等。

### 第三种：痰热内热型

症状表现：失眠头重、痰多胸闷、恶食暖气、吞酸恶心、心烦口苦、目眩、苔腻而黄，脉滑数。

适配中药：远志、合欢皮、绞股蓝等。

### 第四种：心脾两虚型

症状表现：多梦易醒、心悸健忘、头晕目眩、肢倦神疲、饮食无味、面色少华、舌质淡、苔薄、脉细弱。

适配中药：茯苓、首乌藤等。

## 八味助眠中药

### 助眠 1 号中药——茯苓

助眠功效：茯苓能养心安神，故可用于心神不安、心悸、失眠等症，与人参、远志、酸枣仁等搭配使用效果更佳。

助眠食谱：茯苓炖鲜鱼。

制作方法：10 克茯苓、一块生姜、一条鲜鱼，洗净切块。先放入姜和茯苓煮滚后再放入鱼块煮熟，加酒和盐调味。

夏天烦躁不安的时候，食用这道安神汤效果更佳。

助眠 2 号中药——柏子仁

助眠功效：养心安神、润肠通便。主要用于血不养心所引起的虚烦不眠等症。

助眠食谱：柏子仁茶汤。

制作方法：将 2～3 克柏子仁水煎即服。

睡前服用效果更佳。

助眠 3 号中药——远志

助眠功效：宁心宁神。主要用于心神不安、失眠健忘等症状。

助眠食谱：远志茶汤。

制作方法：将远志 3 克水煎。

睡前服用效果更佳。

助眠 4 号中药——合欢皮

助眠功效：安神解郁、活血消肿。主要用于心情不好而引起的虚烦不安、失眠健忘等症状。

助眠食谱：合欢皮茶汤。

制作方法：将合欢皮 10 克水煎即服。

睡前服用效果更佳。

助眠 5 号中药——首乌藤

助眠功效：养心安神。主要用于治疗失眠、多汗、血虚等症状。

助眠食谱：首乌藤茶汤。

制作方法：将首乌藤 9～15 克水煎。

晚上睡前服用。

### 助眠 6 号中药——灵芝

助眠功效：宁心安神、滋补强壮、增强人体免疫力。

助眠食谱：灵芝桂圆茶。

制作方法：将灵芝 3～5 克水煎即服。

加入桂圆一起水煎效果显著，因为桂圆补益心脾、养血安神。

### 助眠 7 号中药——人参

助眠功效：大补元气、补益脾肺、生津止渴、宁神益智。

助眠食谱：人参茶。

制作方法：将人参 3～5 克水煎即服。

经期忌服。加入当归一起水煎，对于女性还可起到补血调经的功效。

### 助眠 8 号中药——绞股蓝

助眠功效：清心安神、改善睡眠、提高免疫力功能。

助眠食谱：绞股蓝茶汤。

制作方法：将绞股蓝 3～5 克水煎即服。

经期忌服。

## 香熏安眠

香熏疗法（也称为芳香疗法），就是用植物精油采取熏蒸、沐浴、按摩等方法，通过调节人体中枢神经、血液循环、内分泌等系统而激发人体自身的治愈、平衡及再生能力，使身心恢复协调，消除不良情绪，减轻疲劳。

香熏能调节生理机能，舒缓精神压力；使人心情舒畅，心旷神怡，激发人体潜在生命力；提神醒脑、增强记忆力；安抚烦躁、舒解压力；缓解失眠、头痛，令人心情愉快。

实验证明，经常闻花香的人，情绪会受到良好的影响。这是因为花所散发出的香味是由数十种挥发性化合物组成，含有芳香族的酯类、醇类、醛类、酮类等物质。这些物质能调节人的神经系统，促进血液循环，让精力、思维和机体活力达到极高水平，充满能量。所以，香熏疗法可以帮助睡眠。

## 香熏助眠三法

1. 按摩法：精油要经过基底油稀释调和后才能使用，经过按摩很快就能渗入体内并被皮肤吸收。精油的使用量以“滴”计算，但各品牌的使用量有所不同。

2. 沐浴法：精油可用于泡澡或泡脚，但未经稀释的精油，有时会对某些材料的浴盆有损害。浸泡前先将精油搅匀，水温不能过热，否则精油会很快蒸发。全身放松浸泡大约 20 分钟即可。

3. 吸嗅法：可将 5～10 滴精油放入熏香陶灯，再加水熏蒸；也可以滴在面纸上吸嗅。

## 有助于睡眠的香熏

植物精油是植物的灵魂，它萃取自植物的花、叶、根、籽、皮、果、茎等部位。各种植物所能萃取出的精油量，根据植物的不同而有所差异，例如玫瑰花苞只含有极少可被萃取的部分，通常约 100 朵玫瑰花才能萃取出一滴玫瑰精油，可见其珍贵。

常见的能帮助睡眠的植物花朵和树脂香熏精油有如下几种：

1. 黑胡椒精油：从黑胡椒的果实中提炼而来，能舒缓焦虑、松弛神经。敏感皮肤不宜使用。

2. 肉桂精油：从肉桂的叶子中提炼而来，有抗菌、舒缓肠道感染、治疗风湿痛、收紧肌肤、除疣的功效；还能刺激性欲，舒缓疲劳，安抚沮丧。孕妇不宜使用。

3. 茉莉精油：从茉莉花中提炼而来。能帮助舒缓情绪，治疗痛经、喉炎、肌肉痉挛、性功能障碍；适合干性皮肤，有治疗敏感皮肤以及湿疹的功效。

4. 柠檬精油：从柠檬皮中提炼而来。可缓解紧张感，能帮助集中注意力，清醒大脑。有抗菌、治疗伤风感冒和胃气胀、减肥的功效，适合油性皮肤，有紧肤、使指甲坚硬的功效。避光储存。

5. 橘精油：从橘皮中提炼而来。是消化系统的补品，能帮助减肥，淡化妊娠纹、疤痕，还能提振精神，安抚焦虑。避光储存。

6. 玫瑰精油：从玫瑰花中提炼而来。能治疗痛经、冷感、失眠和咳嗽，能给皮肤补充水分，消炎，适合干性和敏感性皮肤；能缓解愤怒情绪，刺激性欲。

7. 茶树精油：从茶树叶子中提炼而来。抗菌，可治疗头虱，缓解呼吸道病症，防蚊虫叮咬。有净化功能，能使人心情放松。

小贴士

## 香熏安眠有禁忌

经常进行香熏疗法可使嗅觉更灵敏，改善肤质和睡眠，但一种精油使用2～3周后，最好换一换，以保持肌肤对精油的敏感度。另外，几种精油搭配使用比单一精油的效果好得多。此外，在使用的同时，还需要注意以下使用禁忌。

1. 孕妇以及患有高血压、癫痫或其他疾病的人在使用前要先咨询医生。

2. 不可内服，也要避免使用在眼睛四周。

3. 纯精油（100%浓度的精油）最好不要直接涂抹在皮肤上，以免刺激皮肤或引起过敏，一定要稀释后再使用。

4. 不适合低血压患者。

5. 保存在阴凉处，并尽量在开封六个月内用完，尤其是柠檬精油，因挥发快，最好在三个月内用完。

6. 因热空气往上升，使用时请将熏香台放置较低处。

7. 香熏时间不宜太长，长时间吸入过浓的香味不利于身心健康。

## 自我催眠

当您在床上辗转反侧难以入眠时，是否曾数过绵羊呢？其实，数绵羊就是一种心理暗示的催眠法。只不过，英文“sheep”是因为和“sleep”发音相近才有心理暗示催眠的作用，我们中文里“绵羊”和“睡觉”八竿子打不着，也就无怪乎很多人数了成千上万头羊，直到东方发白，却越数越精神了。如果您有心尝试，倒不如数“水饺”（睡觉），也许一锅水饺还没数完，就已经睡着了。

催眠术是一种独特的心理治疗技术，它的确能治疗一些心理疾患，使焦虑、忧郁的情绪转瞬即逝。催眠是催眠师运用心理学手段，使受术者在头脑中唤起的一种特殊意境，这种意境能使受术者的心理对生理的控制力量发挥到最高水平。可以减轻心理压力，消除心身疲惫，矫正不良习惯，帮助睡眠。

### 五分钟自我催眠法

自我催眠法是通过自我暗示把意念集中指向某一目的的方

法。用于自我催眠的方法种类很多，如印度的“瑜伽修行法”、佛教的“坐禅观法”、西欧的“渐进松弛法”、我国的“内养气功法”等等，这些都是通过自我暗示达到催眠效果的方法。

您可以躺在床上，全身放松，调整呼吸，用鼻吸气，用嘴呼气。想象从鼻子吸入的气进入丹田，下沉于双下肢，并在体内循环一周后从头上百会穴慢慢涌出，在身体周围形成一个很大的气圈，这个气圈就像是在水里扔了一块石头似的，一圈比一圈大，一圈比一圈大，您这样想着，就能够很快睡着。

自我催眠法的步骤大体如下，具体的自我催眠指令可依催眠目的灵活拟定。

1. 去掉或松开紧束身体的东西（如发卡、领扣、腰带、护膝、护踝、鞋带等）。

2. 以最舒服的姿势(以不妨碍呼吸和各部位肌肉放松为前提）躺好或坐好。

3. 微闭双眼，很自然地做几次深呼吸，呼吸时体验胸部和心脏的节奏。每次深呼吸后要体验一会儿，感到轻松、舒适后再做下一次。

4. 放松两脚、双腿、臀部、胸部、双手、双臂、双肩、颈部、头部和面部肌肉。放松某部位肌肉时，先把注意力集中到该部位，先使该处肌肉收缩，再默念该部位肌肉“放松、再放松”，然后体验一会儿该部位放松、舒适的感觉。待体验到这种感觉后，接着收缩、放松下一部位的肌肉。

5. 输入自我催眠和醒复指令：

“周身肌肉已经放松，非常舒适，身体轻轻下沉，下沉……”（体验这种舒适和不想睁眼的感觉）

“我的眼睛越闭越舒适，不想睁开，不想睁开……”（体验眼睛舒适和不想睁开的感觉）

“我就要睡着了，就要睡着了，会睡得很踏实、很解乏，×点×分（具体时间自己拟定）准时醒来，醒来后身体轻松、头脑清晰、心情愉快……”

“从一数到五，我飘然进入催眠状态，×点×分愉快醒来，一、二、三、四、五……”

然后，请想象自己躺在一片柔软的草地上，天上是温暖和煦的阳光，照在身上特别温暖。春风轻轻地吹着，像是母亲的手在抚摸着自己，躺在妈妈的身边，享受母爱，人生最大的幸福莫过于此。您这样想着，就会渐渐进入梦乡。

或者想象自己躺在湖面上的一只小船里，温暖的阳光照在身上，暖洋洋的。波涛轻轻地推动着小船，就像是儿时母亲晃动着的摇篮，慢慢地您就会睡着了。

在应用上述自我催眠时，要注意练习以前要排大小便，同时，练习时一定要排除杂念才会有效，如果胡思乱想，则很难入睡。

# 8 教师的运动保健

中国有句古话，叫“流水不腐，户枢不蠹”。这尽管说的是自然界中的一个现象，却揭示了一个真理——用进废退。对于健康而言，说“运动是金”也未尝不可。

生命在于运动！按中医理论，运动可使全身气机通达，血脉流通，才能不生病或少生病。按西医的观点，脏器在运动时变得强健，肌肉在运动中变得发达有力，骨骼在运动中变得坚韧和结实。所以说，最好的保健秘方，不是灵丹妙药，而是运动。

## 健康运动知多少

提及运动，我们每个人都不陌生，但真要论及运动与健康之间的关系，却不是容易的事。

### 有氧运动与无氧运动

对于运动，首要的是分清有氧运动和无氧运动。

有氧运动属于耐久性运动项目，在整个运动过程中，人体吸入的氧气大体与机体所需相等。其运动特点是强度较低、有节奏、不中断、持续时间长，并且方便易行，容易坚持。这一运动包括步行、慢跑、骑车、打网球等等。韵律健美操以及在跑步机、登山机、划船器、滑雪机等器械上的运动也都属有氧运动。

无氧运动属于力量性的运动项目，在整个运动过程中，人体吸入的氧气少于机体所需要的氧气，运动强度较高，持续时间短，爆发力强。这类运动包括举重、拳击、短跑以及田径项目中的竞技运动。

我们日常进行的运动中，有很大一部分既不属于有氧运动，也不属于无氧运动，而是两者兼而有之，如足球、篮球、排球、体操、中距离跑、游泳及摔跤等，这些运动是耐力和力量的综合体现。

我们日常健身，选择有氧运动效果会好一些，不过最好是把有氧运动和无氧运动结合起来进行。

## 锻炼得法

在锻炼之前，应先做准备活动。如做伸展运动，要先缓慢地开始，不能太激烈，以免身体突然抽搐或肌肉拉伤。

运动必须循序渐进。在锻炼初期，不能太频繁，时间不能太长，强度不能太大。每周的运动量、运动时间和距离的增加幅度不要超过 10%，每次的锻炼量、时间和距离的增加幅度也不要超过 10%。力量练习（如举哑铃等）每周可安排 2～3 次，有氧练习（如步行、慢跑等）每周可安排 3～5 次，每次 20～60 分钟。这两种练习可以在同一天进行，也可以每天只练一种。为使肌肉得到休息，不要连续两天进行力量练习。

在运动时，姿势应尽量做到自然、正确。如散步时应挺胸抬头，迈开大步。上肢应随步行的节奏有力地前后交替摆动，走的线路要直，不要左弯右拐。在散步中，不要想过于复杂的问题，要做到全身放松。穿低跟或平底鞋，步子应平稳轻松。

## 活动适量

其实不需要太大的运动量就能达到十分明显的健身效果，如我们每天坚持30～60分钟的散步，身体状况将大大改善。如果每天坚持1小时的步行，那么每周可通过体力活动消耗掉2000卡路里的热量。

在运动时，运动量必须严格控制，锻炼应适度，绝不可超量。即使体质较好者，也不可超量。因为运动过度，不仅有损健康，而且还会出现运动过度综合征，如表现为易发怒、好斗、颤抖、神经质和情绪不好等，对健身活动产生非常强的依赖性，甚至于一天不进行锻炼就会感到不舒服。同时，不适当的剧烈运动可使唾液里的分泌型免疫球蛋白A（$SI_gA$）的含量下降，呼吸道黏膜的免疫功能也大幅度下降，从而易患感冒。

此外，过分激烈的运动会产生许多对身体组织和细胞破坏性很大的氧自由基，这也是引起细胞衰老和致畸的一个重要原因。而且剧烈运动会使心跳加快、血压升高，使在运动中心脏病发作的危险性大大增加。美国哈佛大学的一项研究表明：如果一个平时很少运动的人，突然去做过分剧烈的运动，如快速跑步赶火车、汽车、飞机，搬重物上高楼等，这种突然间的过强运动会使心脏病发作的危险性较正常人增大6～100倍。

所以，在运动锻炼时，最好将有氧运动和无氧运动结合起来，根据个人体质选择适当的运动项目和运动量。

小贴士

## 运动前后宜忌

运动可增强体质，也能预防许多疾病，但是，运动前后也要注意正确的方式，才能为身体健康加分。

运动前：

1. 不要进食过饱。通常我们都知道，运动可以加快身体的血液循环，相应的，消化系统的血液循环也会加强，使胃肠蠕动增加，但如果运动前饱食，会加重胃肠负担，导致胃肠痉挛、消化不良。

2. 可适当补充水分，减少出汗过多造成的不适，补水通常选择在运动前两小时，且不宜过多，以免加重胃肠负担。

3. 运动前要热身，也就是常说的准备活动。一般可以甩动胳膊、转转腰、抖抖腿等，促进血液的回流，使肌肉主动放松，避免运动时肌肉拉伤。

运动后：

1. 不宜蹲坐休息。运动后若立即蹲坐下来休息，会阻碍下肢血液回流，影响血液循环，加重机体疲劳。该情况多见于那些运动量比较大的活动，如长跑。正确的做法是在每次运动结束后，多做一些放松、整理活动，如慢行等。

2. 不宜吃冷饮。运动后人体消化系统仍处于抑制状态，贪吃大量冷饮，极易引起胃肠痉挛、腹泻、呕吐，诱发胃肠道疾病。

3. 不宜立即吃饭。在运动时，全身的血液进行重新分配，使得胃肠道的蠕动减弱，各种消化腺的分泌也大为减少，若在运动后不经休息立即吃饭，很容易引起人体消化系统的紊乱和功能失调。

4. 不宜吸烟。运动时人的呼吸加速，机体要保证足够的氧气摄入量。如果运动后立即吸烟，将会使肺内含氧量减少，出现胸闷、气喘、呼吸困难、头昏、乏力等现象。

5. 不宜骤降体温。如果室外温度较高，运动后会感到燥热难耐，倘若此时立即走进空调房间或风口纳凉休息，人体难以适应，易得感冒、腹泻、哮喘、风寒痹痛等疾病。

6. 不宜在大汗淋漓时洗冷水浴或游泳。运动后大汗淋漓时，体表毛细血管扩张，体内热量大量散发。此时若遇冷水则易导致毛细血管骤然收缩，使身体的抵抗力降低，从而引起疾病。

7. 不宜马上洗热水澡。运动后，体内大量血液分布在四肢及体表，若此时马上洗热水澡，就会增加体表的血流量，引起心脏、大脑供血不足，有发生心脑血管意外的危险。

8. 整理活动不可少。每次运动后应适当地放松，如做徒手操、步行、放松按摩等，这样有助于消除肌肉的疲劳，快速恢复体力。

9. 盐水不可少。如果运动超过 1 小时，且出汗较多，那么就应该喝些淡盐水，每升水里加 0.11～0.15 克盐，并将水温控制在 15℃～22℃，防止脱水。剧烈运动后出汗较多，要喝电解质饮料，即含有钠、钾、氯、镁、钙、磷等矿物质的饮料，防止出现肌肉痉挛等不适。还可以在白开水中加些糖，保持一定的血糖浓度，延缓疲劳发生。

另外，女性经期应尽量减少运动量，缩短锻炼的时间，放慢速度，避免参加剧烈和震动过大的运动，如跳高、跳远、赛跑和踢足球等，也不宜进行俯卧撑、哑铃等增加腹压的力量性锻炼，以免经期流血过多或子宫位置改变。

## 运动自疗法

除了运动健身，还有运动疗法，也即针对性的运动锻炼。运动疗法与体育运动有着本质的区别。运动疗法是以治疗疾病为目的，而体育运动则是以竞赛为目的。剧烈的运动不是对所有的人都适合，所以绝不能简单地将运动疗法与体育运动混为一谈。

我们在这里所讲述的运动自疗法，是一种狭义的运动疗法。它仅指自我进行体力活动以治疗疾病，主要是全力活动，包括散步、跑步、爬楼梯、游泳、骑自行车、打太极拳、练气功以及从事力所能及的家务劳动等等。而康复医学中的体疗（体育疗法）和健美锻炼等则不包括在内。

运动疗法的适应症是多方面的，特别适用于非传染慢性病的治疗。例如高血压、冠心病、糖尿病、癌症、呼吸道疾病、骨质疏松症、消化道疾病、痔疮、腰腿痛等等，都可以根据病情、体质状况，选择适宜的运动方法和运动量进行锻炼，从而达到治疗疾病的目的。

## 运动疗法的作用

运动疗法，有利于身心健康，能够起到祛病强身的作用，这主要是通过对机体产生以下作用而达到的：

### 1. 锻炼肌力、活动筋骨

散步、跑步、弹跳等活动，能锻炼肌力、消除疲劳、增强体力。此外，还能够通经活络、健脑提神等。关节连接处通过运动会产生黏液，使关节活动灵活。

### 2. 增强心力

运动可使心肌加强收缩，心跳加快，这锻炼了心脏，增强了心力。人在进行跑步锻炼时，在跑步开始的 5 分钟内，是心脏为了适应机体的运动而进行调整的适应期。持续跑步 5 分钟后，心脏已经适应，心搏有力、泵血均匀。因此，为了锻炼身体，每次跑步的时间应大于 5 分钟，否则不能提高心肺功能。美国体育医疗专家们指出，如果在进行体育锻炼时感到胸部紧张或窒息，那就有患心脏病的危险，要密切注意。

3. 增进代谢、提高免疫力

运动通过增强血液循环功能、促进血液流通、兴奋神经系统、提高氧的消耗等来增强人体的代谢功能。由于人体免疫细胞的数量随着活动量的增加而增加，而久坐会妨碍免疫细胞的生成，因此，经常进行适量的运动能提高机体的免疫功能。

4. 促进血液循环

运动不仅能促进全身血液流通，还能使进入大脑的血液量增加。例如弹跳运动对骨骼、肌肉、肺和血液循环系统都能起到良好的作用，对免疫系统的重要部分——淋巴系统也能起到良好的作用，人在做弹跳运动时，可使机体的淋巴液流动加快，其速度可增加 3～15 倍。

5. 减少脂肪

运动可以消耗人体的热量，1 小时中速（4.8 千米 / 小时）步行，需要消耗 300～360 卡热量，而每消耗 3500 卡热量，就可以减轻体重 0.4 千克，比单纯限制饮食减肥效果显著。跑步也可以消耗人体内的脂肪，但是，人跑步在 20 分钟以内，主要是消耗体内的肌糖原和肝糖原，而不是消耗脂肪。当跑步超过 20 分钟，糖原被耗尽，这时才会消耗体内的脂肪。因此，为了减肥健美而进行跑步锻炼，每次跑步应在半小时以上，并掌握适合于自己的速度，以能保持呼吸均匀为宜。

6. 有利消化

适宜的运动和合适的运动量，能够促进胃肠道运动，增强胃肠道的功能，有利于消化，可防治消化不良和胃肠道慢性疾病。

但是，不适宜的运动或过度的运动，则有碍于消化，甚至会损伤胃肠道功能。

## 少开一天车，健康又环保

某高校的一位教师在私家车的后备箱里放了一辆折叠自行车，每周一、三、五开车上班，下班了骑自行车绕学校三圈，再开车回去。很多人不理解，但他实际是在用这个办法治疗他的某些疾病，比如脂肪肝和颈椎病。他之前尝试过每天爬楼半小时、临睡前慢跑或快走半小时、每周放两次风筝、打羽毛球等，但统统坚持不了，最终采取了开车又骑车这个法子。

随着生活水平的提高，开车上下班的教师们越来越多。“出门开车，进门坐沙发”，已经成为了很多人的写照。我们在享受汽车带来的方便和快捷、舒适与惬意的同时，也遇到了长期开车带来的许多健康问题。国内一项对 11000 名汽车驾驶者健康状况的调查结果显示，约有 85% 的驾驶者患有三种或三种以上的疾患，这些疾患主要包括肩周炎、颈椎病、腰椎间盘突出、前列腺增生、体型肥胖等。

## 长期开车问题多

教师们长时间站立工作，平常的活动量已经比较少；长期开车，久坐，运动少，更容易引发一系列健康问题，比如会慢慢引发肩颈酸痛、肩颈僵硬、两腿胀麻、脊柱变形、驼背等等症状。我们不应该等到身体发出“酸痛”、“变形”的信号时，才去重视健康。

1. 颈、肩、腰痛。驾车时由于身体长时间处于呆板僵硬的状态，造成血液循环不畅，颈肩部与腰部肌肉长时间紧张，便会出现疼痛；颈部肌肉甚至会发生痉挛；手也会出现发麻、发凉或发胀等现象。这对于很多已经罹患颈椎病或颈椎不适的老师无异于雪上加霜，甚至会引发颈椎错位。

对于此种情况，应尽可能避免长时间驾车。或者在连续驾驶两小时后下车放松一下，做10分钟保健操来活动颈部：轻轻向左、右转头各45°，向前低头至极限，向后扬头45°。

也可活动一下腰部：两腿分开差不多与肩同宽，两手叉腰，左右转腰部大约45°；之后身体前屈、后伸，最好再适量做几个俯卧撑。

2. 眼睛疲劳。连续驾车一段时间后会感觉眼睛酸痛。这是因为眼睛时刻都要注视路面的车辆和行人的情况，容易出现头晕、视物模糊、两眼胀痛等症状，导致视力疲劳综合征的产生。

对于此种情况，最好相隔一段时间把车停在安全地带闭目养养神，也应选择质量好的太阳镜或偏光镜来保护眼睛。

3. 肥胖。很多教师长期以车代步，逐渐胖了起来，腰部长起了“救生圈”。

对于此种情况，每天应保证半个小时的步行时间，外出路途不远时以步代车。

4. 常开空调，头晕呕吐。夏季天气炎热，行车时开空调，不开车窗，车内空气流动不畅，时间长了便会使人头晕、恶心，有时还会引起呕吐。

对于此种情况，建议行车过程中每隔一段时间把车窗开启 5 分钟，让空气流通一下。

5. 超速行驶，心脏受损。有人喜欢开快车，这非常危险，还容易诱发冠心病。由于驾车者注意力高度集中，长时间处于紧张状态，血液循环缓慢，容易引起心脏问题。年轻人长时间开快车会过早引发冠心病、心绞痛、心肌梗死等疾病。

因此，即使在高速公路上行车，也不可超速行驶，可抓住停车小段空闲做放松活动。

6. 噪音性耳聋。机动车发动机运转、汽车喇叭、所载物体的震动等，可产生不同强度的噪声。司机长期在噪声的“轰击”下，易导致噪音性耳聋。

对于此种情况，建议行车过程中每隔一段时间下车休息几分钟。

## 堵车时，小动作解决大问题

对于开车的教师一族，行进途中难免会遇到堵车的困扰：排在一眼望不到头的车河末尾，漫长的等待让人越来越心烦气躁。经常开车，神经高度紧张，颈部容易僵硬，后背时常酸痛，两条腿偶尔会出现水肿现象，头部缺氧造成哈欠不断……其实，只要抓紧堵车的那几分钟，活动活动身体，小动作一样可以解决大问题。

1. 摩擦：把两手的手指互相交叠，放在颈部后方，来回摩擦颈部数十次，令颈部的皮肤发热后，会有很放松的舒适感觉。

2. 摇晃：将头部按前、左、后、右顺序摇晃，再按相反方向摇晃，各做 8 次。

3. 耸肩：头保持正直，两臂垂直于体侧，然后两肩同时尽量向上耸起（注意，不是缩颈），让颈肩有胀热感。两肩耸起后，停 2 秒钟，再将两肩用力下沉。

如果堵车时间较长的话，那么就立即行动起来，与您的爱车一起做个伸展运动吧。

可以借助车身，练习俯卧撑、下蹲运动来增强手臂和腿部的肌肉力量，或是围绕车身做小跳运动等。

这样伸展可以缓解肌肉紧张程度，降低肌肉受伤概率，减轻精神疲劳感，提高人体柔韧性，增加关节活动幅度，舒络筋骨，提高运动能力。要注意的是，伸展过程中应避免弹振性拉伸，否则容易造成肌肉收紧，增加肌肉痉挛、痛楚和不适。正确的方法是保持静止的拉伸，不要硬把肌肉拉伸到痛的地步，造成不必要的疼痛甚至受伤。同时，呼吸的配合也非常重要。呼吸应该缓慢，有节奏，不要闭气。

少开一天车，花点时间走走路，骑骑自行车，赶赶公交车，不仅有益于健康，也为城市环境做一点点小小的贡献。如此，则城市更阳光，呼吸更顺畅。

## 骑车上下班

我国一直就是自行车王国，以前在大中城市上班和下班的时候，街上的自行车就像潮水一样。车流中，清脆的车铃声响个不停，就像一曲快乐的交响乐。骑车的人们急匆匆地蹬车赶路，他们动作灵活自如，自行车好像是他们身体的一部分。

当越来越多的中国人开始丢开自行车，开车上下班的时候，在德国，却涌现出越来越多的骑车上班族。德国交通部不惜重金，每年花费 2 亿欧元投入到自行车道的建设，使德国境内逐渐形成密集的自行车道网。据调查，在德国每 1000 名居民中就有 814 辆自行车，其中 38% 的人骑车上班，因为他们觉得骑自行车不仅简捷、方便、安全，而且还是锻炼身体的好方法。

对于空余时间有限、用脑和动手较多而下肢锻炼较少的教师们来说，骑自行车锻炼不限时间、不限速度，而且还能协调全身。由于自行车运动的特殊要求，手臂和躯干多为静力性的运动，两腿多为动力性的运动，在血液重新分配时，下肢的血液供给量较多，心率的变化也依据踏蹬动作的速度和地势的起伏而不同。身体内部急需补充养料和排出废料，所以心跳速率往往比平时增加 2～3 倍。如此反复练习，就能使心肌发达，心肌收缩有力，血管壁的弹性增强，从而使肺通气量增大，肺活量增加，肺的呼吸功能提高。其强化心脏功能、防止高血压的功效有时比药物更有效。骑自行车还能压缩血管，使得血液循环加速，大脑可获得更多的氧气。

此外，自行车还是教师们良好的减肥工具。据统计，75 公斤重的人，如果以 1.6 千米每小时的速度骑行约 120 千米时，可减少 0.5 公斤体重。

## 骑车虽好，也有讲究

1. 要经常检修自行车，如检查车闸、车铃是否灵敏，保持车况良好。

2. 雨雪天气，道路泥泞湿滑，不要猛捏车闸，不急拐弯，骑车要更加集中精力。

3. 在道路上行走，要走非机动车道；没有非机动车道的道路，要靠路边行走。

4. 如果没有医生的建议，患有某些疾病的人不适合进行自行车运动，如高血压、冠心病、疝气、脑震荡后遗症和癫痫病。

5. 长时间骑车锻炼，不要选择市区马路作为锻炼地点，因为汽车尾气及尘土对运动中的人危害极大，被动吸入的废气可能引发肺部疾病。

6. 处于生理周期中的女性，因为身体抵抗力较弱，所以不适合在日晒强的夏日从事这项运动。

7. 如果把骑车当做运动来做，相关的保护器具一定要配全，比如头盔、护膝等，以防止行车中发生扭伤、挫伤等。

8. 要选择合适的车座，减少对男性会阴部持续压迫，减少前列腺疾病的发生。

## 快乐步行

俗话说，“百练不如一走”。教师可能没有时间步行上班，但可以考虑步行下班。如果家离学校较远，不能全程步行，不妨选择提前下车，尽可能多地步行走完剩余路程。

其实，步行是世界卫生组织公认的最佳运动和减肥方式。步行能够增强心肺功能、改善血液循环、加快胃肠的消化，促进营养物质的吸收，增强下一餐前的食欲。实践证明，长期步行上下班的人心血管疾病、血栓、其他慢性疾病的发病率都明显低于乘车上下班的人。步行可能会多花一些时间，但想想血压血糖降下去了，腰围减下去了，也是值得的。

对于广大教师而言，步行时伴以昂首远望的姿势，可以有助于调整长期伏案的体型，防治颈椎疾病的发生。另外，保持抬头挺胸，双臂摆动，还可以缓解肩颈酸痛。

## 掌握科学步行方法

### 1. 特定人群的步行须知

一般而言，广大教师可以根据工作、生活情况，选择合适的时间步行，但对于已患有心血管疾病的中老年教师，清晨时和空腹的状态下是不适合步行健身的；肺部有疾病的人，也不适宜在潮湿多雾的天气外出步行。

此外，在饱餐、饮酒过多的状态下，以及寒冬和酷暑的时候也不宜步行。

### 2. 步行姿势和要点

第一，走路时要有正确的姿势，头要摆正，眼睛要平视前方，身体自然伸直，挺胸收腹。

第二，步行的时候身体应该重心稍稍前移，手臂和腿部协调配合，步伐自然，步幅适中，要有节奏感。

第三，在行走的过程中，脚掌与地面接触的时候要有“脚趾内收”的动作，这样有助于促进脚和腿部的微循环。

第四，呼吸需要很好地配合步行，尽可能的呼气时用力，吸气时自然，两者协调配合才能减少长距离走路过程中的疲劳感。

另外，在步行的过程中，可以根据路况的变化来改变运动的强度，比如在坡路步行对锻炼腰、腿部很有效，在沙地上步行能很好地锻炼下肢的力量。

## 步行虽好，因人而异

散步是日常生活中最简单易行的健身运动，运动量不大，不受年龄、体质、性别、场地等条件的限制，效果却显而易见。俗话说“饭后百步走，能活九十九”，足以说明散步在保健中的地位。当然，散步也要根据每个人的情况量力而行。

曾有科学家把步行锻炼划分为 5 类：

很慢速走：每分钟走 60～70 步，每小时 2.5～3 千米。

慢速走：每分钟走 70～90 步，每小时 3～4 千米；

中速走：每分钟走 90～120 步，每小时 4～5 千米；

快速走：每分钟走 120～140 步，每小时 5.5～6 千米；

很快速走：每分钟 140 步以上。

不同的体质应该采取不同的方式散步，因地制宜，因人而异，才能够有作用。

背向散步（两手背放于肾俞穴处，缓步倒退50步后再向前行100步，反复5～10次），适合于健康的老人；普通散步（每分钟60～90步，每次20～40分钟），适合于患冠心病、高血压、脑中风后遗症或呼吸系统疾病、重型关节炎的老年患者；中速散步（每分钟90～120步，每次30～60分钟），适合于患有慢性关节炎、胃肠道疾病和高血压恢复期的患者；摆臂散步（两臂用力前后摆动），可增强肩关节、肘关节、胸廓等部位的活动，每分钟行走60～90步，适合于患有胃炎及上下肢关节炎、慢性气管炎、肺气肿等的患者。

## 爬楼梯好处多

如今，楼房越来越高，我们爬楼梯都成了一件奢侈的事情。一则没那个时间，另外体力也似乎越来越差了，爬了几步楼梯就开始气喘吁吁、满脸通红。很多人不明白为什么年轻时甚至只是几年前自己上楼下楼气都不喘一下，现在怎么越来越不中用了？

究其原因，除了年龄渐长体质下降外，最主要的还是我们的运动量越来越小，体力跟不上了。所以教师们，在紧张工作的同时，见缝插针爬爬楼梯吧，能出汗健身，既简便又节约时间。

爬楼梯能增加肺活量，加速血液循环，增强心肺功能，同时增强肌肉力量，特别是加强双腿力量，改善关节功能，保持关节灵活性，还可以消耗能量，增强机体消化功能，防止便秘，更有利于睡眠，避免焦虑。

爬楼梯锻炼，要结合自己的实际情况，如果在爬楼过程中出现不适，应立即停止。开始时，应采取慢速，坚持一段时间之后，可以逐步加快速度或延长时间，但是不能过于剧烈，否则会增加心肺负担。下楼时，为了避免膝关节承受的压力突然增大，应前脚掌先着地，再过渡到全脚掌着地，以缓冲膝关节的压力。爬楼梯后可对膝关节进行按摩，平时可以常做下蹲、起立及半蹲等练习，使膝关节得到充分的运动，防止其僵硬强直。

## 教师练腿小妙招

不少教师自打有私家车后就整天“车来车往”，在办公楼也是乘电梯上下，每天走不了几步路，这样就出现腿部缺乏锻炼的情况，那么怎样防治这种现象呢，这里推荐几种徒手保健腿足的妙招。

按摩法：双手抱紧一侧大腿根，用力从大腿根向下按摩，一直到足踝。然后，再从足踝往回按摩到大腿根。换腿，重复5遍。此法可使关节灵活，腿肌与步行能力增强；可预防下肢静脉曲张、下肢水肿和肌肉萎缩等。

甩腿法：上身正直，一手扶墙，先向前甩动小腿，使脚尖向前向上翘起，然后向后甩动，将脚尖用力向后，脚面绷直，腿亦伸直。换腿，重复 10 次。此法可预防小腿抽筋、下肢萎缩、软弱无力或麻痛等。

扭膝法：两足平行靠拢，屈膝微向下蹲，双手放在膝盖上，膝部前后左右呈圆圈转动。先向左转，后向右转，各 30 次。可治下肢乏力、膝关节疼痛。

揉腿肚：以两手掌夹紧小腿肚，旋转揉动，每次揉动 20 次。此法能避免小腿长粗，疏通血脉。

扳足趾：坐直，两腿伸直，低头，身体向前弯，以两手扳两脚足趾各 30 次。能锻炼腰腿，增强脚力，防止足部抽筋、软弱乏力。

搓脚心：将双手掌搓热，然后搓脚心 100 次。可防治高血压、眩晕、耳鸣、失眠等病症。

## 公交、地铁健身

除了部分驾车、骑车和步行上下班的教师，还有不少教师靠挤公车、地铁来上下班。

每天要当几个小时的“沙丁鱼”，尤其是太堵、太挤时，不少人会抱怨。其实趁着在拥挤、漫长的公交车上的一段时间，我们完全可以做一些对自己身心有益、又令人难以觉察到的小运动。

## 搭车的“运动锻炼法”

下面是一整套常见的挤车一族的锻炼动作，虽然有些辛苦，但很真实很实用。

“挤”：公交车一般都是前门刷卡，后门下车。上车后，必须从前门走到后门，在人多的情况下，这就需要左旋右转地从人群中挤过去，一步一步见缝插“脚”地挤过去，这需要费一些技巧和力气，可锻炼身体的灵活性。

单手吊：因为您手里可能要拿东西，所以您只能用一只手拉着上面的吊环扶手，或者是横梁扶手，可乘机锻炼您的肢体。

抓：如果您运气好，可以站到一个有水平扶手的地方，这里您要双手紧抓扶手，才能够保持平衡，特别是当车辆拐弯时，得相当用力才行。

拉：这个动作一搬是在急刹车时使用，这里您得用力拉扶手，才能抵得住压在您身上的力量，否则就会和大家一起摔倒。

站桩：这可能是最辛苦的动作了，因为您没有扶手可扶。这时，您必须双脚努力地抓地，时刻调整姿势以应对车辆的晃动，这项站桩的动作可以确保您增强下肢力量。

## 等车不无聊

几乎所有人都感受过等公交车或地铁的漫长时光，或伸长脖子望着，或傻乎乎地站着。其实，您完全可以将等车的时间也充分利用起来。可别小看了这几分钟，您可以悄悄地做一些运动，比如原地跳、暗地里收腹，在打发时间的同时也起到了锻炼的作用。

举臂运动：很多女性外出时都会带包，在不妨碍别人的情况下，就可以把它当成“微型运动器械”来锻炼手臂肌肉。两手拿包，抬头挺胸，一边呼气，一边将手肘尽可能抬高，每次做 5 遍，重复 2～3 组。

收腹运动：将注意力集中在腹部，吸气收腹，默数到 5 再慢慢呼气并放松腹肌，再吸气收腹。1 分钟重复做 15～20 次，直到腹部有微微的涨感为止。此运动可以有效锻炼腹部肌肉。

金鸡独立：单足站立，提腿要低，动作要小，换腿要频，10 秒更换一次，重复做 12 次。此运动可使上臀部肌肉及腹部肌得到有效锻炼。

握拳运动：用力握拳再张开，使整个手臂肌肉部有紧张感。1 分钟内重复做 30～40 次。此动作可美化手臂线条，使手臂更加紧致光润。

# 办公室放松操

“海阔凭鱼跃，天高任鸟飞”，有室外空间当然更便于大家运动、锻炼。可教师一族，平时主要活动范围大多在室内，难道室内就不能运动锻炼了吗?

有办法的人，自然会“螺蛳壳里做道场”，何况我们还有那么大一间办公室呢?以下这些简单易学的放松操，动作幅度不大，有些甚至坐在椅子上就能完成，是极好的运动。

## 从头到脚的放松操

### 1. 眼部神经的放松练习

眉头肌肉向前额皱起，让额部紧张起来，坚持 5 秒，然后恢复；

皱眉，使两眼间的肌肉紧张，坚持 5 秒，然后恢复；

紧闭双眼，使眼睑一带的肌肉紧张，坚持 5 秒，然后恢复；

头不动，眼睛向左看，使眼睛右侧的肌肉紧张，坚持 1 秒，然后换个方向，使眼睛左侧的肌肉紧张，再坚持 1 秒，恢复原状；

头不动，眼睛尽量向上看，使眼球向上转动，出现眼睛下部肌肉紧张之后，坚持1秒，然后再换个方向，向下看，使眼睛上部肌肉紧张，再坚持1秒，恢复；

转动眼球，产生眼球周围的松紧感觉，左右交替各做3次，.中间间隔2秒，然后恢复。

2. 嘴部神经的放松练习

紧闭嘴唇，咬牙，坚持5秒，从下巴到太阳穴都会有肌肉紧张的感觉，然后恢复；

用力张大嘴巴，坚持5秒，这时候耳前和喉头都会有肌肉紧张的感觉，然后恢复；

咬紧牙齿，慢慢张开嘴唇，坚持5秒，牙根会感觉肌肉紧张，然后恢复；

用力收缩嘴唇和牙齿，坚持5秒，舌和颚都感觉到紧张的时候，即慢慢恢复；

舌头分别用力顶上颚，顶前齿，坚持5秒，直到舌、喉肌肉出现紧张的感觉为止，然后用力缩回舌头，坚持5秒，再恢复；

数数，从1数到10，声音由大慢慢变小，每数一数，尽量去体会舌、喉、颚甚至胸腹肌肉的紧张，然后用想象来补充发音，最后感觉全身肌肉随着发声的完毕而达到完全地放松。

3. 颈部神经的放松练习

双肩耸起，颈部肌肉向下收缩，坚持5秒，然后沉下双肩，体会颈部肌肉紧张和放松的感觉；

向左侧转动头，使后颈肌肉拉紧，坚持5秒，然后向右侧转动头部，再次拉紧后颈肌肉，坚持 5 秒，恢复；

下巴尽量向下伸，使头部和颈部的两侧以及后面的肌肉拉紧，坚持 5 秒，再恢复；

头部向后仰，拉紧颈部前部的肌肉，感觉脖子拉长了不少，坚持 5 秒，恢复。

### 4. 肌肉骨关节部位的放松练习

两肩向后方拉紧，然后扩胸，动作尽量大些，背部挺直，感觉肩胛骨、胸肌和背部的肌肉紧张，坚持 5 秒，慢慢放松两肩、收肩、含胸、背部稍微弯曲，使全身松弛下来之后，再端坐恢复姿态；

收腹，绷紧腹肌，坚持 5 秒钟，感觉到腹部肌肉紧张后，再慢慢收腹、松腰，直到感觉腹部放松为止；

双脚用力蹬地，使脚、小腿及臀部肌肉紧张起来，全身由下肢支撑，重心向前移，感觉下肢的肌肉拉得很紧，然后再慢慢放松，将全身的重量还原于臀部支撑，下肢肌肉完全放松。

## 十分钟“减压操”

### 1. 弯腰也能去疲劳

操作方法：站起来，身体呈立正的姿势，双臂高举过头顶，深呼吸，持续 10 秒钟。然后一边吐气，一边缓慢地弯曲身体，双手慢慢地去抓住脚脖子。保持弯腰姿势 5 秒钟之后，慢慢还原到立正姿势，还原的过程中，一定要记得吸气和吐气。整个过程一定不能快。可以自己数着三位数字来保证每一秒的时间，“101、102、103……”20 秒一次，做 3 次，刚好 1 分钟。

效果：消除不安和烦闷，消除头部疲劳，改善全身的血液循环。

注意事项：身体弯曲时尽量不要让膝盖弯曲，弯腰过程 5 秒钟，还原过程 5 秒钟，一定不能急。重复动作 3 次即可。

2. 踮踮脚跟去疲劳

操作方法：手扶住墙壁或用椅子支撑身体，双脚脚跟同时慢慢踮起，保持 5 秒钟。然后伸直跟腱，脚跟慢慢回落，保持 5 秒钟。10 秒钟一次，做 6 次，刚好 1 分钟。

效果：有助于消除脚部水肿，还能使脚脖子变细，消除因长期坐着不动带来的脚部麻木。

注意事项：如果能站在台阶处，手扶栏杆练习是最好的，因为这时可以保证脚后跟悬空，让脚后跟回落的时候，能够降到最低处，更好地促进脚部的血液循环。在脚跟提起放下的时候，膝盖不要弯曲。

3. 转动上身去肩酸

操作方法：双臂向前伸直，和肩膀保持同一高度，两手手掌掌心相对，靠拢。上身跟着双臂向右转动，再回到原位，向左转动。左右转动各一次。伸直转动左右各一次，约 2 秒钟，做 30 次，1 分钟；环抱转动左右各一次，约 2 秒钟，做 30 次，1 分钟，总共耗时 2 分钟。

双臂环抱，胳膊和肩膀保持同一水平线，身体跟着双臂一起左右转动各一次。

效果：消除肩部的酸痛，矫正姿势，还能使精神集中。

4. 扭转双臂

操作方法：双臂向前伸直，肘关节尽量靠拢，手掌心靠拢。扭转双臂，使手背相对，肘关节尽量靠拢。然后，向背后伸直双臂，手掌相对，继续扭转双臂，使手背相对，尽量靠拢肘关节。向前向后一次耗时约 5 秒钟，做 12 次，1 分钟。

效果：消除手臂疲劳，强化肠胃，改善心情。

注意事项：在扭转的过程中，量力而为十分重要，避免因为自己用力过猛而伤到自己。

5. 坐在椅子上的“减压操”

操作方法：坐在椅子上，背部自然挺直，单脚放在椅子上，膝盖尽量向胸部靠拢，双手抱膝，静止 5 秒钟，换另一只脚，同样抱膝 5 秒钟。一套动作完成一次约耗时 20 秒，做 6 次即可，刚好 2 分钟。

完成后，分开双腿，依然是坐在椅子上，背部自然挺直，双臂向前伸直，身体下弯，让头部深深地埋在膝盖中间，静止 5 秒钟之后恢复到原来的位置。

效果：缓解和预防腰痛，改善全身的血液循环，消除腿部的僵硬和麻木。

6. 撑桌俯卧

操作方法：站在离桌子 1 米的地方，用双手支撑全身的重量。

双臂慢慢弯曲，手腕伸直伏下身体，充分伏下后静止 5 秒钟，再回到原来的姿势。如果习惯后，还可以在俯卧的时候，抬起一条腿。一次完成下来约 5 秒钟，做 10 次即可，约 50 秒，稍事休息一下，就 1 分钟。

效果：增强肺活量，驱除睡意，增强耐力。

7. 提肛

操作方法：无论是站着还是坐着，随时都可以进行。如坐在椅子上，收紧肛门，坚持 3 秒钟后放松，重复做多次。背部一定要挺直。一次完成下来大约 6 秒钟，做 10 次即可，刚好 1 分钟。

效果：对治疗便秘和减轻痔疮症状有效果，改善肛门周围的血液循环，预防大肠癌。

8. 随便走走

在完成一系列简单轻松的动作之后，可以利用剩下的 1 分钟时间随便到处走走，喝杯水，眺望一下远方，就可以开始投入到工作中去了。

以上减压操，应注意的是不能在吃饱后的 10 分钟内进行，不利于胃肠消化；做减压操之前不宜喝大量的水，少许的水是可以的；每一项动作都不宜过量；凡事贵在坚持，每天坚持 10 分钟。

# 9 教师的心理保健

管子有言：“一年之计，莫如树谷；十年之计，莫如树木；终身之计，莫如树人。”

教师作为“人类灵魂的工程师”，承担着“百年树人”的重责，担子之重、压力之大可想而知。很多教师不堪重负，甚至引发了各种各样的心理问题。因此，教师调整自我、拥有健康心理至关重要。

## 重视心理健康

我们知道，身体健康是心理健康的基础，而心理健康又是身体健康的保证。那么，究竟什么是心理健康呢？广义上讲，心理健康指一种高效而满意的持续的心理状态；狭义上讲，它指人的基本心理活动的过程内容完整、协调一致，即认识、情感、意志、行为人格完整和协调，能适应社会，与社会保持同步。具体而言，心理健康包括正常的智力、能够了解并接受自己、能与他人建立和谐的关系、善于调节和控制情绪、有良好的环境适应能力。教师的心理健康，除了具备一般个体心理健康的基本特质外，还应包括教师职业特性所带来的特殊要求。

首先，需要具备健全的人格、良好的个性特点、积极乐观的人生态度，因此，教师应准确了解自己、正确评价自己、乐于接受自己。

其次，能有效地控制各种情绪和情感，有良好的、坚强的意志品质。

第三，拥有和谐的教育人际关系。在与学生、同事、家长及他人的交往中态度积极，与之和谐相处。

第四，认同教师角色，热爱教育工作，具有稳定而积极的教育心境。教师的心理环境是否稳定、乐观、积极，将影响教师的整个心理状态及行为，也关系到教育教学的质量和效果。

此外，教师应积极地爱学生，尊重学生的人格，了解学生的个性，相信学生、关心学生，形成师生之间相互尊重、相互信任的良好关系，为有效开展教学活动打下坚实的基础。

## 警惕教师心理问题

导致教师心理问题的原因很多，教师自身可能就是源头之一。比如某些教师因长期对自身期望值过高、对自身能力认识不足等而引发了心理压力；某些教师因患得患失、追求名利、意志力薄弱等造成心理问题。

当然，社会环境也是一个重要的原因，比如社会成员对教师在培养学生及遵守行为规范方面的高要求和高期望；在某些地区，社会经济发展中工资收入的脑体倒挂导致教师的心理失衡；还有社会发展过程中许多不正之风的蔓延及其对学生的影响，使得教师的成就动机难以实现等。

主要表现有：神经症如焦虑症、抑郁症、强迫症、疑病症等；情绪不稳定，难以控制自己，容易冲动；由认知偏差造成的态度偏差等。

# 心理状态的自我调节

## 良好的心理素质是关键

### 1. 换一种思考方式，伴“压”成长

由于职业特点，教师通常感觉时刻承受着来自各方面的压力。其实，压力是客观存在的，每个人都无法避免，但有的时候，换一种思考方式来看待压力，压力也能变动力。有了压力，不应回避或拒绝，而应主动面对。比如调整自己的心态，静下心来好好想想：我们可以通过哪些渠道去认清压力产生的原因，获取有关压力的相关信息？在获得信息后，就可以针对自己的情况，认真体察自己的受压状况了。比如：是否应该变换角度来看待学生，用不同标准去衡量学生？在接受这个压力教育的过程中，每一个环节最好都是由受压人自己积极主动地去完成。对自己进行压力教育的过程，也是一个释放压力的过程，让自己不再对压力感到恐惧。事实证明，能够处理好与压力的关系的人往往会生活得豁达得多，反之，则会陷入各种各样的心理疾患之中，难以自拔。

天下所有的事情并非只有一个答案，采取弹性的思维方式，不要固执己见，顿时就会有通透的感觉。

2. 别让不良情绪控制您

情绪控制指个体对自身情绪状态的主动影响，方法主要有两个步骤。首先从认识上分析造成不良情绪的原因，看看自己的反应是否合理、是否适度；然后可以从控制情绪上做工作，预测可能发生的冲动行为，采取合理或间接手段适当疏导，努力将不良情绪的影响降到最低，并将消极被动情绪变为积极主动的建设性行动。此外，长时间积蓄过多不良情绪就可能造成心身疾病。因此，应在合适的时候选择合理的方式宣泄不良的情绪，比如同亲近和信任的朋友或亲人讲心里话、记日记，出门旅行、逛逛街、买点自己喜欢的东西等等。

3. 调整心情，“舍”得更轻松

鱼和熊掌不可兼得的道理，每个教师都懂，但真正轮到自己做抉择时，往往还是很难。没错，许多成功都是有代价的，适时地做选择，适当地放弃一些，就能让自己活得轻松一点。放弃名利为先的想法，学着活得轻松、幸福些，哪怕是草莓的甜美、阳光的和煦这样简简单单的事物都会带给您无限的美好情绪；远离忧郁、悲观这些不利于健康的想法，保持健康年轻的心态；放弃一些自己无法承受的梦想，才会发现生活中其实有很多可以把握的快乐；“捡了芝麻丢了西瓜”的故事，讲给一批又一批的学生听过，却仍然有不少人会被现世的诸多诱惑吸引，以致身体奔波精神疲惫。其实值得我们珍惜的很多东西都在触手可及的地方。

4. 把愉快当做一种习惯，保持好心情

人的一生就像一趟旅行，路途中总会遇到些坎坷泥泞，但也有数不尽的美景。如果一个人的心情始终是灰暗的，那么生活必定变得悲观消极，相反，如果给心情涂上一些愉快的色彩，让它变得绚丽起来，那么生活一定会变得积极美好。一个把心情愉快当做习惯的人，不仅可以让自己开心，也可以感染到身边的人。清晨去上班，一路走去，将微笑挂在嘴边；为自己倒水喝的时候，顺便问一声离自己最近的同事，“帮您带一杯水？”这些温暖的生活细节，可以帮助我们远离烦恼，保持好的心情。

5. 学会“慢生活”，给心情“充充电”

哲人苏格拉底曾教我们“如何寻找最大麦穗”——在一块麦地里先走上三分之一的路，观察麦穗的长势、大小、分布规律，在随后的三分之一的田地里选定一个相对最大的麦穗，然后从容走完剩下的三分之一的路。即使这剩下的麦地里面还有更大的麦穗，按照规律来说也不至于令您太遗憾，总比一上来就匆匆选定，或者行程快结束了才胡乱抓一个更使人心安理得。苏格拉底的理论是选择的技巧，也是“慢”的技巧，他强调在麦地里选麦穗，绝对不能火急火燎，只有从容地完成这三个三分之一的路程，才能理性地做出选择。为了挑到不让自己太过于后悔的麦穗，放慢一些脚步又何妨呢？也许我们抓不到最大的那个麦穗，但是我们手中的已经是我们能够抓到的最大的麦穗了。至少比什么都没有会令人心情愉悦得多吧？放慢生活的脚步，不仅可以给心情“充充电”，去感受生活中的鸟语花香，还可以更加理性地得到自己生命中“最大的麦穗”，两全其美的方法，为什么不尝试一下呢？

## 尝试丰富多彩的工作和生活

工作上，教师可以通过自我学习、培训、与他人交流，保持较高的学习意识来提高自身的综合素质，适应新的教育理念，掌握新的教学方法，达到新的教学要求，寻求新的发展，保持一种工作上的“心理安全”，促进心理健康。在工作中遇到比自己能力强的人，应该端正心态，智慧地倾听，努力充实自己。

生活中，教师可以学会合理运动、适当培养兴趣，这不仅有利于调整心情，而且对增强体质也大有裨益。坚持这样做，您会对生活充满热情，对自己也充满自信。教师应经常锻炼身体，增强体质，一方面有助于促进心理健康，另一方面还能分散对焦虑问题的注意力，提高工作效率。运动中肌肉的放松可以调节情绪的紧张度、减轻压力感；另外，肌肉运动还能够有效地增强自信，发现自身的潜能，从而感受到生活的美好。

开展丰富多彩的业余活动、培养兴趣爱好，如琴、棋、书、画、养花、写作等可以调节紧张的生活节奏，使情绪得到松弛，减轻压力，陶冶性情，使人心胸开阔，容易获得成就感和满足感。

## 提高人际交往的能力，增强社会适应性

人际交往不仅有助于成功，而且还有助于人格的健康发展。在不同的环境下，认清自我角色以及自我与他人相互间的关系和责任，通过彼此之间的交流求得共识，认清自己在家庭、学校、社会中的角色和职责，有利于教师了解社会、减少对立与冲突、学会尊重与平等、合理地与他人相处，可为获得他人的信赖、和谐生活和工作奠定基础。

提高人际交往能力需要互相尊重，这也被称为“基准律”或“黄金法则”。若要得到别人的尊重，首先应尊重别人，尊重别人是做人最起码的准则，也是人际交往赖以存在的条件和基础。此外，应待人宽容、友善、热情。任何良好、持久的人际关系都少不了一颗宽恕与感激的心。对曾经伤害与误解过您的人，不如放下怒气与怨恨，试试多一些沟通与交流。当交往对象遇到困难时，要乐于助人，适时予以支持，予以扶助。

## 有一个正确而稳定的自我概念

因为教师的“开放性”和“重要性”这一职业特点，广大教师们在无形中会接受许多直接或间接的检查和监督，包括学生、

家长、学校、教育主管部门以及整个社会。教师可能随时都在被不同的标准要求和考核着，因此，有一个正确而且稳定的自我概念尤为重要。这包括对自己身体、能力、性格、态度、思想等方面的认识，是一系列态度、信念和价值标准所组成的系统的认知结构。有了正确而稳定的自我概念，才能对自己有一个正确的认识、客观的评价和合理的要求，才能了解并愉悦地接受自己的优点和缺点，才不会给自己设定高不可攀的目标。同时，对自我有了准确、客观及有力的评价，也就能够用相应的方法评价别人，接纳并理解别人的错误和缺点，平和对待人际交往中的不平、不满、不完美之处，这种心态对保持心理健康是非常有利的。

## 心理疾病的治疗

心理疾病属于精神疾病范畴，是一种以精神活动失调或紊乱为主要表现的疾病，比如神经症、情感障碍、人格障碍、性变态以及其他心理障碍。

根据《中国精神疾病分类方案与诊断标准》第三次修订版关于神经症的定义，神经症是一组非器质性的、轻型大脑功能失调的心理疾病的总称，主要表现为烦恼、紧张、焦虑、恐怖、强迫症状、疑病症状、心情抑郁等。下面就教师可能遇到的几种心理疾病进行简要说明。

### 1. 神经衰弱

症状：由于长时期的精神压力和紧张情绪，大脑容易疲劳，导致注意力不集中或不能持久、记忆力差、自我感觉反应迟钝、体力下降等。患病前多敏感、少社交、缺乏活力。常伴有心悸、气短、多汗，入睡困难，醒后感到不解乏，睡眠感丧失等症状。当然，偶尔睡不好觉是正常现象，不是病症。

病因：就目前所知，因某些因素，如人际关系、工作问题、重大家庭变故等，使患者的大脑神经活动长期持续性过度紧张，大脑兴奋和抑制功能失调，长期处于悲伤、忧虑、痛苦、恐惧的状态。

治疗：宜采用心理治疗、药物治疗和物理治疗等综合措施，也可加强体育锻炼，并保证规律的生活作息。

### 2. 焦虑症

症状：是一种持续性精神紧张，如对自己的健康忧虑重重，对躯体微小不适过分敏感；或出现发作性惊恐状态，如突然出现强烈恐惧、焦虑不安，是一种本人无法明确危险的紧张感，它与正常人面临特殊处境产生的恐惧不同。常伴有头晕、胸闷、心悸、呼吸困难等症状。

病因：就焦虑症患者的个性基础来说，遇到挫折易于过分自责，谨小慎微，优柔寡断，敏感多疑，依赖性强。此外，它与遗传因素、个性特点、认知过程、不良生活习惯等均有关系。

治疗：宜采取综合的措施，如向家人及朋友倾诉，以消除顾虑，控制不安的心情；药物治疗主要以抗焦虑药为主。

3. 强迫症

症状：包括强迫观念、强迫意向和强迫动作。比如在正常心理状态时常出现相反的违背自己内心意愿的想法；对过去的经历、往事反复回忆，无法摆脱；对自己行为的正确性产生怀疑，明知没有必要，却无法控制。比如外出时门上已关好，却反反复复检查。

病因：未完全明了。强迫症起病与社会心理因素或心身疲劳有关。强迫症的形成是在强烈的体验下，大脑皮质兴奋或抵制过程过度紧张、相互冲突造成。多数患者病前有强迫性人格特征，如优柔寡断，胆小怕事，凡事求十全十美，喜欢过多过细地思考问题等。

治疗：可采用心理治疗，如以橡皮圈疗法作为非条件刺激来抑制强迫行为，同时也可配合森田疗法及药物疗法。

4. 抑郁症

症状：患者易自我贬低、情绪低落、心情不舒畅，感到苦闷、忧愁、沮丧，对生活兴趣减退，对前途丧失信心，感到对痛苦处境无能为力、活着没有意义，甚至有轻生的念头，常伴有焦虑、失眠。其与正常人抑郁情绪的区别主要在于病程时间长、程度重。

病因：绝大多数患者的起病是由心理应激所促发，大多数是因为生活上的不幸遭遇、工作中的困难、学业上的挫折等精神刺激，尤其是当自尊心和自信心受到打击时，易导致本症的发生。性格不开朗、好思虑、多愁善感和依赖性强等个性特征为本症患者的潜在性格特点。

治疗：宜采用心理治疗，通过对病人无条件的积极关注、理解、尊重以及启发和帮助，使病人认识到自身的价值、发现真正的自我，同时采取抗抑郁药物治疗。

## 呼吸、运动调节法

### 腹式呼吸，给紧张焦躁一贴“镇定”剂

我们形容压力巨大，常常会说：感觉头上顶着一团乌云，压得人喘不过气来。其实，调节压力有一种最简便的方法，是无需思维或者犹豫的日常行为，比如呼吸。

当一个人在重新组织思路、试图让自己保持镇定或者调节能量应付挑战的时候，深深地吸气后大口呼气都是有着象征意义的。

一般说来，呼吸方法主要是两种，要么是用胸腔进行呼吸，要么是用腹部进行呼吸。东方传统的养生法中，无论是太极还是气功，都把腹式呼吸当做是入门的必修课。近些年来，腹式呼吸在一些健身项目中受到了极大的青睐，风靡全世界的瑜伽和普拉提都是以腹式呼吸为基础进行训练的。而对于学习声乐和管乐的

人而言，腹式呼吸更是再寻常不过了。

在办公室里坐久了，时常感觉头晕目眩；如果长时间操作电脑，非常容易产生视觉疲劳；通过脑力完成相当大的工作量之后，头晕、乏力、困顿是很常见的症状。这些症状的出现，一般情况下，是由于我们长时间采用通过肋间肌和肋骨运动的胸式呼吸所致。如果我们试着换一种呼吸方法，抽空练习练习腹式呼吸，这些症状会奇迹般地离您远去。

在竞争激烈的运动场上，运动员们常常在自己即将比赛的瞬间进行一次深呼吸，仔细观察，我们会发现他们的肚皮会随着呼出和吸入收缩和鼓胀。一个深长的呼吸，可以让运动员紧张的情绪得到一丝缓解，从而在赛场上发挥出最好的水平。

腹式呼吸可以给我们的大脑提供较多的氧气量，在供氧充足时，思维会更加敏捷。紧张的时候，我们的注意力集中到了外部事物上，虽然听起来有些可笑，但确实是越紧张的时候越容易忘记呼吸。屏住呼吸会使身体承受更多的压力，并对中枢神经系统发出受到压力的信号。有意识地控制呼吸可以帮助我们减轻压力，使身体得到更好的休息。

看来，呼吸的门道还真不少，也许就是因为我们每时每刻都少不了它，因而不大注意呼吸进行的方式。腹式呼吸的实用性和有效性不断被证实，一旦掌握正确的方法，随时随地都可以自如地应用。

小贴士

## 腹式呼吸法的五个关键词汇

尽管腹式呼吸只是一种呼吸的方法，但跟我们日常呼吸的习惯还是有一定的差异的，因而，我们不能忽视这些小细节。

1. 姿势。腹式呼吸对于姿势并没有过多的限制，和所有的呼吸方法一样，在进行呼吸训练的时候，一个好的姿势就是一个好的开始。您可以坐着、站着或者仰卧，但尽量不要让身体蜷曲。

2. 服饰。如果您希望您的呼吸训练能够取得一个很好的效果，那么就尽量让身体摆脱束缚，着装舒适一些，给身体一个喘息的空间，或者将身上束缚自己的皮带、紧身衣、女士内衣等松开一些。

3. 吸气。开始进入呼吸状态时，闭上眼，鼻腔开始缓慢、柔和地吸入空气，将空气缓缓地压入腹部，初学者可以将双手平放在自己的腹部位置，感觉腹部由下半部区域开始逐渐向上半部区域自然膨胀。因为我们平时吸气时，腹部处于抽空的状态，腹式呼吸则恰巧相反，刚开始时，用双手置于腹部来帮助我们调整呼吸，就容易进入状态。

随后，双肋自然向前、向左、向右扩张，继续让气体向上充满胸部，由下而上地充满。当您感觉到身体已经吸足了气体，而您已经无法继续吸气的时候才行。然后就要进入呼气了。

4. 呼气。对于此时已经吸满气的您而言，千万不要急于将体内的气体迅速吐纳出去，一定要缓慢再缓慢地从上而下地放松。首先是胸腔的上半部分，然后是胸腔的下半部分，继续慢慢地放松。收紧双肋后，到腹部的上半部区域，感觉腹部开始紧缩，然后下半部区域也慢慢紧缩。一直到自己无法再呼出气体为止，这时，您肺部的浑浊的气体已由呼气带出了体外。

5. 时间。无论哪一种呼吸法都是为了调整我们平日里浅短而急促的呼吸方式的，腹式呼吸的吸入和呼出都是要穷尽您所有的气量的，因而时间上一定要尽可能地缓慢再缓慢。当然，我们也不能在时间上过于苛求。根据每个人的体能和习惯，只要按照步骤每一步都尽量做得很完善，那么时间上的要求自然不是问题。

## 活动、运动调节法

选择适当的运动、有趣的活动，也可以达到调节情绪、促进身心健康的目的，比如爬山、读书、绘画、打球、听音乐、唱歌、跳舞等。

将心理治疗置于娱乐之中，不仅易为大家所接受，而且易于操作，可以广泛地运用于一般性的心理不平衡和轻微的心理障碍。它的实质在于用活动的过程来充实空虚的生活，用活动中获得的愉悦来驱散不良的情绪。因此，应随时把握利用活动中所提供的有利机遇、信息去发现问题，改变错误的认知，调适不良的情绪，纠正不适应的行为，增强自信心。活动的种类要根据自身的文化程度、个人爱好、兴趣和实际条件来选择。

此外，有了消极情绪，闷坐在屋子里可能“剪不断，理还乱”，到室外去打打球、跑跑步或爬爬山，呼吸一下新鲜空气，让怒气和痛苦随汗水一起排出，心情就会开朗起来。

# 10 给女教师的特别叮咛

作为三尺讲台上一道亮丽的风景线，女教师已成为智慧和理性的代名词。她们一方面要扮演妻子、母亲、女儿的角色，一方面要呵护学生，用心血浇灌祖国的花朵。然而，在扮演多重角色的同时，因为心理和生理的差异，她们面对的问题也更多。因此，关注女教师的健康，有着十分重要的意义。

## 女性一生中的四个特殊时段

女性一生中有四个特殊的时间段，医学上称之为月经期、孕期、哺乳期、更年期。无论哪一个时期，都需要温柔呵护。

### 月经期

月经的第一次“到访”，是在10～17岁之间。由于体质、饮食习惯、遗传因素的不同，每位女性月经期“到访”的时间略有差异，但周期大致在28～35天之间，提前或错后7～10天都是正常的。只要能保持一定的规律性，就不用担心。概括地说，月经期期间，最应该做到的是：月经来前早知道，生冷劳累皆不要；心情舒畅不适少，早睡早起身体好；月经紊乱要重视，如有毛病尽早治；月经规律最最好，生活和谐不易老。

## 孕期

怀孕是女性生命中一项伟大而艰巨的任务。在有性生活情况下，如果月经推迟 10 天以上，您就要注意自己是否怀孕了。因为月经停止是怀孕最早、最重要的“信号”。当然，要得到最终确定，还是要去医院做检查。怀孕期间，用药要当心，要远离射线，避免做放射性检查，如 X 光、CT 等。最重要的是，要定期做产检，确保母子平安。孕妇饮食也要均衡营养，切不可因为要保持形体而刻意节食。总而言之：要想孕期母子安，药物射线不要沾；饮食均衡宝宝好，出血要把医生找；若是真为母子好，定期产检少不了。

## 哺乳期

母乳是最适合哺育后代的食品，其好处不言而喻。而如何安全哺乳，保证哺乳期母婴的身心健康，是每一位“准妈妈”必须了解的。进入哺乳期，首先要对自己有信心，相信自己完全有能力哺喂孩子，以免大脑的紧张情绪影响乳汁分泌。要及早哺乳，因为宝宝吸吮得越多，乳汁分泌得就越多。要注意饮食温和，营养均衡，让自己的宝贝喝上一口好奶。同时，因为药物可以随乳汁进入新生儿体内，所以哺乳期乳母也应该谨慎用药。

### 更年期

更年期是女性由生育期过渡到老年期的一个必经生命阶段。女性一般在45～55岁之间，卵巢功能开始衰退。由于体内雌性激素水平的变化，更年期女性身心也会发生一些变化。要平稳地度过这一时期，保持良好的心态很重要。同时，也要科学安排生活，并且充实自己。要了解自己的身体，定期做体检，将影响健康的因素消灭在萌芽状态。

## 经期的自我呵护

月经，如月盈亏，如潮有信。《妇科玉尺》中说“经贵乎如期”，也是强调这一点。月经的周期正常是女性健康的象征，月经周期的各种状态也是女性健康的晴雨表。当月经发生变化时，不管是痛经、迟到早到，还是量多量少，都是“老朋友”在善意提醒我们，该对身体的小恙引起关注了。

## 让月经不再痛

痛经是月经期常有的一个问题，与女性的生活方式密切相关。缺乏运动、精神重压、不良饮食习惯、性生活不洁以及不注意经期卫生、避孕失败导致多次人流等，都是诱发痛经的主要原因。因此，调理痛经，应从改变生活方式开始。具体说来，应注意以下几点。

1. 避寒冷

痛经患者中，大部分与身体受寒有关。冬季不注意保暖，夏季贪食冷饮，都可能引起痛经。月经期间，尤其不能吃雪糕、饮冰水，不能涉水、洗冷水浴或游泳。

2. 讲卫生

不注意个人卫生，也可能造成痛经。在经期，盆腔血液循环增加，丰富的血液供应易使病菌大量繁殖。因此，一定要保持外阴部清洁；禁止经期性交；要穿纯棉透气的内裤，每天换洗；卫生巾、护垫要清洁，杜绝细菌上行感染。

3. 重饮食

一般来讲，痛经患者可多食用一些温热、行气通淤的食物，如牛肉、羊肉、荔枝、生姜、橘子、茴香、山楂等，川椒、桂皮、八角等热性佐料可在炖肉、煲汤时加入（以上食物性温热，妇科炎症的急性期不宜过多食用）。此外，每天摄取适量的维生素及矿物质也可以缓解痛经症状，可以适当多吃一些坚果，如开心果、腰果、松子、瓜子，也应多吃蔬果等。

4. 多运动

适当的体育锻炼，可促进子宫内膜脱落，有利于经期保健。对于痛经患者来说，运动也可减轻心理上的压力，驱除精神上的紧张，缓解子宫痉挛的程度，有利于康复。当然，经期的运动要科学，通常以乒乓球、体操、骑车、慢跑等项目为主，同时要注意缩短运动时间，放慢速度，减少运动量，一般以不感到特别劳累为宜。

5. 调情志

精神上的压力可导致痛经，而长期痛经的人每至月经来临时又会加重精神负担，形成恶性循环。因此，放松心情，抛弃烦恼，保持身心愉悦，对痛经患者来说是非常重要的。精神负担过重、不能自我排解者，可寻求心理医生的帮助。

## 月经提前、错后不用慌

正常女性的月经周期为 28～35 天，如果月经来潮周期总是提前 7 天以上，甚至一个月内两次来潮者，则称为“月经提前”。如仅超前三五天，且无其他明显症状，则属正常范围。偶尔超前一次，也不算经期提前。同理，月经周期推迟 7 天以上即为月经错后，但若每次仅延后三五天，或偶然延后一次，下次仍如期来潮，均不能算作月经错后。一般，临床诊断的标准是连续出现两个周期以上的经期提前、错后，才认为需要治疗。

从中医的角度看，月经提前的常见原因是气虚和血热。对于月经提前的辨证施治，主要根据月经的提前天数以及月经量、月经颜色以及月经性状的变化等因素，结合全身证候及舌脉进行综合判断，确定其是属实、属热，还是属寒，或补或清，重在调整月经周期。月经错后的主要原因是精血不足或邪气阻滞，血海不能按时满溢，导致月经周期延迟。中医辨证施治必须要辨明虚实。虚证要补肾养血，或温经养血，实证要活血、理气、行滞。

## 月经提前的食疗验方

1. 实热型

由实热导致的月经提前，常见症状有月经量多、月经颜色呈深红或紫红、质黏稠，并伴有心烦、面红口干、大便燥结、小便黄等症状。常用的食疗验方有：

鲜荸荠汁：将鲜荸荠洗净捣烂，用干净纱布包裹取汁，每日一次，连服 4～5 次。

芹菜炒藕片：鲜藕 120 克，鲜芹菜 120 克，食用油 15 克，精盐少许。先把芹菜、藕洗净，芹菜切成一寸长的段，藕切成片。起油锅烧热，放入切好的芹菜段和藕片，翻炒片刻，调入适量精盐即成。以上是一次的用量，可连续食用 3～5 次。

### 2. 虚热型

由虚热导致的月经提前，月经量可能少也可能多，色红、质稠，并伴有手足心热、面颧潮红、咽干口燥等症状。常用的食疗验方有：

鸡蛋红糖煎：鸡蛋两个，红糖 100 克。先煮溶红糖，再打入鸡蛋煮熟。应在月经干净后服用，每天食用一次，一般连续食用 2～3 次即可。

煮毛鸡蛋：取毛鸡蛋（未孵化出的鸡胚胎）两个，姜 25 克，黄酒 200 克，白糖 50 克。将毛鸡蛋去壳，与黄酒、姜一起入锅煮熟，熟后调入白糖食用。

生地粥：生地 30 克，粳米 30～60 克。将生地洗净切片，用清水煎煮两次，共取汁 100 毫升。米煮粥，待八成熟时倒入药汁煮至熟。食粥，可连续食用数日。

### 3. 气虚型

由气虚导致的月经提前，常表现为月经量多、色淡质稀，并伴有神疲乏力、气短懒言，小腹空坠、纳少、大便溏、腰膝酸软，头晕耳鸣、面色晦暗等症状。常用的食疗验方有：

龙眼炖鸡蛋：龙眼肉 50 克，鸡蛋一枚。先将龙眼肉用水煮 30 分钟，再将鸡蛋打入煮熟。在月经干净后服用，连续食用 10 日，每日早晚各一次。

核桃莲子粥：核桃肉 60 克，莲子 30 克，粳米 100 克，将上述食材一起煮成粥，平日经常食用。

## 月经错后的食疗验方

1. 虚寒型

虚寒型的月经错后，一般表现为月经量少、色淡质稀、小腹隐痛、喜热喜按、腰酸无力、小便清长、面色白。常用的食疗验方有：

艾叶生姜鸡蛋：艾叶 9 克，生姜 15 克，鸡蛋两只。将艾叶、生姜、鸡蛋（带壳）放入沙锅煮熟后，剥去蛋壳，再煮片刻，去药渣，喝汤吃蛋。月经前 7 天，每日一剂，连服 4～5 天。

山楂红糖水：山楂 50 克，红糖 30 克。山楂水煎去渣，冲红糖温服。月经前，每日两剂，连服 3～5 天。

2. 实寒型

实寒型的月经错后，一般表现为月经量少，经血呈暗紫色并且有块，小腹冷痛拒按，热敷后疼痛可以缓解，畏寒，肢冷等。常用的食疗验方有：

山楂煎：山楂肉 15 克，赤砂糖 15 克，肉桂 6 克，水煎，分两次服，可连服 3～5 天。

双红煎：红花 10 克，红糖 150 克。将红花煎约 20 分钟，取汁、弃渣，放入红糖略煮片刻，成糖浆，每次食用一匙，一日两次，饭前用温开水调服。

### 3. 血虚型

血虚型月经错后，一般表现为月经量少、色淡质稀，小腹疼痛，头晕眼花、心悸失眠，皮肤不润，面色苍白或萎黄，舌淡、苔薄，脉细无力等。常用的食疗验方有：

当归汤：当归、阿胶各30克，黄酒1000毫升。将当归、阿胶与黄酒一起放在容器内，隔水加热，阿胶融化后滤去渣，经常饮用。

### 4. 血虚血寒型

血虚血寒型月经错后，一般表现为月经量少、色淡质稀，小腹冷痛、喜热喜按。常用的食疗验方有：

当归肉桂甜酒：当归30克，肉桂6克，甜酒500克。用甜酒浸泡前两味药一周以上，方可服用。每日1～2次，每次30～60克。

### 5. 气滞型

气滞型月经错后，一般表现为月经量少、经血颜色暗红，或伴有血块、小腹胀痛、精神抑郁、胸闷不舒。常用的食疗验方有：

月月红煎：月月红15克，洗净加水150毫升。用文火煎至100毫升，去渣，加赤砂糖适量，黄酒5～10毫升，每日食用一次，每次食用15毫升，饭前用温开水冲服。

红糖饮：香附、川芎各15克，红糖60克。代茶饮。

### 6. 气血不足型

气血不足型月经错后，一般表现为月经量增多或减少，色淡，质稀，或小腹疼痛，或头晕眼花，或神疲肢倦，面色苍白或萎黄，纳少便溏。常用的食疗验方有：

参芪羊肉：黄芪、党参、当归各30克，生姜50克，羊肉500克。文火煮至羊肉烂熟后，加入少量调味品，食肉喝汤。

## 月经量多、量少不用愁

月经周期正常，但经量明显多于以往者为月经量多；经量明显减少，或行经时间不足两天，甚至点滴即净者为月经量少。

从中医的角度看，月经量多主要有气虚、血热、血瘀三种类型。其诊断主要根据月经色质的变化，如月经色淡、质稀，多属气虚；经血色深红、质稠，多属血热；经血色紫暗有块，多属血瘀；此外还要结合舌脉等进行辨证。月经量少，有虚有实，包括肾虚、血虚、血瘀、痰湿四种类型。虚者或因化源不足，血海空虚，或因精血衰少，血海不盈；实者多由瘀血内停，或痰湿阻滞，经脉阻滞，血行不畅。

## 月经量多的食疗验方

1. 气虚型

气虚型月经量多，一般表现为月经颜色淡、质稀，神疲肢倦，小腹空坠，气短懒言，纳少便溏，面色无华。常用的食疗验方有：

参芪鸡：用上等人参10克，黄芪30克，童子鸡一只。将鸡去毛、内脏，将人参、黄芪用干净纱布包裹，与鸡同炖。至鸡熟烂，去药包，食鸡饮汤。

### 2. 血瘀型

血瘀型月经量多，一般表现为经血紫暗、有块，经行小腹疼痛拒按，舌紫暗或有瘀点。常用的食疗验方有：

山楂糖水：鲜山楂10个（打碎），红糖30克，水煎服，或制成糖浆。

## 月经量少的食疗验方

### 1. 肾虚型

肾虚型月经量少，一般表现为月经量逐渐减少，经血颜色暗淡，腰膝酸软，头晕耳鸣，足跟痛，或小腹冷，或夜尿多。常用的食疗验方有：

羊肾杞粥：取羊肾一对，枸杞20克，龙眼肉20克，粳米100克。先将羊肾洗净，切成薄片，同枸杞、龙眼肉、粳米一起放入锅里煮成粥，等粥熟烂后，入盐、葱、姜调匀，食粥，每日一剂，月经过后，连食5～7剂。

### 2. 血虚型

血虚型月经量少，一般表现为经血量逐渐减少，色淡红，或伴小腹空坠，头晕眼花，心悸，面色萎黄。常用的食疗验方有：

红枣龙眼肉煲乌鸡汤：取红枣10枚，龙眼肉20克，枸杞30克，党参30克，当归10克，乌骨鸡半只。先将乌骨鸡洗净，切成小块，与上述各种药材一起入锅煲汤，饮汤食鸡肉，每日一剂，月经后连食7剂。

3. 血瘀型

血瘀型月经量少，一般表现为经行不畅、色紫暗、有血块，小腹胀痛，血块排出后胀痛减轻。常用的食疗验方有：

益母草红糖茶：取益母草60克，红花10克，红糖适量。先将益母草、红花用水煎后去渣，加入红糖适量调匀，温服。每日一剂，月经前10天开始服，来潮前停止，连续服用5～7个周期为佳。

4. 痰湿型

痰湿型月经量少，一般表现为经血颜色淡红，月经质地黏腻如痰，形体肥胖。常用的食疗验方为：

薏仁扁豆山楂粥：取薏仁30克，炒扁豆20克，山楂15克，粳米50克，红糖适量。先将薏仁、扁豆、山楂、粳米入锅加水煮成粥，待粥熟烂后，加入红糖调匀，即可食用，每日一剂，连食5～7剂。

## 妇科病的指示灯——白带

女性进入青春期后，由于卵巢逐渐发育成熟，阴道内会分泌出一种白色稀糊状或蛋清样的液体，医学上称之为“白带”，由阴道黏膜渗出物、宫颈管及子宫内膜腺体分泌物等混合而成。由于白带的变化能反映生殖器官内部的状态，预示某些妇科疾病来临的征兆，因此被形象地称为“妇科病指示灯”。

白带的量因人而异。进入排卵期后，白带的量通常会有所增加，这是为帮助精子进入，并使女性容易怀孕，而使颈管黏液明显增加的一种正常生理现象；性生活时（包括婚前性幻想、性自慰、性冲动时）会因性兴奋而导致盆腔充血，继而阴道分泌物大量增加，白带明显增多，这都是正常的生理反应；另外，在某些状况下，例如压力、生病或服用抗生素时，女性阴道内正常的分泌物也会增加，可能会有异味，但不会造成刺激，这通常不需要治疗，是可以“自愈”的。

## 怎样观察白带正常与否

白带正常与否，可以借助其颜色、气味、量的变化情况作出判断。

正常白带：乳白色或无色透明，质地黏滑，像鸡蛋清一样；量不多，略带腥味或没有什么气味。淡黄或白色也属于正常范围，这是白带内含白细胞和阴道上皮而呈现的颜色，不是疾病引起的。另外，白色透明的白带若粘在内裤上面，干燥后会变成黄色，也不必担心。经期前后2～3天，因盆腔充血，阴道分泌物增多，白带也会增多，有时还略带血色，黄体功能不足时会略带褐色，这也是正常的。

黄色泡沫状白带：呈黄色、灰黄色或黄绿色，像米汤样混有泡沫，味腥臭，量多，常常浸湿内裤，使阴道或外阴发痒或有烧灼感。这种白带多见于滴虫性阴道炎，有时也见于子宫内膜炎或阴道异物。

白色豆腐渣样白带：为乳白色凝块状，呈豆腐渣样，量多，有时外阴也附有白色的膜状物，不易擦掉，伴有外阴瘙痒和灼痛感，常见于霉菌性阴道炎。

血性白带：白带内混有血液，血量多少不定，在房事后或大便后出血增多，常见于良性或恶性肿瘤，也可见于宫颈息肉、宫颈结核、宫颈炎、子宫内膜炎、老年性阴道炎及带环出血等病症。

汤水样白带：像黄水样或洗肉水样，也有的像米汤，绵绵不断，有恶臭味。常见于子宫颈癌、子宫体癌、输卵管癌，有时也见于子宫黏膜下肌瘤、宫颈息肉合并感染。

脓性白带：像脓液一样，呈黄色或黄绿色，黏稠如鼻涕，有臭味，可伴有腹痛。多见于子宫内膜炎、急性盆腔炎、老年性阴道炎、宫颈结核、子宫黏膜下肌瘤、子宫翻出、阴道异物，有时也见于慢性宫颈炎。

此外，白带减少也是不正常的。如果育龄期女性白带减少到不能满足生理需要，经常感到外阴干涩不适，就属于病态了；绝经后女性常感觉外阴干涩，阴道无分泌物，是卵巢萎缩、性激素分泌明显减少所致。

## 如何看懂白带化验单

一般的白带常规化验单有以下几个检测项目：

pH 值：反映阴道的酸碱度，正常白带应呈弱酸性，能防止致病菌在阴道内繁殖，这是阴道的自净作用。正常时 pH 值为 4～4.5，患有滴虫性或细菌性阴道病时白带的 pH 值就会上升。

阴道清洁度：表示阴道的细菌情况，一般分为四度。Ⅰ度表示显微镜下见到大量阴道上皮细胞和大量阴道杆菌；Ⅱ度时镜下可见有阴道上皮细胞，少量白细胞，有部分阴道杆菌，可有少许杂菌或脓细胞；Ⅲ度时镜下见有少量阴道杆菌，有大量脓细胞与杂菌；IV 度表明镜下未见到阴道杆菌，除少量上皮细胞外主要是脓细胞与杂菌。I ~ II度属正常，III ~ IV度为异常，表明阴道有炎症存在。

霉菌与滴虫：这一项是了解阴道是否有霉菌和滴虫存在。白带经过处理后，在显微镜下可以根据其形态观察有无滴虫或霉菌，如存在滴虫或霉菌，不论其数量多少均用“+”来表示。“+”这一符号只说明该女性感染了滴虫或霉菌，并不说明其感染的严重程度。

胺试验：是检查白带中胺的含量。患细菌性阴道病时白带可发出鱼腥味，它是由存在于白带中的胺，通过氢氧化钾碱化后挥发出来所致。

线索细胞：是细菌性阴道病的最敏感、最特异的体征，临床医生根据胺试验阳性及有线索细胞即可作出细菌性阴道病的诊断。

## 如何预防白带异常

预防白带异常，首先要从日常生活习惯入手。应节制房事；注意月经期、妊娠期和产褥期的卫生；平时要注意洗用的毛巾、盆与脚巾、脚盆分开；尽量选用蹲式厕所，不得已用坐式时也应垫用卫生纸；手纸由前向后擦拭；内裤勤洗勤换。这些细节，都可防止白带异常的发生。已婚女性更要注意性生活的卫生习惯，除同房前清洗外，同房后还应排尿和再次清洗。这其中，丈夫也不能嫌麻烦，同房前应注意将有可能发生接触的部位都清洗干净。

另外，在饮食上，少食辛辣和油腻生冷食品，多食用一些益脾补肾和清热利湿的食物，如莲子、大枣、山药、薏仁、冬瓜仁等。

## 不同时期的乳房保健

丰满健美的乳房，象征着生命的源泉，是美和爱的标志。但乳房疾病的高发，却成为困扰女性健康的一大因素。如何在生命的不同阶段，做好乳房的健康保健，已成为广大女性关心的共同话题。

### 乳房的日常保健

健康饮食：不能盲目地节食、偏食，身体过于消瘦会使胸部脂肪量过少，影响乳房生长。平时应该多吃一些富含维生素 E 以及有利于激素分泌的食物，如卷心菜、菜花、葵花子油、玉米油和菜子油等。维生素 B 也有助于激素合成，它存在于粗粮、豆类、牛乳、牛肉等食物中。适量的蛋类、瘦肉、花生、核桃、芝麻等，也能使瘦弱的躯体丰满起来。

佩戴胸罩：胸罩的选择，以佩戴后感到舒适而又无紧束感为佳，质地要柔软吸水；要根据乳房的大小和身体胖瘦的变化，随时更换胸罩；要勤洗勤换，保持清洁；胸罩的佩戴，一天不要超过 12 小时，晚上睡觉时须取下。

健美姿势：站立、行走时应保持挺胸收腹的优美姿势；坐姿也要挺胸端坐，不要含胸驼背；睡眠时要选择仰卧或侧卧位，不要俯卧。

健胸运动：日常的体育锻炼，对于乳房的保健非常重要。简单易学的健胸运动有扩胸运动、俯卧撑、扩胸健美操、游泳等，但在锻炼过程中要注意做好保护工作，避免乳房发生外伤。

## 妊娠期的乳房保健

妊娠期是育龄女性的特殊生理时期，为了满足妊娠期特殊的生理需求，乳腺会发生一系列变化。一般来说，妊娠期乳房会明显增大。正常乳房重约 200 克，妊娠期静脉曲张，腺体管腔扩大，乳晕颜色变深，乳房体积增大，到妊娠末期乳房可达 400 ~ 800 克，因此早孕期乳房的反应之一是乳胀。

妊娠期乳房保健应注意：

穿衣要科学：孕妇的上衣应宽大一些，怀孕 4 ~ 5 个月以后，平常的衣服就不能穿了，此时应换宽松舒适的孕妇装。一般情况下应选择质地柔软、穿着舒适的纯棉衣裤，不要束缚胸部。内衣更要讲究，乳罩类型应以不过于压迫乳头、也不影响乳房的血液循环为原则，尺寸可以增大 1～2 个尺码（罩杯和胸圈尺寸都要增加），在试穿时可以把扣子扣在最紧的那一档，这样即使乳房增大了，还可以把扣子扣到第二、第三挡上。一定不要选择有硬钢托的胸罩，以避免不必要的皮肤擦伤。此外还应注意挑选那些质地柔软、乳头附近没有缝线的胸罩。棉质胸罩比人造纤维的胸罩穿起来要舒服些，透气性也会更好。白天活动时，为了给乳房更好的支撑，可以试着戴哺乳胸罩。由于乳房在孕期中变重了，所以合身的、有良好支撑作用的胸罩就显得尤为重要。现在各大城市都有专门出售孕妇服装及内衣的专卖店，孕妇可以根据上述原则去选购。

保持清洁卫生：每天要用肥皂和温水轻轻擦洗乳头和乳晕，然后用毛巾擦干。怀孕初期宜用软毛巾擦，以后逐渐改用粗糙的毛巾擦，目的是锻炼乳头部位的皮肤，使皮肤增强耐摩擦的能力，这样在给孩子喂奶的时候，乳头就不容易擦伤。另外，每次清洗以后，还应当在乳头、乳晕上涂少许油脂，可以防止乳头皲裂。

适度按摩：孕期乳房按摩是乳房保健的重要内容，应在怀孕满 6 个月之后进行，方法是用手托住乳房，自乳房底部开始向乳头方向按摩，同时揉捏乳头以增加韧性。这样有利于产生乳汁，使输乳管开放，确保哺乳时乳汁分泌通畅。

纠正乳头缺陷：如果乳头过短、有凹陷，应及早矫正。矫正可从妊娠的第 17 周开始。矫正方法为：揪出乳头，停留片刻，每日进行数次。如乳头揪出有困难，可轻轻压迫乳晕周围部分，这样就容易揪出。揪出后可按乳头保护法进行摩擦。用上述方法不能矫正时，可使用乳头吸引器；无吸引器时可用一副注射针筒连接一段小皮管，皮管接在眼药水瓶的小口上，大口对准乳头，针筒抽气后产生负压，将乳头吸出，吸出乳头后要维持一定时间，每天做两次。使用此方法可能会引起宫缩，故子宫敏感、宫缩频繁的孕妇，或有反复流产、早产史的孕妇应在医生的指导下进行。

保持乳腺管通畅：为使乳腺管开通，保证哺乳时的乳汁流畅，从妊娠的第 32 周开始可以挤出少量清稀的乳汁，以预防淤乳、乳头裂伤、乳汁分泌不足。如果有子宫收缩现象出现，则要中止或暂缓进行。

## 哺乳期的乳房保健

哺乳期是女性一生中的特殊生理阶段。做好哺乳期的乳房保健，对母子（女）二人的健康均有重大意义。

掌握科学的哺乳方法：产后 2～3 天内，在催乳素的作用下，各乳腺小叶分泌活动增加，交替分泌乳汁，乳房迅速胀大而坚实。随着规律哺乳的建立，乳房会规律地充盈、排空，再充盈、再排空。产后乳汁容易淤积，造成乳腺小结，甚至能导致急性乳腺炎。产妇每次哺乳前，最好能揉一揉或热敷一下乳房，这样有助于疏通乳汁通路。哺乳时让婴儿多吸吮出现不适症状的乳房，可以促进乳房疾病的好转。

保持清洁卫生：如果乳头上有垢痂。在第一次给宝宝哺乳前，可以用食用植物油涂抹，使垢痂变软，然后用温性肥皂（碱性小的）水清洗，再用温开水洗净。每次给宝宝哺乳之前，产妇应洗净双手，最好用温水擦洗乳房乳头，清除乳房与衣服接触时可能沾染的细菌，以保证婴儿的健康。每次给婴儿喂完奶后，可用温水擦洗乳头、乳晕及其周围部分，以清除婴儿吸吮乳房时可能由口腔传播出来的细菌，保证乳房的清洁。

保证充足的营养：哺乳期母亲应保证充足的营养，以满足母婴二人的需要。否则，可能造成少乳、缺乳，进而影响婴儿的生长发育；母体营养匮乏还会使体内的脂肪消耗过多，形体消瘦，日后易造成乳房萎缩。

避免乳汁淤积：每次哺乳时应尽量将乳房排空。如果宝宝食量小或因其他因素不能完全将乳汁吸完，则应用吸奶器将乳汁吸净，避免乳汁淤积。否则，易引起细菌感染，导致急性乳腺炎。

双侧乳房交替哺乳：哺乳时，应用左右两侧的乳房交替哺乳，如果过多地用某一侧的乳房哺乳，易导致双侧乳房不对称。

避免接触有害物质：哺乳期母亲应避免接触苯、铅、汞、有机磷等有毒物质及 X 线、同位素等各种放射性物质，慎用或不用各种药物。

合理佩戴胸罩：在哺乳过程中，应该佩戴柔软的棉质乳罩，防止化纤织品的纤维尘粒进入乳腺导管，避免由此导致的乳汁分泌、排泄障碍。哺乳期乳房较大，在重力作用下容易下垂，用胸罩能起到一定的固定、托起的作用。

## 更年期的乳房保健

女性从 45～55 岁开始进入更年期（绝经前期），卵巢功能减退至消失，内分泌失去平衡，乳腺组织增生、复旧这种规律性变化被打乱，极易导致乳房疾病的发生。值得注意的是，更年期是恶性肿瘤的高发年龄，因此，要密切注意自己乳房有无异常，如疼痛、溢液、肿块等症状。

更年期乳房保健，要注意调整好身心状态：

坚持科学的饮食习惯和生活方式，多吃富含维生素和微量元素的新鲜蔬菜和水果；

不吸烟，限制酒精的摄入，少吃高脂肪食品和烧烤食品；

增强机体免疫力，选择合适的体育运动项目；

慎用含有雌激素的美容化妆品和药品；

尽量避免电磁辐射和放射线接触，在距电视机 3 米以上的地方看电视，烹调食物时要远离微波炉，夜间不要把手机放到枕头旁边等；

保持积极向上的人生态度和豁达乐观的情绪。

定期进行乳房检查，如果发现双侧乳房不对称、有肿块或硬结，或质地变硬，乳房皮肤水肿、凹陷，乳晕有湿疹样改变等情况，应立即请专科医生进行确诊，争取对疾病进行早期治疗。

# 定期检查乳房

## 乳房的自我检查

检查时间：一般在月经结束后的 3～5 天或月经来潮开始的 9～11 天进行，因为月经前受卵巢激素的影响，乳腺组织增生肥厚，处于充血状态，并伴有压痛和胀痛，此时检查不易准确，容易误诊或漏诊。月经开始起的 9～11 天是乳腺受激素影响最小、腺体组织最薄、最软的时期，此时检查乳房便于触摸，是最佳时机。更年期或绝经期女性，可固定在每月的某一天进行乳房自检。

检查地点：有镜子的、温暖的、光线柔和的洗浴间。

检查范围：两侧乳房，皆包括锁骨上方、胸骨中线、肋骨下缘及腋窝，不要遗漏。

指法：用指腹按压，宜先轻轻触压，然后再稍稍深压。

操作步骤：

仔细看：肢体做不同的动作，仔细观察。如双手高举过头，双手叉腰，双手下垂等。主要观察乳房外形是否左右对称，乳房皮肤有无皱缩、隆起、溃烂或呈橘子皮样，乳头有无凹陷等。

认真触摸：站着或躺着均可。一只手放在脑后，用另一只手的食指、中指及无名指的指腹，以按压、螺旋、滑动的手法对整个乳房进行检查；用大拇指及食指轻轻捏住乳头，看是否有分泌物，并进行按压，看乳头下有无硬块。躺着检查乳房时，头下不要放枕头，一侧肩下可垫一个小枕头；如果是在洗澡时检查，双手要抹一些肥皂或涂少量的润肤油、乳液等，以便于手在乳房部位滑动。

## 定期进行专科手检

除自我检查外，30 岁以上的女性，每年最好能请乳腺专科医生进行一次乳房检查；40 岁以上的女性，每半年请乳腺专科医生进行一次检查，以便及早发现病变，防患于未然。

专科医生对乳房的检查主要通过视诊及触诊来实现，以观察乳房的形态、乳房皮肤情况、乳头乳晕情况、乳房肿块、乳头溢液等；当然，也要进行区域淋巴结及全身检查。具体内容有：

乳房形态：检查乳房外观、大小及位置是否对称。

乳房皮肤情况：检查乳房皮肤的色泽及有无水肿、皮疹、溃破、浅静脉怒张、皮肤皱褶及橘皮样改变。

乳头乳晕情况：检查乳头有无畸形、抬高、回缩、凹陷、糜烂及脱屑；乳晕颜色是否异常，有无湿疹样改变等。

乳房肿块：检查乳房肿块的位置、形态、大小、数目、质地、表面光滑度、活动度及有无触痛等，主要通过触诊来检查。

乳头溢液情况：检查乳头是否有溢液，并详查其是自行溢出还是挤压后溢出，是单侧还是双侧溢液，溢液的性状如何等。

区域淋巴结情况及全身情况：由于乳腺癌常发生腋下及锁骨上区淋巴结转移，所以对乳房的检查还包括对上述区域淋巴结的大小、质地及活动度的检查。

## 做必要的影像学检查

乳房的影像学检查包括：

红外线乳透检查：优点是无辐射，无损伤，快速直观，操作简单，费用低廉，可以重复检查，比较适合临床初筛及大规模乳腺普查。它能直接显示乳腺血管的走行、分布及管径改变，但对乳腺良性、恶性病变的鉴别不十分可靠，如果发现病变应做进一步的辅助检查。

乳腺彩色 B 超检查：无痛苦，无损伤，不会受到致密型腺体的影响，能比较准确地鉴别囊、实性病变。最大的优点在于它可以观察动态的乳腺影像，缺点是较难发现小于 5 毫米的肿块。

乳腺钼靶摄片检查：是目前公认的早期发现乳腺癌的最重要的检查手段。临床体检及红外线乳透检查发现不明肿块后，就要在医院做一个乳腺钼靶摄片检查。该检查能精细地记录下不同穿透能力的软组织留下的 X 线影像，特别是能捕捉到对乳腺癌具有诊断意义的微小钙化灶。临床应用证实，它能发现小于5毫米的癌肿，至少可以比临床的其他检查手段提前一年发现乳腺癌。如能结合定位穿刺检查，其诊断价值更大。

乳腺核磁共振（MRI）检查：为无创伤性检查，一般同时采用平扫及增强扫描，对乳腺肿块的诊断符合率较高，很少漏诊，但因费用较高，不作为常规普通检查推荐。

小贴士

### 乳房保健食疗方

羊肝焖黄鳝：羊肝100克，黄鳝150克。羊肝切片，黄鳝切段，加味料腌20分钟，用油爆羊肝及黄鳝，加入黑枣30克、花生50克、生姜片10克、调味酱油等，焖熟即食，每晚食一次。

豆浆炖羊肉：淮山药100克，羊肉500克，豆浆400克，油、盐、姜各少许，合炖两小时，每周吃两次。

人参莲子汤：人参15克，莲子60克，冰糖30克，炖1~2小时，隔日一次。以上为3次的量。

海带炖鲤鱼：海带300克，猪蹄1只，花生200克，鲤鱼400克，豆腐干2块切丝。先用油、盐分别爆香海带、猪蹄、豆腐丝，然后将海带、猪蹄、花生一起加食盐、糖、酒炖1小时，最后将姜、葱、煮好的鲤鱼放入再炖半小时，坚持食用。

荔枝粥：荔枝干20枚去壳取肉，莲子、淮山药各100克，瘦肉250克，同煮粥，每周吃两次。

## 流产及其护理

如果说宝宝是给一个家庭带来幸福和快乐的天使，那么意料之外的流产就无异于天使折翼。流产是指妊娠 20 周前，胚胎或胎儿及其附属物排出母体。

### 自然流产的原因

自然流产是一种天然的优化手段，可以降低先天畸形儿的出生率。如果连续 3 次以上、妊娠 20 周以前出现自然流产，则为习惯性流产。自然流产的发生率约为 1%，其常见原因包括：

染色体异常：由于夫妻一方染色体数目或结构异常所导致的胚胎发育不良，是自然流产最常见的原因，尤其是怀孕前 3 个月内的流产。对于染色体异常造成的习惯性流产，目前除了让患者继续尝试直至成功外，还可选择精子或卵子捐赠。

外界不良因素的影响：大量吸烟（包括被动吸烟）、酗酒、接触化学性毒物、严重的噪声和震动、情绪异常变化、高温环境等，均可损伤胎盘或胎儿，从而导致流产。预防的方法是避免上述不良因素的刺激。

内分泌异常：一些常见的内分泌问题也是导致流产的原因，如多囊卵巢综合征、高泌乳素血症、甲状腺功能异常以及黄体功能不全等，致使孕激素分泌不足而流产。如果能对内分泌异常及时治疗，成功怀孕的机会是很高的。

子宫异常：子宫异常可以通过子宫造影和宫腔镜进行诊断，如果发现有先天畸形，如双子宫、双角子宫、子宫中隔等，可以进行手术治疗；后天的子宫异常，如子宫宫腔粘连，可以用宫腔镜进行治疗。极少数因子宫肌瘤过大引发的习惯性流产，也可通过手术剔除肌瘤，然后再怀孕。

子宫颈闭锁不全：这一类患者流产的发生时间，通常是在怀孕 13 周以后，典型的症状是先破水，再阵痛。目前最有效的治疗方法是在妊娠的 14～16 周做宫颈内口环扎术，分娩前再拆除缝线，如果有临产征象要及时拆除缝线。

免疫因素：免疫方面的问题通常是母体自身免疫因素造成的，如系统性红斑狼疮、原发性血小板减少等，流产率和胎儿死亡率都比较高。总之，习惯性流产的免疫因素是母胎之间的免疫不适应，引起了母体对胎儿的排斥。这类患者可以进行免疫治疗，部分患者可以成功怀孕。

生殖道感染：子宫内感染会导致孕卵不能着床而流产。生殖道内的病原体能直接导致胚胎死亡，或通过炎性反应使胚胎死亡。对生殖道感染的治疗最好在怀孕前进行，怀孕后要选择对胎儿无害的药物；与宠物密切接触者要检查有无弓形虫感染。

精液因素：有关研究显示，有10%～15%的男性，其精液中含有一定数量的细菌，可以影响孕妇，致其流产；近来发现的无症状的菌精症也会导致孕妇流产。因此，女性计划怀孕前，男方也要做生殖系统的检查，患有菌精症的，要治愈后再让妻子怀孕。

就目前的医疗水平，尚有一半的习惯性流产未找到原因。

## 手术人工流产与药物流产

除了意外的习惯性流产，一般妊娠12周以内都可以选择手术人工流产，人工流产的最佳时间为妊娠的第6～9周之间。因为在此之前，胚胎过小，手术时容易漏吸，造成胚胎残留，胚胎的宫内残留容易导致子宫内膜发炎、宫腔粘连，而影响以后的生育。而超过这个时间后，胚胎过大，会增加手术难度，易造成母体生殖器官创伤，术中出血量增多，术后身体的恢复时间会较长，不良后遗症发生的几率更大。

手术流产和药物流产，其实大多数人两者都适用，可根据个人的身体情况来选择。

手术流产的好处在于术后出血时间短，干净利索，避免了药物在体内的代谢过程；弊端是有轻度疼痛感（目前已有较好的办法），操作不当可能会带来术后生殖道炎症。

药物人流的最大好处在于不用上手术台，没有恐惧感和手术造成的疼痛；弊端是人流后的出血时间较长，有人会持续出血

1～2周。这是因为药物作用于子宫收缩，胚胎主要部分清除后，还会不断排出微量的积血和组织，当然不如手术利索。另外，药物在体内的代谢，可能增加肝肾负担，药物流产后如果胚物清理不净，也有可能需要再行清宫术。

## 流产后的饮食原则

蛋白质是人体必需的重要营养成分之一，如摄入不足，则机体抵抗力降低。流产后一周到两周，蛋白质应每日摄入100～150克。可多吃些鸡肉、猪瘦肉、蛋类、奶及奶制品和豆类、豆类制品等。

手术后，身体较虚弱，易出汗。汗液中排出的水溶性维生素较多，尤其是维生素C、维生素$B_1$、维生素$B_2$。因此，应补充水分（建议少量多次），并减少水分蒸发量；多吃新鲜蔬菜、水果。

在正常饮食的基础上，适当限制脂肪。术后一周内脂肪的摄入控制在每日80克左右。行经紊乱者，忌食刺激性食品，如辣椒、酒、醋、胡椒、姜等，这类食品均能刺激性器官充血，增加月经量；也忌食螃蟹、田螺、河蚌等寒性食物。

# 平稳度过更年期

更年期是女性生命过程中的自然阶段。女性一般40岁以后，卵巢功能开始衰退，由于体内性激素水平的变化，女性身心都会发生一些变化。

## 测测您进入更年期了吗

方法一：从初潮年龄预测

多数人观察确认，月经初潮年龄与更年期年龄是负相关，即初潮年龄愈早，更年期（绝经）年龄愈晚；相反，初潮年龄愈晚，更年期年龄愈早。

方法二：通过家族遗传预测

由于进入更年期的年龄与遗传因素有一定关系，所以，祖母、母亲、同胞姐姐进入更年期的年龄可以作为孙女、女儿、妹妹进入更年期年龄的预测参考值。

方法三：通过身体状况预测

血管功能失调：忽冷忽热，出大汗，有时头晕，每天可发生几次或几十次，并多在夜间发作，甚至出现发闷、气短等症状。

月经失调：月经量逐渐减少，周期逐渐延长，经期缩短，以致逐渐停经，但有时候也会出现月经量增多，并伴有大量血块等情况出现。

植物神经功能紊乱：头晕目眩，口干，喉部有烧灼感，思想不易集中，而且紧张激动，情绪复杂多变。

性情急躁：失眠健忘，皮肤发麻发痒，有时有蚁走感。

骨质疏松：骨强度减弱，骨折易感性增加，骨代谢负平衡，平均每日丢失 50 毫克钙，常有腰腿痛、背痛等症状，身高降低，稍有用力即骨折。

皮肤退化：皮肤、毛发均发生明显变化。皮肤干燥，弹性逐渐消失，时有瘙痒，出现皱纹，特别是暴露处如面、颈、手等部位更明显。

肥胖：超过正常体重 15%～20% 者为肥胖者，更年期是女性发胖的主要时期，尤其是腹部及臀部等处的脂肪最容易堆积起来。

抑郁：焦虑不安、紧张恐惧、情绪低落、悲观失望，常哭哭啼啼、自责自罪、主观臆断、猜疑他人，或是怀疑自己患某种病。

通过以上预测方法和自己身心的具体感受，大多数女性可以知道自己是否已进入了更年期。如果已经进入更年期，可以采取一些适当的方法来缓解症状，安然平静地度过这一段人生的必经之路。

## 更年期食疗

甘麦饮：小麦30克，红枣10枚，甘草10克，水煎。每日早晚各服一次。适用于绝经前后伴有潮热出汗、烦躁心悸、忧郁易怒、面色无华者。

菊花百合汤：白菊花6克，干百合50克（鲜品加倍）。菊花略洗拍碎，干百合先泡涨，加水同煮，待干百合软烂，可加糖适量服用。养心安神，平肝潜阳。适用于更年期阳亢心神失安者。

杞枣汤：枸杞子、桑葚子、红枣各等份，水煎服，早晚各一次；或用淮山药30克，瘦肉100克炖汤喝，每日一次。适用于更年期有头晕目眩、饮食不香、困倦乏力及面色苍白者。

赤豆薏仁红枣粥：赤小豆、薏仁、粳米各30克，红枣10枚，每日熬粥食之。一日三次。适用于更年期有肢体水肿、皮肤松弛、关节酸痛者。

枸杞肉丝冬笋：枸杞、冬笋各30克，瘦猪肉100克，猪油、食盐、味精、酱油、淀粉各适量。炒锅放入猪油烧热，投入肉丝和笋丝炒至熟，放入其他佐料即成。每日一次。适用于头晕目眩、心烦易怒、经血量多、面色晦暗、手足心热等。

玄地乌鸡汤：玄参9克，生地15克，乌骨鸡500克。乌骨鸡弄净去内脏，将玄参、生地置鸡腹中缝牢，加水文火炖熟，放调味作菜肴吃。补血滋阴、补肾平肝。适用于更年期肾虚，头晕，视力模糊，气阴不足。

枣仁粥：酸枣仁 30 克，粳米 60 克。洗净酸枣仁，水煎取汁，与粳米共煮成粥，每日一剂，连服 10 日为一个疗程。适用于更年期精神失常、喜怒无度、面色无华、食欲欠佳等症。

合欢花粥：合欢花（干品）30 克，或鲜品 50 克，粳米 50 克，红糖适量。将合欢花、粳米、红糖同放锅内加水 500 毫升，用文火煮至粥熟即可。每晚睡前一小时空腹温热食用。具有安神解郁、活血悦颜、利水消肿等功效。适用于更年期易怒忧郁、虚烦不安、健忘失眠等症。

甘麦莲枣汤：甘草 6 克，淮小麦 15 克，麦冬 10 克，莲子 15 克，大枣 30 克。将甘草、淮小麦、麦冬 3 味药先煎汁取渣，用药汁煮莲子、大枣服用。清心安神，养阴润燥。适用于治疗更年期妇女躁动之症。

## 调整多疑心态

及时了解有关更年期的生理心理知识：40 岁以上的女性，应该认识到更年期的到来是生命的自然规律，正确对待更年期的某些生理和心理变化，保持乐观的情绪和愉快的心境。

学会冷静思考：遇到有怀疑的地方，先不下结论。时间是最好的冷却剂。如事情不急，不妨等几天再看究竟是怎么回事；如事情较急，可找比较信任的上级或同事问清楚。

学会忍让：任何事物的处理，都不可能是百分之百合情合理的。此时，不妨学会点忍让，“知足者常乐”是一种很好的调节剂。

学会积极的心理防卫：如学会“否认”，对某些高度怀疑，但又不能得到证实的事，不是去“忘却”，而是加以“否定”，就像它根本没有发生过。把心理上或情感上不愿接受的事物，当做没有这回事，以减轻心理上的负担。

尽量避免不良刺激：进入更年期后，人的心理相对来说比较脆弱，受刺激后易发生较大的心理障碍。因此，改善不良环境，避免不良刺激，是更年期心理保健的一项重要措施。

合理安排生活，劳逸结合：保持良好的生活习惯，睡眠要充足。多参加有意义的社会或娱乐活动，维护良好的人际关系。

适当锻炼：适当的体育锻炼和体力活动，不仅可以促进新陈代谢，活跃脏器功能和增强体质，而且能对抗焦虑、忧郁、烦躁等不良情绪，有利于保持生理和心理健康。

常保持乐观情绪：对生活充满信心和追求，中枢神经系统就会常常处于兴奋状态，有利于刺激性激素的分泌，从而保持青春的活力和女性的妩媚，更年期的不适症状也会随之减轻。

# 常见女性疾病防治

## 阴道炎

阴道炎是女性最常见的妇科炎症之一。在妇科门诊里，阴道炎患者的比例约占20%。健康女性的阴道本身对病原体的侵入有天然的防御功能，当这种防御功能受到破坏时，病原体易于侵入，便导致炎症发生。

### 症状

日常生活中，常见的阴道炎主要有四种，即细菌性阴道炎、滴虫性阴道炎、霉菌性阴道炎、老年性阴道炎。不同的阴道炎临床表现亦不尽相同。

细菌性阴道炎：多见于性活跃妇女。有一部分患者临床无明显症状，有症状者多体现为白带有鱼腥臭味，呈灰黄色，阴道有灼热感、瘙痒。外阴红肿，分泌物稀薄，有时白带量少。

滴虫性阴道炎：通常体现为白带增多，有时呈稀薄浆液状，颜色为黄绿色或灰黄色，有时混有血性，或有泡沫。外阴明显瘙痒、灼热，常伴有性交疼痛。感染波及尿道口时，可能出现尿急、尿痛，甚至血尿。

霉菌性阴道炎：最常见的症状是外阴及阴道剧烈灼热瘙痒，白带增多，豆腐渣样白带，凝状或片状。感染波及尿道口时，也可有尿频、尿急、尿痛等症状。

老年性阴道炎：主要为白带增多，多呈黄水样，严重者可为脓性，有臭味，有时为淡血性，甚至发生少量阴道流血。常伴有下腹及阴道坠胀感或阴道皮肤受炎性分泌物影响，可产生轻度瘙痒。

### 治疗

对于阴道炎，一般采取如下三种方式治疗：

消除易感因素：不食用辛辣刺激性食品。保持外阴清洁干燥，避免搔抓。

改变阴道酸碱度：阴道的弱酸性环境能保持阴道的自洁功能，因此用 pH4 弱酸配方的女性护理液，对霉菌的生长繁殖会有抑制作用。外出如厕时要用女性卫生湿巾拭干外阴，保持外阴干燥，以抑制念珠菌的生长。

药物疗法：滴虫性阴道炎应该强调甲硝唑全身用药。念珠菌性阴道炎，可用 2%～3% 的苏打液冲洗外阴、阴道或坐浴，轻轻拭干后，放置制霉菌素、咪康唑或克霉唑栓剂，亦可采用抗念珠菌药物口服。妊娠、哺乳妇女念珠菌性阴道炎用药前应考虑到对胎儿或婴儿的影响。细菌性阴道炎，首选药物为甲硝唑口服。也可局部用药，置入阴道。老年性阴道炎，可在阴道局部用药，如用 1% 乳酸或醋酸溶液或 pH4 弱酸配方的女性护理液冲洗阴道，每日一次，提高阴道酸度。炎症较重者，辅以外用雌激素制剂治疗。

## 盆腔炎

盆腔炎包括子宫内膜炎症、卵巢炎、输卵管炎等多种炎症。一般是先急性发作，这时疾病好诊断，但如果治疗不及时，急性盆腔炎就可能转化为慢性炎症，即盆腔炎后遗症。到了这个阶段，就很难治愈了。因此，一定要提早发现，提早治疗。

症状

常出现下腹持续性疼痛、活动或性交后加重；发热、阴道分泌物增多。严重时可能出现高热、头痛、寒战或食欲不振。月经期发病时，可出现经量增多，经期延长。若盆腔炎包裹形成盆腔脓肿，可能引起局部压迫症状，如压迫膀胱，可出现尿痛、排尿困难、尿频等。转为慢性盆腔炎时，部分妇女可出现失眠、周身不适、精神不振等症状。

治疗

药物治疗：急性盆腔炎的主要治疗药物为抗生素，可输液、注射或口服。应使用广谱抗生素并联合抗厌氧菌药物。也可以联合中药治疗。

手术治疗：出现输卵管卵巢囊肿或输卵管积水，存在小的感染灶，炎症反复发作者可选择手术切除附件或输卵管，避免遗留病灶，杜绝复发。年轻妇女在手术时应尽量保留卵巢功能。

物理疗法：常用的有短波、超短波、离子透入（可加入各种药物如青霉素、链霉素等）、蜡疗等。以温热的良性刺激，促进盆腔局部血液循环，改善组织营养状态，提高新陈代谢，以利炎症的消退。

## 尿道炎

尿道炎是一种尿道黏膜炎症，为女性常见病。常由尿道损伤、尿道内异物、尿道梗阻、临近器官炎症（如阴道炎、子宫颈炎等），致使致病菌逆行侵入尿道引起。

### 症状

尿频，排尿灼痛和血尿。急性发作时耻骨上区和会阴部有钝痛，可见尿道口发红，有分泌物。转为慢性时表现为排尿不适、尿道刺痛，尿道分泌物减少，呈稀薄浆液状。

### 治疗

抗生素治疗：目前适用于尿道炎的药物种类繁多，可根据病情及对药物的敏感性有针对性地选用 2～3 种药物联合应用，疗效较好。待症状完全消失、经医生检查后各项指标正常时，仍应持续 7～10 天方可停药。

其他治疗：急性期应多饮水，以增加尿量，对尿道有冲洗作用。有尿急、尿频、尿痛症状时，可服用解痉药物，并除去引起尿道炎的各种诱因。性传播疾病所致的尿道炎，应与配偶同时治疗，否则难以治愈。

慢性尿道炎可行尿道扩张术，或在尿道内灌注药物等，急性尿道炎不宜采用此种方式。

## 子宫内膜异位症

具有生长功能的子宫内膜，在子宫被覆面以外的地方生长时，便形成一种妇科疾病，称为子宫内膜异位症。这也是妇科中最复杂的疾病之一。

症状

痛经：子宫内膜异位症最常见的症状便是渐进性的痛经，多为继发性，疼痛常随月经周期而加重，随月经结束而消失。

月经不调：患者常出现月经周期缩短或延长、经量增多等现象。

性交疼痛：发生于子宫直肠窝、阴道直肠隔的子宫内膜异位症，会使周围组织肿胀而影响性生活，月经前期性交疼痛会加重。

大便坠胀：发生于子宫直肠窝及直肠附近的子宫内膜异位症，可使患者感到大便坠胀，粪便通过直肠时疼痛难忍，而其他时间并无此感觉。

治疗

异位的子宫内膜在发病以后，需要有卵巢分泌的雌激素和孕激素周期性的刺激，才能继续存在和发展。因此治疗此症多从停止卵巢功能入手。

假孕疗法：即长时间服用强力孕激素避孕药物，使月经停止来潮，子宫内膜及异位的子宫内膜在药物作用下发生类似妊娠的反应，即假孕。这种疗法至少要持续半年左右，才可以使异位内膜停止活动，从而产生疗效。

假绝经疗法：从 20 世纪 80 年代开始，国外曾广泛使用一种叫戈舍瑞林的药物，它主要是能非常强烈地抑制卵巢的功能，使其几乎完全失去作用，从而达到治疗目的，而且由于这种药物是一种长效缓释制剂，只需一个月皮下注射一次，非常方便。这类药物能使子宫内膜产生类似绝经妇女的萎缩现象，故称假绝经疗法。

手术治疗：药物治疗半年至一年，病情仍不见好转者，可考虑手术治疗。如果病人年轻，尚未生育，手术时一般只将内膜异位的病变切除，而将子宫和正常卵巢组织保留下来；如果病人已有子女且年龄较大，可以在切除内膜异位病变的同时，切除子宫，但保留正常的卵巢组织。一般而言，前者容易复发，后者可以彻底杜绝复发的可能性。

小贴士

## 慎言祛瘀汤

中医认为，子宫内膜异位症多由气滞血瘀、寒凝痰阻、肝肾亏损、气血运行不畅所致。中医认为本病多为本虚标实之证，在本者为肾虚，在标者为气滞血瘀，常用慎言祛瘀汤（经验方）治之。

慎言祛瘀汤：丹参15克，赤芍12克，川芎10克，三棱12克，莪术12克，柞木枝10克，石见穿10克，益母草15克，鸡血藤15克，仙茅12克，熟地12克，枸杞12克，生蒲黄10克，紫石英10克。加水泡至药面上，大火煎开，再小火煎10分钟即可。每日一剂，两次分服，3个月为一疗程。

方中丹参、赤芍、川芎、三棱、莪术等行气活血破瘀；石见穿、柞木枝化痰散结、化瘀消肿；仙茅、熟地、枸杞子等补肾益精；益母草、鸡血藤养血活血调经。诸药互相配合，补泻兼施，相辅相成，使气血行畅，瘀滞得消，经调而愈。临床使用本方应注意，气虚者加党参、黄芪、升麻；阴虚者加女贞子、地骨皮、地榆；盆腔肿块瘀血者加皂角刺、蕊石、鳖甲；腹痛甚者加川楝子、乳香、没药、三七粉（吞）。

## 宫颈糜烂

宫颈糜烂是一种易发于育龄女性的宫颈疾病，占妇科门诊病例的首位。其发病的确切原因尚不清楚，当与宫颈外伤、感染等相关。也没有特殊的临床表现。

宫颈糜烂并没有其名称所示的那么可怕。医学上对它的解释是“慢性宫颈炎”，而且是浅表性的，并不严重。但是，一旦确诊为宫颈糜烂，无论程度如何，最好都进行一次宫颈刮片细胞学检查，以排除宫颈癌的可能。

预防宫颈糜烂，在日常生活中主要应注意以下几点：

1. 讲究性生活卫生，适当控制性生活，坚决杜绝经期性交。

2. 及时有效地采取避孕措施，降低人工流产、引产的发生率，以减少人为的创伤和细菌感染的机会。

3. 凡月经周期过短、月经期持续较长者，应及时治疗。

4. 定期做妇科检查，以便及时发现宫颈炎症，及时治疗。

如果已经确诊为宫颈糜烂，治疗期间应注意：

1. 无论是上药、物理疗法还是手术治疗，治疗后都应保持外阴清洁。

2. 在创面未完全愈合前应禁止性生活、盆浴、游泳和阴道冲洗。

3. 治疗期间，如果发现分泌物有异味，应及时就医；上药治疗者要取出阴道内的棉球，以防感染。

4. 物理治疗后，如有少量出血，属正常现象；若出血增多，超过月经量或出血时间过长，则应及时到医院就诊，查找原因，尽快止血。

5. 激光治疗后要注意观察第一次月经有无行经不畅或痛经，防止出现宫颈粘连。

6. 治疗后定期复查。

## 子宫颈癌

子宫颈癌，简称宫颈癌，是已婚妇女中最常见的恶性肿瘤之一。30 岁以后的发病率随年龄的增长而显著上升，在 55～65 岁时，达到最高发病率。一般早婚、杂乱的性生活、多次结婚，早产、多产、密产等可使宫颈癌发病率增加；宫颈糜烂、长期使用雌激素也可诱发宫颈癌；男性包皮垢中的胆固醇经细菌作用转变为致癌物质，通过性交也可使配偶受宫颈癌威胁。

症状

早期宫颈癌常无任何症状，或仅有轻微症状，诊断比较困难。一般常见的早期症状，有以下几点：

性交后阴道点状出血：凡年龄在 30 岁以上，已生育过的女性，出现性交后阴道点状出血，应加倍警惕。

阴道不规则出血：若在非月经期间出现阴道流血或滴血，尤其是绝经后，再出现阴道不规则出血，则可能是宫颈癌。应速请医生检查，进一步明确诊断。

白带增多：因有癌瘤在，宫颈腺体受到刺激，黏液分泌较多，白带也会增多。如果病情继续发展，白带会沾有污血，或如血水样，有腥臭味。

患有宫颈糜烂的女性，其宫颈癌发病率是无宫颈糜烂者的7倍。因此，如突然发现白带性状有改变，要及时进一步检查。

治疗

常用的早期诊断宫颈癌的方法有宫颈刮片检查、病理检查、阴道镜检查和宫颈锥形切除术，都比较有效。

子宫颈癌是治疗方法最多、疗效也最理想的癌症之一。经过确诊的“原位癌”无论用手术或放射治疗，都可达到比较满意的治愈效果。现在I期宫颈癌95%～100%可治愈，II期癌60%～80%可治愈。早期宫颈癌可以手术切除；中期可进行放射治疗；已失去手术机会的晚期病人，可采用化疗。

小贴士

### 子宫颈癌的辅助食疗方

冰糖冬瓜仁汤：将冬瓜仁30克洗净，碾成粗末放入碗内，加入冰糖30克与适量水，隔水炖服。每日一剂，适于湿热湿毒症。

薏米菱角汤：取薏仁30克，菱角60克，浓煎内服。每日一剂，连服30日为一疗程。适于肝郁气滞症。

胡萝卜粥：取胡萝卜叶50克，洗净切碎，与大米100克同煮为粥。随意服用。

# 11 给老教师的温馨提示

教师将全部心血都倾注在浇灌新苗、扶植幼树上。走过春，走过秋，随着一棵棵幼苗在晨钟暮鼓中慢慢成长为参天大树，他们已将自己燃尽，成了一抹林边的余晖。为老教师的健康保驾护航，是全社会应该关注的一件事。

## 老年疾病的特点

岁月不饶人，到了一定年纪，身体的各个部件就开始或多或少地闹起“别扭”来。不仅如此，同样的疾病，发生在老年人身上和发生在年轻人身上，临床表现还不一样。了解老年人疾病的临床表现，有助于早预防、早诊断、早治疗。

### 老年病临床特点

不典型性：与年轻人生病时的典型症状不同，老年人生病时，往往症状、体征都不典型，且体征多、症状少。如体检中发现，有的老年人心电图有明显的心肌缺血或劳损状况，甚至心律失常，但并没有相应的自觉症状；老年人患肺炎，有的也没有呼吸道症状。

多发性：老年人往往一个脏器可同时有几种病理改变，或一个脏器患病会影响多个脏器甚至多个系统，出现多组临床表现。这不仅要求医生在诊治老年患者时，必须认真分析多组症状，去伪存真，也要求老年人平对多留意自己的身体状况，以便就医时心里有数。

迁延性：老年病往往病程迁延，病情反复，恢复慢，从而使慢性病发生的几率增高，而且常常病情突然恶化，不能逆转。

不敏感性：老年人往往对药物不敏感，治疗效果不明显，容易产生副作用。这主要是由于老年人脑、心、肝、肾等功能都有所减退，机体反应性低所致。

上述特点给老年病的诊断和治疗增加了不少困难。因此，对老教师们来说，自行掌握一些保健知识，定期检查身体和复查原有疾病并进行恰当、及时的治疗是很重要的。

## 老年人的夜间急症与防治

老年人生病与年轻人生病的另一大不同是，老年人有些疾病易在夜间睡眠时急性发作，往往比白天发病更为凶险。易在夜间急性发作的疾病有：

脑梗塞：夜间睡眠时，突然半身不遂、肢体麻木、口歪眼斜、视物模糊等，这主要是因为夜间睡眠时心率减慢、血流迟缓、血小板易凝集，导致血液凝固，形成血栓而发病。除发作时立即拨打 120 急救外，平时也要经常服用小剂量阿斯匹林或氯吡格雷等抑制血小板聚集和降低血液黏稠度的药物。

胆绞痛：胆结石是老年人的常见病、多发病。患者常因睡眠时结石滑动阻塞胆管，引起痉挛而突发绞痛。如转换卧位，结石可从胆管滑脱，绞痛即止；亦可用手指按压或针刺足三里、内关、合谷等穴位止痛。

痛风：痛风是体内嘌呤类物质代谢紊乱所致，多在半夜单个关节突发剧痛。这是因为夜间尿少，尿酸不能及时排出，血中尿酸增多刺激末梢神经所致。因此，要禁食动物内脏、鱼卵类高嘌呤食物，坚持按医嘱服用降尿酸药物。

心绞痛：常因夜间做梦导致精神紧张，引起交感神经异常兴奋，使心跳加快；或躺平睡眠时，静脉血回流增多，致使心脏负荷加重而发病。一旦发病，宜缓慢坐起，绞痛即可逐渐缓解，还可口服速效救心丸或舌下含服硝酸甘油等扩张血管药物。

哮喘：由于夜间睡眠迷走神经兴奋，致使支气管平滑肌痉挛，引起哮喘发作。肺心病或肺气肿等患者由于血流缓慢，肺淤血缺氧，易诱发严重呼吸困难。发作时应在医生指导下肌注或静注氨茶碱等药物；亦可吸氧。老年人在夜间发作上述急症时，应及时到医院看医生。

## 老年病早期信号

### 癌症早期信号

身体的各个部位出现肿块：肿块不等于癌，但癌常有肿块，所以凡是出现肿块皆应该到医院检查。一般说来，炎症引起的肿块大多表现为红肿、发热，有时甚至会全身发热；压迫肿块有疼痛感，肿块一般也比较柔软。癌性肿块大多质地坚硬，表面不发红、不发热，压迫大多不痛，而且大多比较固定、不好推移。从部位来看，出现在颌下、腋下、腹股沟（大腿根部）部位的多为炎症性肿块；而出现在耳后、锁骨上窝、甲状腺部位、乳房及腹部的，癌性肿块的可能性大一些。

不明原因的出血：对老年人来说，任何部位出血都应该就医检查。特别是痰中带血或咯血、呕血或黑粪、大便带血、血尿、绝经后的阴道流血、回缩鼻涕（自口中吐出的鼻涕）带血、乳头出血等等，皆应警惕有癌症的可能。

上腹不适：上腹部有闷胀、隐痛等不适感，经过一个阶段治疗后不见改善的，应该就医检查，以排除胃癌、肝癌、胰腺癌等的可能性。

贫血、消瘦：消化道的癌症常表现为贫血、消瘦。造血系统的恶性肿瘤亦常有贫血、消瘦等表现。

无痛性黄疸：即不伴有上腹部疼痛的黄疸，尤其是进行性加深的，要考虑是否有胰头癌的可能性。

吞咽困难：吞咽困难者有食管癌的可能性。在早期甚至只表现为进食时胸骨后不适。

声音嘶哑：经治疗不见好转者应立即检查。

大便习惯改变：有便秘、腹泻、便条瘦细情况者应就医检查以排除结肠、直肠癌的可能。

溃疡经久不愈：尤其是唇、舌、下肢等部位的溃疡，如果久治不愈应考虑癌变的可能。胃溃疡，尤其是胃小弯部位的溃疡经久不愈的，也应警惕癌变的可能性。

黑痣增大：黑痣明显增大，伴有出血、流水症状的应立即去医院检查。

当然，发现了这些信号中的一种或几种，并不一定就是癌，不必紧张和恐惧。重要的是抓紧时间就医检查，以免延误。

### 心脏病早期征兆

心脏病主要症状是呼吸困难、心悸和胸痛。在这些症状出现之前，会出现一些与此相关的征兆，包括：

在上楼梯时或日常轻微劳动中出现异乎寻常的心慌、气短、乏力或呼吸困难。

在疲劳、寒冷刺激、饮酒或情绪激动后，出现胸骨后疼痛、胸闷、压迫感乃至绞痛。

熟睡或梦中突然被胸闷、心悸和气急惊醒，需坐起安静片刻方能好转。

在电影院、商场、会议室或游乐场等公共场所，感到胸闷或有空气不足感。

左胸部疼痛（压迫感或绞痛），放射到肩、手臂和颈部，并伴有出汗。

脉搏速度或节律出现变化，如过速、过缓或不规则。

突然出现心悸、头晕、眼前发黑，并有晕倒的感觉，或突然因胸部不适而昏倒。

下肢浮肿。

耳鸣。

有上述表现者，应及时到医院做全面检查，以明确是否有心脏病。

中风发作早期征兆

脑血管病即通常所说的中风，是由脑部血液循环突然发生障碍所致。中风分为缺血性和出血性两大类。前者是由于脑血管管腔狭窄、血栓形成或血栓脱落，致血流受阻而引起的；后者则包括脑内出血和蛛网膜下腔出血。80% 以上的脑血管病患者是 60 岁以上的老年人，死亡率和致残率都很高，必须重视。

大多数病人在中风发生前都有征兆，包括：

一过性脑缺血，也叫短暂性脑缺血发作，是由于脑的某一区域血液循环障碍，使血液供应显著减少或暂时中断而出现的脑神经症状，如短暂性的运动障碍、眩晕、言语障碍、肢体麻木等，但发作时间较短，一般持续数分钟至一小时，多在 24 小时内恢复，故称之为“小中风”。“小中风”发作乃是完全性中风的警报，必须立即就医。

本来患有高血压者，头痛加重、眩晕或血压出现波动，则预示可能发生中风。

频繁打哈欠，就是因为脑血管硬化，管壁弹性下降，管腔狭窄，致使血流量减少，造成脑组织缺血和缺氧所致。据报道，70% 的脑中风患者，在发病前 5～10 天有此种表现。

一过性“黑矇”，即眼前突然发黑，看不清东西，但很快恢复正常。这是由于微小血栓通过视网膜动脉引起的，是较大脑血管可能被梗塞的信号。

视物发生变化，突然感到双眼看到的东西变形，如把直的看成歪的，方的看成圆的；有的产生幻觉，将本来不存在于视野中的人和物，“看”得栩栩如生，活灵活现，煞有介事，这也是由于动脉硬化，脑血流量减少，致使脑组织缺血、缺氧，大脑的枕叶区功能受到影响，造成的视觉紊乱。

出现以上情况，不可麻痹大意，要注意休息，防止情绪激动，同时应及时就医。

小贴士

## 中风急救方法

发现病人中风后，应先让病人平卧在床上，并尽快与医院或急救中心联系。

在诊断未明确时，不要用药，因为不同类型的中风用药也不同。

搬运病人的正确方法：首先，不要急于把病人扶起，最好2~3人同时把病人托到床上，头部略抬高，以避免震动。其次，松开病人的衣领，如有假牙取出假牙；如果病人呕吐，应先将病人头部偏向一侧，以免呕吐物堵塞气管；如果病人发生抽搐，可用筷子垫在上下牙之间，以防咬坏舌头；如果病人出现气急或者喉部有痰鸣音，家属可用塑料管吸出痰液。

在送医院前，应尽量少移动患者；转送病人时要用担架抬，抬病人上楼梯时，应让病人的头部处于高位，脚部处于低位，以减少脑部充血；在送病人去医院的途中，家属需用双手托住患者的头部，以避免头部的震动。

对昏迷较深、呼吸不规则的危重病人，要即刻送医院急救；缺血性中风的病人大多数神志清醒，此时应让病人静卧，同时做一些肢体按摩，以促进血液循环。

## 常见老年疾病防治

### 老年性白内障

白内障是视力障碍及致盲的主要眼病之一，发病率随年龄增加逐渐增高。50～60 岁发病率为 60%～70%，70 岁以上可达 80% 以上，90 岁以上者几乎所有的人都有一定程度的老年性白内障。

症状

老年性白内障的主要临床表现是具有不同程度的视觉障碍：

视力减退：轻度混浊，或位于周边者，一般不影响视力；若混浊较重而且位于中央部位者，对视力影响较大，会使视力降低到仅能辨别手指或明暗的程度。

眼前阴影：早期晶状体发生混浊时，可在眼前出现固定不动的点状、条状或片状阴影。在光亮的背景下更为明显。这些阴影随着晶状体混浊的增加而加剧，但阴影的位置固定不变。这与因玻璃体混浊而引起的随眼球的转动而飘忽不定的黑影是不同的。

复视与多视：初期白内障患者，由于其晶状体各部纤维的屈析力不同，有些病人看一个灯或月亮时，可见两个，甚至许多个。

近视力改变：有些老年性白内障病人在一段时间内，近视力自觉好转，阅读书报或近距离工作时眼睛比以前更明亮，有的看远方需戴近视镜，也有的说原有的老花镜不需戴了。这些现象是由于白内障开始发生时，晶状体核心部日趋硬化，光学密度日益增加，屈光力增强，逐渐发展成晶状体近视，即所谓“第二视力”，是老年性白内障发生的信号。

虹视：老年性白内障在未成熟以前，由于晶状体纤维吸收水分之后，呈不规则肿胀，使病人夜晚看灯光时，见灯光周围有虹状彩色环。

治疗

对于老年性白内障，一般用卡他林（白内停）滴眼，目的是增加眼内营养，改善晶状体的新陈代谢。常用的滴眼药还有谷胱甘肽、法可林（治障宁）、晴可明、白可明、晶明、利明、复方维生素 $B_2$ 等，每日 3～4 次。这些药虽然在理论上试图通过防止晶状体的异常代谢和其蛋白质变性而治疗白内障，但迄今尚未有确切的疗效评价。

对于老年性白内障，最好施行白内障超声乳化手术，这种手术时间很短，且几乎没有痛苦，也没有年龄限制，而且治疗效果最好。

辅助治疗食疗方

取枸杞子 15 克，大枣 20 克，鸡肝 1 个，鸡蛋 1 枚。先将前两味煎汤，后加入鸡肝、鸡蛋及调味品，饮汤食鸡肝、鸡蛋。每日一次，适于肝肾不足症。

取夜明砂 9 克，山药 30 克，菟丝子 10 克，粳米 60 克，红糖适量。将前三味药面包加水，5 碗煎至 3 碗，去渣后入粳米、红糖煮粥，每日一剂，连服 15～20 剂。适于肝脾两虚症。

## 老年性耳聋

通常，人的听力以 20 岁左右最为灵敏，以后缓慢下降，50 岁以后开始自觉听力减退，但也有较大的个体差异。有的人 40 多岁就开始有耳聋现象，有的人 80 岁时还不感觉听音困难。所以并不是所有老年人都有耳聋。这与先天遗传和后天因素都有关系。

症状

老年性耳聋一般是两侧对称的感音性耳聋，随着年龄的增长而加重，发展比较缓慢。起初是对高音的感受力下降，听不清对方讲话的高音字，这时还不妨碍交谈；往后就出现语言听力障碍，也就是耳聋的初期。

耳聋对身体健康的影响虽然不大，但它却严重妨碍了老年人的社会交往，致使老年人生活孤单；老年性耳聋还可能伴有耳鸣（多为高调性），持续不停，使老人心烦不安、情绪忧郁，加快衰老过程。

### 治疗

对于老年性耳聋，迄今尚无一个简单有效治疗方法。目前多在排除或治疗原发性疾病的同时，尽早先用血管扩张剂、降低血液黏稠度的药物、营养神经的药物、维生素 B 族、能量制剂，以及必要时在一定期间内应用类固醇激素等进行治疗。

药物治疗无效者配用助听器。

### 辅助治疗食疗方

猪腰粳米粥：猪肾一对，粳米 30 克，葱 3 段。共同煮粥，每日早餐服食，连服 7～10 剂。

磁石肾羹：磁石 30 克（布包），猪肾一个，加调味品做羹食之。

白鹅膏粥：白鹅膏 60 克，粳米 100 克。共同煮粥，调味后空腹食用。每天一次，连服数次。

## 老年性痴呆症

老年性痴呆是一种慢性进行性的精神衰退性疾病，是老年人大脑结构、脑功能退化的结果，病理改变以大脑的萎缩和变性为主。有人认为这是一种病理性衰老，遗传因素起着一定的作用，而精神因素也可成为本病的诱因。

症状

一般认为，有5%～15%的老年人可发生老年性痴呆症，年龄越大发病率越高。在国内，老年性痴呆患者占精神科住院病人的1%～2%。主要表现为：

记忆力进行性变差：最初是近记忆变差，经常丢三落四，每天找东西，家人多以“人老忘性大”而忽视。进一步发展，到商店买东西，忘了去干啥；吃了早饭，忘了吃什么，忘了吃没吃；后来连往事也回忆不起来，就是说远记忆也丧失了。

人格变化：人变固执、自私、多疑、啰唆、暴躁、情绪不稳；生活懒散、肮脏不洁，行为荒诞；有的可能出现幻觉和妄想。

智力低下：理解、计算、分析判断能力衰退，经常语言杂乱，内容模糊不清。定向力差，常走失方向，找不到家。

落床：晚期病人卧床不起，生活失去自理能力，常喃喃自语，抓空摸床，二便失禁，终因感染、衰竭死亡。

治疗

目前对老年性痴呆症缺乏有效的治疗措施，因此生活上的照顾与护理极为重要。

对早期患者，应尽量帮助和督促他们自己料理生活，多参加简单的劳动和活动，与环境保持一定的接触，以减慢其精神衰退的速度。

老年性痴呆症病情多在发病2～3年后逐渐恶化，对后期病人，应防止发生褥疮、感染及其他并发症。对于长期卧床的病人，必须定时帮助翻身，变换体位，防止局部受压；衣服、被褥湿后必须及时更换；对容易产生褥疮的部位（骶部、足跟）应定时轻柔按摩，帮助局部血液循环。

### 辅助治疗食疗方

锁阳肉苁蓉麻雀汤：锁阳、肉苁蓉各 20 克，巴戟天 10 克，麻雀三只（约 90 克），生姜、大枣少许。将麻雀削净后全部用料放锅内，加水适量，文火煲 2 小时，加盐调味服食。适于肾虚、精髓不足者。

芪芎鱼头汤：生黄芪 30 克，川芎、首乌各 10 克，枸杞子 15 克，鱼头一个（约 100 克）生姜、大枣少许。将鱼头去腮、洗净，全部用料放入锅内，加水适量，文火煲一小时，加盐调味服食。适于气虚血少者。

莲子粥：嫩莲子 25～50 克，粳米 150 克。莲子去皮、去心，用水煮熟，米淘净，用文火煮稀粥，再倒入煮好的莲子，搅匀，分早晚餐温热服食。也可两者同煮粥食。

### 其他疗法

按摩治疗：选风池、风府、神门等穴进行中等强度按压，对头部用推、摩手法做较长时间的按摩，每天 2～3 次。

## 帕金森综合征

帕金森病又称震颤麻痹，是中、老年人的慢性神经系统退行性病变，在老年人中发病率很高。50～90岁的发病率为25/10万；70岁以后，发病率急剧增加，可达2000/10万。

症状

一定要留意是否有这些临床表现：

静止性震颤：常自一只手开始，以每秒4～6次节律收缩和松弛，呈“搓丸样动作”。震颤的特点是在静止时出现，精神紧张时加重，随意动作时减轻，睡眠时消失。震颤可逐渐蔓延至同侧下肢及对侧上、下肢，下颌、舌肌和头部有时也有震颤。

姿势：患者因肌张力增高而出现一侧或两侧肢体发硬、动作不灵活，并因有震颤因素而产生“齿轮样强直”。躯干肌、颈肌及面肌均可受累。有时出现特殊姿势，如头部前倾，躯干前弯，肘、腕及关节屈曲，手指内收，拇指内收，拇指对掌等；行走时急速小步向前冲去，越走越快，不能即时止步或转弯，称“慌张步态”。

运动减少：病人常呆坐，面部表情缺乏，不眨眼，双目凝视，像戴了假面具一样，称为“面具脸”。手指运动困难，不能做精细动作，比如扣纽扣、系鞋带、穿衣脱袜、洗脸刷牙等，有时在饭桌上拿筷子夹菜亦力不从心。写字困难，越写越小，称“写字过小症”。说话缓慢而单调，行走时上肢无摆动。

可有唾液分泌增加、皮脂腺和汗腺分泌增多等症状。有时说话语音低，咬字不准，使人难以听懂。

抑郁状态：对周围事物不关心，思维迟钝，记忆力减退。最后进入淡漠、痴呆，以致个人生活不能自理，易并发心肺等疾患。

检查此病时，一般可发现病人有震颤、步态慌张、表情呆板、肢体肌张力高等表现；实验室检查时可有脑脊液及尿中多巴胺代谢产物高香草酸（HVA）含量减低。头颅CT除有智能障碍者表现的脑萎缩外，一般正常。

### 治疗

帕金森病的病因尚不清楚，目前根治困难。各种药物虽不能阻止本病,但能在一定时间内减轻病人的症状,从而提高生活质量。

## 前列腺增生

良性前列腺增生，也叫前列腺肥大症。从组织学上观察，人到50～60岁时几乎都有前列腺增生的状况。尸体解剖表明，50～60岁的男性中，有35%～45%有前列腺增大现象。

患良性前列腺增生症的确切原因，目前尚未完全弄清楚。医学界现多认为，它与人体内雄激素和雌激素的平衡失调有关。发生增生的部分主要是围绕尿道的尿道周围腺体，使前列腺段尿道弯曲、伸长，尿道受压变窄，引起梗阻。梗阻和逆流可引起肾积水和肾衰竭。由于梗阻后膀胱内尿液潴留，容易继发感染和结石。

### 症状

病人一般在50岁以后出现症状，不同的人病情不一，主要有尿频、排尿困难、尿失禁、血尿、急性尿潴留等。

治疗

前列腺增生的早期应注重体育锻炼，可做提肛收缩运动、足底按摩、温热水坐浴，同时应避免刺激性食物，忌酗酒，减少性生活次数。

前列腺增生症理想的治疗方法是手术去除前列腺的增生部分。但因多数病人年老体衰，在治疗时必须同时考虑梗阻程度和全身情况，尤其是心、肺、肾功能是否能耐受手术。梗阻较轻或难以耐受手术治疗的病例可采取非手术疗法。

治疗前列腺增生的药物很多，常用的有盐酸坦索罗新（哈乐）0.2 克，每日一次，饭后吞服；非那雄胺（保列治）5 毫克，每日一次；另外还有许多其他口服药物。

过去常用的雌激素因对心血管系统副作用大，不宜常规服用。

此外，使用 α 受体阻滞剂，如酚苄明 5～10 毫克，每晚一次，能使多数轻度前列腺增生的尿流有明显好转。

辅助治疗食疗方

枸杞肉丁：猪后腿肉 250 克，枸杞子 15 克，番茄酱 50 克。将肉切成小丁，加酒、盐、湿淀粉拌和渍 15 分钟，滚上干淀粉，放热油中炸酥捞起；枸杞子磨浆调入番茄酱、白糖、白醋成甜酸卤汁后，倒入余油中，翻炒至稠浓时投入肉丁拌和食用。每日一剂，分次吃完，10 天为一疗程。适于肾阳不足症。

银耳汤：银耳 12 克，鸡清汤 1500 毫升。把银耳泡胀，将鸡清汤倒入无油腻的锅内，加盐、料酒、胡椒适量烧开；然后放入泡胀的银耳，上笼以大米蒸；待银耳发软入味后，再取出加味精调味。每日饮汤两次，7 日为一疗程。可辅治前列腺肥大。

炖麻雀：麻雀 10 只，葱白 5 根，黄酒 50 克。将洗净的麻雀加姜汁、酱油腌渍 10 分钟后放入六成熟的油锅内翻炒，再加黄酒、盐、水和葱白段，用小火焖煮 40～60 分钟，起锅前加少许糖、味精，将汤汁收浓后即可食用。可辅治前列腺肥大、小便频数者。

## 骨质疏松症

到了一定年龄，人体原有骨质、骨量减少，钙质流失，易患骨质疏松症。由于女性在绝经期后，骨中钙含量迅速丢失，因此，患病率比男性高 6 倍。

骨质疏松可分为原发性和继发性两种。原发性骨质疏松症与绝经有关，继发性常继发于糖尿病、甲旁亢、类风湿性关节炎等内科疾病，也可能是长期肝素治疗、酗酒、抽烟等影响的结果。

### 症状

罹患骨质疏松症，主要表现为全身不舒服、腰腿乏力、莫名其妙感到骨头痛等，具体包括：疼痛，原发性骨质疏松症最常见的症状是腰背痛；身高缩短、驼背、疲劳；骨折，这是骨质疏松症最常见和最严重的并发症，常见手腕、髋部、脊柱椎体等部位骨折，胸、腰椎压缩性骨折，脊椎后弯，胸廓畸形；呼吸功能下降，可使肺量和最大换气量显著减少，还往往出现胸闷、气短、呼吸困难等症状。

人体骨骼是怎样代谢的

要弄清骨质疏松的来龙去脉，首先要了解人体骨骼的发育与代谢。人体骨量的变化随年龄的增长，大体可以分为以下六个时期：

骨量增长期：从出生到20岁，有两个快速的骨量增长期，即7～8岁的男女儿童和13～14岁的女性及15～16岁的男性。后一时期男性与女性的年增长率分别为2.2%和1.9%。这也是最终男性骨密度峰值高于女性的原因。

骨量缓慢增长期：20～30岁，年增长率为0.5%～1%。

骨量峰值相对稳定期：30～40岁，该期约维持5～10年。

骨量丢失期：女性从40～49岁，男性从40～64岁，骨量呈轻微丢失。女性年丢失率为0.4%～0.6%，男性为0.3%～0.5%。

骨量快速丢失期：主要见于女性绝经后1～10年，年丢失率为1.5%～2.5%，该期约维持5～10年。男性不存在骨量快速丢失期。65岁以后，女性骨丢失率降低到绝经前水平。

骨质疏松的预防

首先应从儿童、青少年抓起。注意合理饮食，多食用含钙高的食品，如海带、鱼、虾、牛奶、乳制品、鸡蛋、豆类、骨头汤、芝麻、瓜子、精杂粮、绿叶蔬菜等。坚持科学的生活方式，如不吸烟，不饮酒，少喝咖啡、浓茶及碳酸饮料，少吃糖及食盐，动物蛋白也不宜过多；坚持体育锻炼，多接受日光浴；哺乳期不宜过长，尽可能保存体内钙质。

其次，人到中年，尤其是女性绝经后，应每年进行一次骨密度检查。如发现骨量快速减少，应及早治疗。同时，也要注意积极治疗与骨质疏松症有关的疾病，如糖尿病、慢性肾炎、类风湿性关节炎、脂肪泻、骨转移癌、肝硬化、慢性肝炎等。

第三，中老年骨折患者可接受手术，术后根据医嘱，加强营养，补充钙质，综合提高免疫功能及整体素质。退行性骨质疏松症患者应加强防摔、防碰、防绊、防颠等措施，积极进行抑制骨吸收（雌激素、钙）、促进骨形成（活性维生素 D）等治疗，以及服用骨肽片等药物。在治疗骨折时，尽量少使用止痛药，因为该类药物会阻止骨骼创面愈合。

### 骨质疏松的日常保健

食用含钙量丰富且易消化、吸收的食物，如虾皮、排骨、豆腐、牛奶等。

适当运动：运动中肌肉收缩，直接作用于骨骼的牵拉，会有助于增加骨密度。

增加光照：接受适量的日光照射，有利于活性维生素 $D_3$ 的转换和生成，有利于钙的吸收。

养成良好的生活习惯：吸烟会影响骨峰的形成，过量饮酒不利于骨骼的新陈代谢，喝浓咖啡能增加尿钙排泄，影响身体对钙的吸收，摄取过多的盐也会增加钙流失。

### 补钙治疗骨质疏松的三大误区

误区一：补钙能治好骨质疏松。许多老年人认为，人老了，骨头脆了，所以要吃钙片来防治骨质疏松，其实不是这么回事。

骨质疏松症是一种全身性的代谢性骨骼疾病，是人体衰老的表现。要想老来骨头硬朗，就得在36岁之前打好基础。底子厚了，到老年才剩得多。所以，老年人大量补钙并不能逆转骨量减少的趋势，也不可能治愈骨质疏松症。

误区二：治骨质疏松不辨病因。骨质疏松主要分为两大类，即原发性骨质疏松和继发性骨质疏松。类型不同，治疗手段也不一样。原发性骨质疏松不能单纯依靠补钙来治疗；继发性骨质疏松，在去除病因的同时，补充钙剂有效。大多数老年人发生的骨质疏松属于原发性骨质疏松。

误区三：钙补得越多越好。许多老年人认为，钙补得越多，吸收得也越多，形成的骨骼就越多。其实不是这样。通常，年龄在60岁以上的老人，每天需要摄800～1000毫克的钙，过量补钙可能导致高钙血症，并引起并发症，如肾结石、血管钙化等，危害健康。另外，补钙过多，也会影响铁等金属元素的吸收。

# 12 预防癌症

癌症的发生是一个十分复杂而且多变的过程，其中涉及遗传、环境以及生活方式等因素。

我们在生活中经常接触许多潜在的致癌物。这些致癌物可能存在于空气、食物或饮用水中，也可能存在于烟草、工业及农业化合物中，还可能以病毒的形式存在。在正常情况下，人体有抵御它们的能力，但当人体的防御能力减弱的时候，这些致癌物就会在体内逐渐活化并造成恶性损伤。一旦这种损伤发生，细胞功能便会发生异常，继而发生细胞生长和分裂的异常，积累到一定程度就会出现癌症。

## 癌症的常见早期信号

癌症并不可怕，重要的是要做到早期发现、早期诊断及早期治疗。其中，早期发现是早期诊断和早期治疗的前提，而就目前而言，癌症只有争取早期治疗才有可能被彻底治愈，所以这一点对癌症防治是至关重要的。而做到早期发现，则需要我们知道癌症的一些早期信号，根据这些早期信号去进一步检查。

### 头痛

头痛指头颅上半部的各种疼痛，是极为常见的一种症状。可见于多种疾病中，但大多无特异性，比如感冒、精神紧张、过度疲劳也可出现头痛。但也有少数头痛可能是因为某些严重疾病。

如果是反复发作或持续的头痛，我们就需要注意并寻找原因了。如果经常出现头痛，并且头痛时出现剧烈呕吐（呕吐与进食无关）、视觉改变、性格改变或者出现精神症状，并且前述症状往往随头痛的时间增加或疼痛增加而加剧；如果为钝痛，无明确特征，咳嗽、用力、弯腰、头部突然活动等均可使头痛加重，晨起时更明显；如果头痛每次数分钟至一小时或更长，一天中可出现一次或数次，头痛伴有喷射性呕吐，或伴有偏瘫等神经系统体征，这些症状在提示我们可能存在颅内肿瘤，需要我们去医院进一步检查确诊。

而突然剧烈的头痛则可能是中风或脑动脉瘤的信号，可在数分钟内导致大脑损伤。这种情况极其危险，需立即拨打 120 急救电话。

## 噎食

如果在吞咽食物后立即或 8～10 秒钟内出现咽、胸骨后或剑突下有迟缓、滞留或轻微哽噎感，初发时可自行消退，但数日后又可出现，反复发作，并且逐渐加重；如果在吞口水或进食时，总感觉胸骨后闷胀不适，平时感觉食管内有异物且与进食无关，这种情况持续存在，喝水及进食均不能使之消失，这些情况提醒我们需要高度警惕罹患食管癌的可能，需要我们到医院就诊检查。

食管癌与我们平时进食粗糙、过烫食物、咀嚼槟榔或烟丝等习惯有关，所以有上述习惯的人出现噎食需要高度警惕食管癌，应定期到医院检查。食管癌有遗传性，家族内有食管癌的人，应尽早到医院进行基因检测，出现上述症状及时到医院进行相关检查，做到早发现、早治疗。

## 鼻涕带血

鼻涕带血主要指鼻涕中带有血丝，特别是在晨起鼻涕经常出现。如果出现这一症状，并伴有有鼻塞、耳鸣、头痛等情况，这提示我们需要警惕鼻咽癌。

鼻咽癌的鼻塞与我们平时感冒时鼻塞截然不同，鼻咽癌多为肿物压迫，所以常出现在一侧，并且症状一天比一天严重。如果肿物还压迫邻近的耳咽管，还会出现耳鸣或耳闷、听力障碍的情况。如果继续发展则可向深处侵犯颅底，会出现头痛，特别是一侧性偏头痛；再继续发展则可能出现转移，会在耳后、耳朵下部长有无痛包块。

鼻咽癌病人中有 80% 以上的血清中含有 EB 病毒抗体，因此如果我们出现上述症状，可以定期去医院进行血液检查有无 EB 病毒抗体。广东地区为鼻咽癌的高发区，如果家族中有人发病，其后代需要特别注意有无上述症状，出现症状可以到医院进行相关检查，做到早发现、早治疗。

## 咯血

咯血是指喉部以下，气管、支气管或肺部组织出血，并经口腔咯出。咯血多数是因为循环系统或呼吸系统出现问题所致，但也有可能是外伤或全身性因素引起。

如果在平时出现不明原因的长时间的刺激性干咳或气促，经抗生素、止咳药治疗不能很好缓解，且逐渐加重，偶有血痰和胸痛发生，这种情况除了慢性支气管炎、肺气肿等外，还可能是肺癌的表现。如果出现弥漫不固定的胸疼，或背痛、肩痛、上腹痛等，则更需警惕肺癌的可能，需要及时去医院就诊，进行肺部的X线检查，争取做到早发现、早治疗。

根据研究发现，在主动吸烟者患肺癌的危险性为不吸烟者的9～10倍，重度吸烟者可达10～25倍，而被动吸烟者患肺癌危险性较无吸烟者2倍，而且随着被动吸烟量增加而增加；在戒烟2～15年期间，肺癌的发生率逐渐减小，直至降至与不吸烟者出现肺癌的几率相同。

室内被动吸烟，燃烧燃料、烹饪过程中所产生的烟雾均可使发生肺癌的几率增加，所以我们在平时的生活中如果拒绝吸烟，减少油烟，就可以减少我们患上肺癌的几率。

## 肿块

身上长肿块的事情时常会发生，大多数肿块都是对身体无害的，但是如果我们的身体任何部位出现的硬结或肿块形态不规则，表面不光滑，并且逐渐增大，则需要警惕肿瘤的可能。特别是伴有短期内体重明显减轻，需要我们特别注意，并及时就诊。

比如肛门肿块，特别是伴有便秘、腹泻、不明原因的体重减轻、昏睡、阵发性眩晕和肠道排空感异常等症状则需要注意肠癌。如果伴有乳房变异，特别是乳房的形状、大小、手感发生变化，乳头或乳房周围的皮肤出现了皱褶、凹陷、颜色变红、溢乳，或是单侧乳房感到疼痛或不适，我们需要注意乳腺癌的可能。腹股沟的皮肤下出现无痛肿块，症状还包括夜间盗汗、发烧、疲劳、不明原因的体重减轻、皮肤发痒和出疹子，需要我们警惕霍奇金淋巴瘤。上腹部的肿块则需要注意有无肝癌的可能。皮肤上的肿块如果出现溃烂，经久不愈，则需要警惕皮肤癌。

## 血尿

血尿，是指尿液中出现了红细胞，轻微血尿的时候需要使用显微镜才能发现，但是严重的可以直接用肉眼看到，称之血尿。

而血尿是我们泌尿系统疾病最常见的症状。在发生血尿的同时，往往还会有其他的症状，称作伴随症状。血尿的伴随症状十分重要，往往能提示疾病的部位和性质。血尿最常见的病因是结石或者炎症，典型的尿石症所引起的血尿，是由于结石摩擦引起的，伴有非常强烈的绞痛，等结石排出后，疼痛和血尿自然就缓解了。炎症多见于女性，因为女性尿道短，引起的血尿往往伴有发热和尿频、尿急、尿痛的症状，等感染控制后血尿随之消退。

肾结核往往有相应的病史，血尿可发生在尿流的终末，也会有排尿刺激症状，还有低热、盗汗等结核中毒的表现。

但是如果我们从小便开始到结束都有血尿的时候，而且没有上述症状，仅仅只有血尿，经常间断发生则需要警惕出现肾癌、膀胱癌的可能，需要及时到医院检查泌尿系统。

泌尿系的肿瘤，比如膀胱癌就是出现在膀胱的里面，也就是与尿液接触的内表面，这样肿瘤就直接与尿液接触。长出的肿瘤，有的凸向膀胱的腔内，就像湖底的水草一样；有的向膀胱的壁内浸润，形成像溃疡一样的结构，而肾癌、肾盂癌、输尿管癌等癌症，也具有直接接触尿液的这种特点。这些肿瘤因为生长速度很快，经常会出现坏死脱落，这时候会有少量出血；一旦出血，血液就立刻随着尿液排出，被人观察到。而当肿瘤出血停止的时候，血尿也就随之停止，造成一种血尿“痊愈”的假象，所以我们泌尿系肿瘤的血尿一般没有伴随症状，等到出现伴随症状都是很严重的阶段了。所以大家出现无痛性的全程血尿，需要及时就医。

## 肝区痛

肝区痛是指右侧季肋部（即右侧肋弓及其下方，肝区就是右上腹部、胸腔以内、右侧横隔膜之下、胆囊前端、右边肾脏的前方、胃的上方）的自发性疼痛。

如果出现肝区疼痛，并呈持续性胀痛或者钝痛，既往患有肝炎的人，则需高度警惕肝癌的可能。

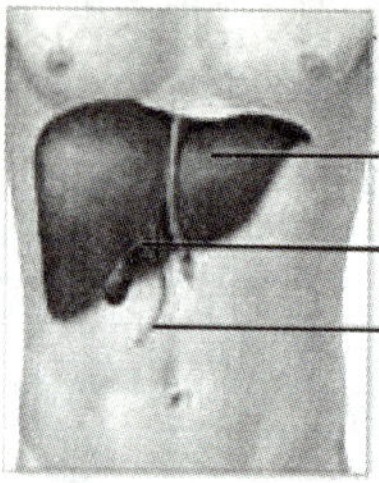


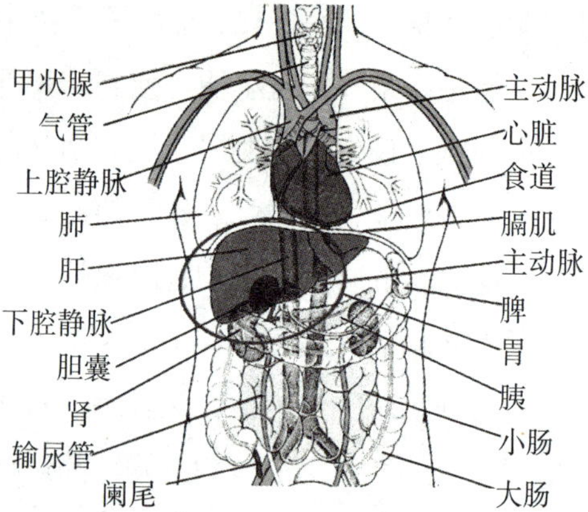


大部分肝癌患者有食欲不振、消化不良，恶心呕吐、腹部饱胀、肝区疼痛的症状，可在右肋下摸到肿块。

我国肝癌患者中大部分有肝炎病史，所以有肝炎病史的人，如出现上述症状，需到医院就诊。

对 35 岁以上有乙肝表面抗原阳性，患慢性肝炎者，每半年或一年做一次肝脏的检查，包括甲胎蛋白和肝脏 B 超，是早期发现肝癌的有效方法。

## 长期胃痛

随着社会工作节奏的不断加快，不少教师都患有胃病。如果胃病没有得到重视，可能发展为胃溃疡，反复不愈的胃溃疡，就可能导致胃癌。大多数胃癌患者发病初期都会有胃痛的症状，但开始仅仅感到上腹部不适或有膨胀沉重感，也有些可能出现心窝部隐隐作痛，常被误认为是胃炎或溃疡病来治疗。

所以当我们反复出现上腹不适、胃部疼痛、膨胀沉重感，或伴有食欲减退、恶心呕吐、食后胃胀、嗳气、反酸等消化不良症状；以及不明原因的消瘦、乏力、精神不振等症状时，都有可能是胃癌。另外一些无胃病史的人一旦出现黑便应警惕胃癌的可能。

有很多早期胃癌患者的主要症状就是消化不良、胃灼热及上腹不适，极易和胃溃疡混淆。因此，我们在有胃痛、使用抗消化性溃疡药物之前，应及时到医院做胃镜检查排除早期患胃癌的可能。

## 大便性状改变

大便性状改变包括大便习惯改变、大便条形异常、排便疼痛。大便习惯改变，包括大便次数改变，如便秘或者不明原因腹泻；正常大便呈圆柱状，若出现大便条形变细，形状改变，可能为肠腔内肿瘤压迫所致。

30 岁以上的成年人出现腹部不适、间歇性隐痛、腹胀，大便习惯发生改变，有下坠感且大便带血，继而出现贫血、乏力、腹部摸到肿块，应考虑大肠癌的可能。

大肠癌的早期信号最主要的就是大便异常：一是大便习惯改

变，比如每天早上准时大便，突然改了时间；二是大便次数改变，一天一次变成一天几次或出现便秘、腹泻交替；三是大便性状改变，出现黏液便、血便、黑色大便或大便变细。其中任何一项改变都可能是肠癌早期症状。所以出现上述症状需要高度警惕。

从肠息肉发展成肠癌，一般需要 5 ~ 10 年的漫长历程。在这段时间内，在没有症状的前提下，从 40 岁开始定期做肠镜检查，能起到早发现肠癌的作用。如果在普查中如发现长了肠息肉，早期切除后可以大大减少大肠癌的发生。

## 阴道不规则出血

正常妇女的月经每月一次，平时不会出现阴道出血。如出现性交、排便、活动后阴道点滴状出血、血液混在阴道分泌物中。开始出血量少，常自行停止；不规则阴道出血，尤其是停经多年又突然阴道出血；白带增多，呈血性或洗肉水样；下腹部及腰部疼痛，这些都是患宫颈癌的信号，需要早期到医院就诊。

宫颈癌的危险因素主要包括以下两个方面：其一是性行为危险因素，诸如性生活过早、多个性伴侣以及多孕多产、营养不良及性混乱等；其二是生物学因素，包括细菌、病毒和衣原体等各种微生物的感染。所以平时注意个人卫生，可以减少出现宫颈癌的机会。对于已婚妇女应定期做宫颈癌普查，可以早发现、早治疗，是防治宫颈癌的最好办法。

## 易致癌的食物

俗话说“民以食为天”，我们每天都离不开食物。如果食物中含有致癌物质，那么日积月累，其危害性是可想而知的。因此，发现食物中的致癌成分，防止或减少它们对人体的危害是一个非常迫切的问题。那么首先我们需要知道哪些食物中含有致癌物。

### 油炸类

有这样一个实验，用电炉将温度分别控制在200℃、250℃、300℃、400℃，加热各种食物10分钟，然后分析食物的变化，结果发现，在200℃和250℃以下，一般食物不会发生变异物质，300℃的条件下，除豆腐外，其他食物都产生了变异物质，鱼类食品产生的变异物质最多，在400℃时，鸡肉可以产生大量的变异物质。如果食品在油中炸焦，油的温度为400℃以上，不管什么食品都会产生促使癌变的物质。

生活常识告诉我们，水的沸点为100℃，所以蒸煮的饭食是安全的，不会发生变异物质。油的沸点为250℃，所以油炸的食品有发生变异物质的可能。

反复加热或多次炸用的油，食物中的致癌物会溶解在其中，食物经高温发生的变异致癌物也溶于其中，包括炸焦了的残渣。

所以我们自己做油炸食物的时候要注意控制油温，并且不能反复使用。

## 烧烤类

我们通过上面的实验知道，在300℃时，大部分食物会出现致癌物质，而一般火焰的温度都在300℃以上，而且使用煤炭烧烤时，如果煤炭燃烧不充分还会产生大量致癌烟雾，这些烟雾部分会被烧烤的食物所吸收。所以直接放火上或柴草、木炭、煤炭上制作烤牛肉、烤鸭、烤乳猪、烤羊肉、烤鹅、烤羊肉串等，都易有致癌物，所以这些烧烤的食物不宜多吃。

## 腌制食品

亚硝酸盐是一种化学添加剂。亚硝酸盐（包括硝酸盐）被广泛应用于火腿、香肠、热狗等食品的保存。食物中加入亚硝酸盐目的有两个：（1）抑制微生物生长，特别是抑制肉毒杆菌生长，防止肉毒素中毒（肉毒素又称肉毒杆菌内毒素，它是由致命的肉毒杆菌分泌的细菌内毒素，有剧毒）；（2）染色和调味，能使火腿、香肠、热狗等具有特征性的桃红色。如果不用这些添加剂，这些肉制品会呈棕褐色，就像油煎鲜猪肉的颜色。

亚硝酸盐类本身没有致癌作用，但可与其他化合物甚至与食物中的正常成分相互作用而生成致癌物，尤其是亚硝酸盐类在胃肠道内与蛋白质分解后的副产物亚硝胺。而亚硝胺类物质对人和动物具有很强的致癌性。

亚硝酸盐广泛存在于水源、土壤及肉类、鱼类、谷物等多种食物中，还存在于食物的着色剂、储存剂、存放的熟食、隔夜茶、烟酒、变质食品中。在适宜的酸性条件或细菌作用下它可以合成亚硝胺类化合物。胃恰好是合成亚硝胺的良好场所，特别是胃酸过多或胃酸不足时更易合成此类物质，直接作用于胃，促使人体癌症的发生率增加。

## 黄曲霉素污染的食物（如发霉的花生）

1960年，英国一家养鸡场在短短几个月内突然死掉十几万只火鸡，解剖时发现死火鸡的肝脏出血和坏死。经过反复检查分析，最后证明是火鸡吃了一种从巴西进口的霉花生粉，在这些毒花生粉中含有黄曲霉素。黄曲霉素由黄曲霉菌产生并存在于霉变的植物和动物性食品中，如大米、高粱、小麦、黄豆、花生、马铃薯、棉籽、蛋、奶粉等。此外霉菌还容易污染酸菜、泡菜等食品。

黄曲霉素具有耐高温的性能，一般烹调不能将其毒性破坏，进入人体后不易被机体解毒排出体外，能在体内蓄积，长期发生毒害作用引发肝癌。它还可以通过母乳进入婴儿体内，抑制婴幼儿的免疫功能，有可能引起婴幼儿患肝癌。

## 农药污染的食物

农药喷洒后既可以被部分植物吸收，还可以通过食物链和呼吸等途径侵入人体并在体内积聚，损害人体健康。根据动物实验我们发现具有致癌或促癌作用的有 DDT、钬氏剂、艾氏剂、六六六、灭蚊灵、双氯乙基醚等 20 多种农药。农药的致癌或促癌作用，主要取决于农药所含的成分。

### 1. 砷汞类农药

我们知道剧毒物质砒霜就含有砷，一般有机砷类不致癌，但部分有机砷在体内，可还原为三价的无机砷，具有致癌性。有机汞农药毒性很大，进入环境后又能长期残留，是很危险的物质。我国自 1972 年起，已禁止生产有机汞农药。

### 2. 有机氯杀虫剂

有机氯农药在我国留存量最大，对环境的影响也很广泛。有机氯农药化学性质稳定，不易分解，一旦造成污染很容易在植物、动物及人体内蓄积。而有机氯对人体毒性主要表现为神经毒性，易引起神经系统一系列症状，还可引起肝肾功能损害及生殖系统和分泌系统的功能紊乱。通过动物实验发现，有机氯农药有致癌和致畸作用，主要可诱发肝脏肿瘤的发生。

3. 有机磷农药

在我国，目前有机磷农药使用量最大、危害最广、急性中毒最多。常见的有敌敌畏、敌百虫等。主要中毒症状为中枢神经系统功能失常，如共济失调、嗜睡、胡言乱语等。有机磷农药主要可诱发乳腺和卵巢肿瘤。

随着全国各地大棚蔬菜的兴起，我们一年四季均可吃上新鲜蔬菜，但由于农药应用广泛，对蔬菜污染严重，必须提醒人们在烹调蔬菜前，应将蔬菜在水中浸泡半小时以上，以减少农药的污染。水果被农药污染后，部分农药可被果皮吸收，所以不应直接食用，最好是削皮后再吃。

## 重金属污染的食物

随着工业生产的规模化，环境污染的问题日渐严重，工业副产品——重金属在大气、水、土壤、生物体中广泛分布，重金属不能被生物降解，使得我们很多的食物中出现重金属污染的情况。如果进食这类食物过多，重金属就会在体内聚集，可以直接威胁人类的身体健康。

哪些食物含有重金属呢？

我们都知道动物内脏具有很高的营养价值的，但是他们也是重金属最集中的地方，我们无法知道从菜市场、超市买回来的动物内脏是否存在重金属污染的问题。所以平常饮食可以适当地延长进食动物内脏的间隔，比如一周一次或更长。

松花蛋，以往的松花蛋的制作中会使用铅，而进食铅过多会影响我们的智力，大家可以尽量选择无铅的松花蛋，平常吃时可以沾点醋以减少身体对重金属的吸收。

我们知道易拉罐饮料的包装原材料是铝，这就导致了易拉罐饮料中铝的含量可能会出现超标，所以平常应尽量选择塑料装的饮料，避免摄入过多铝元素。

另外不要吃太大的鱼。鱼太大了，在水中吸收的重金属也就相对较多。假如吃了被水银污染较重的鱼类，应该避免在 30 天以内再吃类似的食物。

## 食品添加剂

目前，几乎没有关于癌症危险性与食物中农业和其他化学残留物有关的研究证据。虽然有些食品添加剂在毒理学研究中具有致癌作用，但是日常中这些食品添加剂以及农业、化学污染物及残留物的水平低于国家规定时，它们存在于食物中是无害的，但是不正当的使用或者乱用则可能影响健康，甚至致癌。

尽管蔬菜和水果中还有少量化学残留物，但只要在食用前仔细清洗，就可以除去细菌和杂物。

食品添加剂是用来防止食品和饮料变质，改进食物的色、香、味的一类人工合成化学物质或天然物质，包括食用色素、香料、调味品及其他添加剂。

有些食品添加剂确实有致癌活性。和杂质不同，食品添加剂则是人为地添加到食品中被不同年龄的人们长期食用。因此，找出并停止使用有致癌性的食品添加剂极为重要。下面我们列举一些常见的有致癌性的食品添加剂。

### 1. 食用色素

在食品加工及我们的日常生活中，为了使食品具有令人喜爱的色泽，商家广泛地使用各种食用色素。部分人工合成的食用色素具有很强的致癌作用，比如苏丹红一号和二号均有致癌作用。所以应该尽量限制和减少使用合成色素。

### 2. 香料和调味品

在食品加工过程中，必须赋予食品一定的滋味和香味，现已知黄樟素香料、单宁酸和甜味剂具有一定的致癌性。

## 易致癌的习惯

我们要预防癌症，首先需要了解癌症的病因，这样才能知道我们日常生活和工作中有哪些习惯是容易致癌的。

那么在我们身边存在哪些致癌的因素呢?

### 1. 物理因素

目前已知对人类与动物都有致癌作用的物理因素有：电离辐射、日光与紫外线辐射、热辐射、创伤、长期慢性刺激等。

据研究，日本广岛在原子弹爆炸后，其癌症的发病率较其他地区的发病率增高了20倍，而且距离爆炸中心越近，其发病率越高。太阳光中的紫外线对地球上万物生长、人类繁衍是必不可少的，但是照射过量，会对人类健康造成严重威胁，过多的照射会引起皮肤过早衰老，甚至引起皮肤癌。现代社会中电子产品的广泛应用和家庭电器化的推进，使我们身边多了各种电器产生的电磁波，而电磁波能干扰人体的正常生理功能。

### 2. 化学因素

这是导致癌症发生的重要因素。号称“三大强致癌剂”的苯丙芘、亚硝胺、黄曲霉素，以及确有致癌性的聚氯乙烯、有机氯等，均是可致癌的化学物质。

### 3. 生物因素

研究发现，某些生物因素也能诱发癌症，常见的有病毒、霉菌和寄生虫等。

### 4. 遗传因素

目前越来越多的肿瘤流行病学调查资料表明，许多常见的成人恶性肿瘤与遗传有关。

所以根据以上因素，下列生活习惯、生活方式与罹患癌症有关。如：

长期打手机，长时间对着电脑、电视的终端显示屏，特别是陈旧淘汰的显示器。这会使我们受到更多的电离辐射，增加细胞癌变的机会。

经常染发。现在的染发剂中往往含有致癌物质，经常染发会大大增加患白血病、淋巴瘤的可能性。

不良的卫生习惯。不良的卫生习惯会增加细菌、病毒、霉菌和寄生虫感染的机会，自然也就增加癌变的机会。

爱喝滚烫饮品。“高温”饮品接触消化道、口腔黏膜会使其上皮出现破损、溃烂、出血等，如果反复受到这种不良刺激，则可能诱发癌症。

爱用塑料制品盛食物。食物塑料包装及塑料容器中的双酚 A（BPA）会增加妇女患乳腺癌的危险，所以我们平时应少用塑料制品。

吸烟。吸烟者比不吸烟者患癌危险要高 7～11 倍。肺癌、喉癌、食管癌等超过三成以上的癌症发生与吸烟密切相关。

家庭厨房通风差。厨房的油烟污染可引起肺癌、喉癌、食管癌等疾病的发病率。

饮酒。含有酒精的饮料，随着摄入量的增加，患口腔癌、咽癌、喉癌、食管癌和肝癌的危险显著升高。

常饮含糖饮料。含糖饮料提供了能量，却极易让人不知不觉就喝多了，导致肥胖。肥胖已成为导致癌症的“罪魁祸首”。

只爱吃肉食、不吃蔬菜、水果。只吃肉，不吃蔬果，很容易发生便秘，导致体内毒素无法及时排出，长期便秘会增加肠癌危险。水果和蔬菜可以降低咽癌、喉癌、食道癌等多种癌症的发病率。

盐摄入超量。食盐和盐腌食物将增加胃癌的发生率。每日盐的摄入总量应低于 6 克。

不洁的性生活。不洁的性生活是致癌因素，可能与子宫颈癌、阴茎癌、阴道癌和外阴癌有关。

分娩后，使用乳制品喂养。有些妇女为了爱美，防止乳房变形，在分娩后，使用乳制品喂养婴儿。研究显示，妇女分娩后采用母乳喂养可减少乳腺癌的发病率。

不运动。每天锻炼少于 30 分钟的人群会增加患某些癌症的危险性。研究表明，进行有规律的、持续的身体活动，能预防某些部位的癌症，如结肠癌等。

滥用药物、激素。滥用药物会破坏人体正常的生理环境，使得患癌症的风险大大增加。

戴纯度不高的金银首饰。金银矿常有放射性元素如钴、镭等伴生，在金银矿开采、冶炼或首饰的制作过程中，由于提纯度不高，可导致这些放射性元素掺杂其中，会对人体有损害。

## 带癌生存

癌症患者能否长寿？这个问题的回答是肯定的，这并不是美丽的神话，也不仅仅是一个美好的愿望，而是客观存在着的事实。癌症患者战胜疾病，像正常人一样地生活、学习与工作，甚至长寿的都大有人在。

尽管目前大多数癌症的发病原因至今尚不完全明了，治疗也没有突破性的进展，但经过有效的综合治疗后，在康复过程中通过积极地锻炼而健康地生活、工作，甚至成为“寿星”的人，无论是在国外还是在国内，都是有的。

在现实生活中我们经常会遇到这样的例子：同样患有癌症，同样接受治疗的患者，预后的情形却大不相同。有的患者康复很好，甚至是痊愈，有的却从此一蹶不振，病情迅速恶化，生命只能勉强维持很短的时间。这除了来自疾病本身及治疗上的原因外，很大程度上取决于患者的心理、调养、护理情况。任何疾病，治疗固然是必要，但也不是万能的。癌症患者在治疗过程中的心理状态、配合程度、治疗期间的护理以及患者的自我调养情况，都会给愈后带来直接的影响。目前，癌症的治疗虽然有不尽如人意的地方，但我们也发现，有一些癌症是完全可以治愈的，甚至在某些情况下，癌症还存在“自然康复”的可能。尽管如何获得自然康复的确切途径还不十分清楚，但这种自然康复绝非偶然，它建立在一种必然的内在因果关系基础上。自然康复的病例几乎无一例外地发生在情绪乐观、生活态度积极、认真对待身体调养的患者身上。因此作为癌症患者，不仅要了解与癌症有关的一般知识，还应该掌握一定的养生调养方法。在治疗过程中积极配合，保持乐观的情绪，充满战胜癌症的信心，坚持调养、强健体魄，这样才具备痊愈的起码条件。

1. 保持乐观情绪

无论什么疾病，不良的情绪状态都会给病变带来不良影响，更何况癌症的发病及病理机制多与精神因素有关。在癌症患者的自我调养中，占第一位的是精神、心理方面的调养。良好的精神、情绪状态，有助于调动机体的内在潜力，从而战胜病魔，恢复健康。因此，保持乐观的情绪，建立战胜癌症的信念是带癌生存的首要环节。

2. 生活规律

癌症患者要制定好每天的作息时间并严格执行。规律的生活，有助于体内各系统的协调和稳定，有助于维持机体内环境的动态平衡，从而增强机体的抗病能力，阻止病情的发展。

3. 合理饮食

癌症患者的饮食也是养生的重要环节。由于病情的发展和放、化疗的损伤，机体越来越虚弱，甚至出现恶病质。因此饮食要富于营养、易于消化。在此基础上尽量食用有益于治疗疾病的食物。

癌症患者放疗、化疗可以带来恶心呕吐、食欲不振等情况，这时我们需要鼓励患者恢复正常饮食。要千方百计增加病人食欲，经常更换菜肴品种，并保持足够的蛋白质摄入量和多吃一些维生素含量丰富的食物，避免吃不易消化的食物。

因为癌症是一种消耗性疾病，特别对蛋白质的消耗更多，所以应该多吃些蛋白质，以补充耗损、促进损伤组织的修复所用的蛋白质。而猪肉、牛肉、兔肉或鸡鸭家禽所含的蛋白质很丰富，假如患者厌油腻荤腥，可换些蛋白质含量丰富的非肉类食物，如奶酪、鸡蛋饼、咸鸭蛋等。

### 4. 劳逸结合

癌症患者要选择适合病情及身体情况的锻炼方法，如果情况允许，还可以恢复从前的工作。但活动量不宜太大，以免适得其反。

### 5. 积极配合医生治疗

有些人说身边的癌症患者通过锻炼出现了自然康复，而医院也治不好癌症，所以不去医院治疗，这种想法是不正确的。虽然医院目前对癌症的治疗方法没有太大的进展，但是定期到医院就诊，能清楚自己的病情。医生针对不同的情况选择的治疗方案，也有助于提高我们的生活质量和延缓癌症的发展。我们虽然鼓励病人积极配合医生治疗，也反对病急乱投医，尤其不能随便相信江湖医生，迷信“偏方”。

## 预防癌症复发

许多癌症病人经过手术、放疗、化疗后可以恢复正常的生活，甚至重返工作岗位。这时，他们也常常担心原来的癌症复发或在身体的其他部位发生新的癌症。这就需要我们进行预防减少癌症的复发。

预防癌症的复发则需要我们注意以下几点。

要进行抗复发治疗。即癌症经治疗得到控制后，还需要继续用药，尽可能杀死残存的癌细胞。

加强体育锻炼。通过体育锻炼可以提高我们自身的免疫力，这样可以帮助我们抵御外来的不良因素的入侵，也可以消灭体内残存的癌细胞。

积极治疗基础疾病。有些基础疾病如冠心病、糖尿病等，如果这些慢性疾病得不到有效控制，可能影响其相应的器官发挥最佳的功能。

定期复查。症状消失后，要定期复查，这样可以做到再次早发现、早治疗。

避免易致癌的因素。

合理的起居饮食。合理的起居饮食对我们预防癌症和预防癌症复发都有很大益处。

# 13 教师必知的急救常识

“天有不测风云，人有旦夕祸福”，日常生活中总会有意外发生。而对于教师而言，由于面对的学生多、情况又复杂，常常要处理一些意外和紧急情况。这样，学习和掌握一些急救常识和处理技能就显得尤为重要。

# 心肺复苏术

当学生、亲属、朋友、同事、路人心脏病突发或发生溺水、窒息等其他意外事件，有可能造成其意识昏迷甚至呼吸及心跳停止，如得不到及时地抢救使其复苏，4～6分钟后患者的脑和其他重要器官组织会受到不可逆的损害。如果您会心肺复苏术（Cardiopulmonary resuscitation，简称CPR），有可能救人一命。所以，从人命关天的角度看，只需一张嘴、一双手就可完成的心肺复苏术十分重要。教师们应努力掌握这门技术。

## 简易心肺复苏术步骤

医学统计调查反映，如在心跳停止4分钟内对患者实施初步的心肺复苏术，8分钟内由专业人员进一步抢救，患者死而复生的可能性最大。因此时间就是生命，速度又是关键。

简易心肺复苏术按以下四个步骤进行：

步骤一

识别心脏骤停：轻拍患者双肩、在双耳边呼唤“喂，你怎么了”。如果病人清醒，要继续观察，如果没有反应则可能发生了昏迷，要快速检查是否没有呼吸（采取“一看二听三感觉”的方法，靠近患者身体及口鼻，一看患者胸部有无起伏，二听有无呼吸音，三感觉有无呼吸气流），并以最短时间判断有无脉搏（10秒内完成）。如判断患者无反应时，应立即开始心肺复苏术。

步骤二

胸外心脏按压：在心肺复苏过程中，强调胸外按压最重要。按压部位——胸骨下半部，胸部正中央，两乳头连线中点。双肩前倾在患者胸部正上方，腰挺直，以臀部为轴，用整个上半身的重量垂直下压，双手掌根重叠，手指互扣翘起，以掌根按压，手臂要挺直，胳膊肘不能打弯。一般来说，心脏按压与人工呼吸比例为 30 ∶ 2，即按压 30 次，人工呼吸两次。

步骤三

口对口人工呼吸：先检查及畅通呼吸道，取出口内异物（如假牙等），清洁分泌物。用一手将患者下颏向上方抬起，以畅通气道，另一手推前额使头部尽量后仰，用拇指和食指捏住患者鼻孔，吸一口气，用口唇把患者的口全罩住，然后缓慢吹气，每次吹气持续在 1 秒以上，确保呼吸时胸廓起伏。

步骤四

呼救：在不延缓实施心肺复苏的同时，应设法（打电话或呼叫他人打电话）通知 120。

在西方发达国家，心肺复苏术被作为全民急救常识普及，每两年进行一次重复培训，因此美国猝死者的生存率较高，达

28.7%，而在中国，只有大约不到人口1%的专业人员才掌握心肺复苏术，绝大多数人碰到此类情况束手无策，从而造成猝死患者的抢救存活率较低的局面。

## 应对突发急症

除了紧急状况下的心肺复苏术，教师在课堂上下、体育课、运动会、郊游等场合还可能会遇到一些突发急症。如果大家都能掌握一些急救知识，其实有很多悲剧都是可以避免的。

### 晕厥

晕厥又称昏厥、昏倒，常因大脑暂时缺血、缺氧而引起，有短暂性意识丧失。发病多突然开始，患者会头晕、心慌、恶心呕吐、面色苍白、全身无力，意识模糊持续数秒钟至数分钟后自然清醒，随之周身疲惫无力，稍后自动恢复，一般无抽搐、舌咬破和尿失禁。

急救方法：

1. 使患者平卧，头放低，松解衣扣。

2. 可用手指掐患者鼻下的人中、头顶的百会、手臂的内关或脚底的涌泉等穴。

3. 当患者脸色苍白、出冷汗、神志不清时，立即让患者蹲下，再使其躺倒，以防跌撞造成外伤。

4. 患者意识恢复后，可给少量水或茶。原因不明的晕厥，应尽快送医院诊治。

## 低血糖

低血糖的病因较多，常见的有不吃早餐的中午前饥饿、减肥过度导致营养不良、糖尿病病人用降糖药过量等。症状表现为心慌、心悸、饥饿、手足颤抖、出汗等，也有表现为头昏、视物模糊、反应迟钝、嗜睡、幻觉、无端吵闹、行为怪异、昏迷等。

低血糖的急救并不困难，尽快补充糖类，如喝糖水、果汁、吃点心是最有效最简便的方法。当患者出现昏迷时要尽快送到医院静脉注射 50%葡萄糖等相应治疗。确定患者是否低血糖的办法是用快速血糖仪测定，在无仪器的情况下，只要病者饥饿同时有上述症状时，可以先喝杯浓糖水，在病情缓解后要到医院查清低血糖的病因以便有效对应治疗。

当学生出现昏迷、喝糖水无效时要打 120 呼救，现场急救后送医院诊疗。

此外，要注意提醒糖尿病患者应随身携带糖块、饼干类食物以防发生低血糖，同时家备血糖仪，可随时监测血糖。

## 高热的急救

突发高热，在幼儿园和小学尤为常见。此外，运动会、夏日郊游等场合下，也很容易有学生突发高热。

急救方法：

1. 可让患者平躺，头偏一侧，保持呼吸道通畅。

2. 降温。物理降温，适用于高热而循环良好的病人，方法为前额置冰袋或敷冷毛巾，在腋下及腹股沟处冷敷，用温水或酒精擦浴，喝冷饮。也可用药物降温，儿童常用药物如对乙酰氨基酸、布洛芬、安痛定等应在医生指导下使用。降温过程中严密观察病情变化。此外，多饮水也有助于降温。

3. 保持空气流通，尽量让患者不吹对流风。

如是儿童发热，极易发生惊厥，应进行以下处理：

1. 保持安静，立即让小儿平卧，脸向右边，解开衣扣，以利呼吸，及时清除口鼻中黏液，防止吸入呕吐物或其他分泌物而窒息。

2. 为了防止幼儿咬伤舌头，可以把筷子缠上布垫放在上下磨牙之间，如果牙关紧闭不必强行内插，可用手指压住人中、合谷。

3. 解开幼儿的领口、裤带，用温水或酒精擦拭头颈部、两侧腋下和大腿根部，也可用凉水毛巾较大面积地敷额头部降温，但一定不要湿敷胸腹部。

4. 待幼儿停止抽搐、呼吸通畅后再送往医院。如果抽搐 5 分钟以上不能缓解，或短时间内反复发作，预示病情较为严重，必须立即送医院。在运送医院的途中，注意将口鼻暴露在外，伸直颈部保持气道通畅。要密切观察幼儿的面色有无发青、苍白，呼吸是否急促、费力甚至暂停。值得注意的是，幼儿抽风时，不要紧紧地包裹，这样容易使幼儿口鼻受堵，呼吸道不通畅，甚至窒息死亡。

## 哮喘

支气管哮喘是一种气道高敏症，严重的哮喘发作可持续 24 小时以上。患者表现为呼吸困难、呼气延长、咳嗽，面色苍白或发紫，心率增快，严重者血压下降、大汗淋漓、神志不清出现昏迷。因此，如果班上有哮喘病的学生，在其突发哮喘的时候，一定不要惊慌，而是立即采取正确的方法急救：

1. 协助病人取坐位或半卧位休息，或让病人抱着枕头跪坐在床上，腰向前倾。此位置有利于病人呼吸。

2. 有条件的，给予舒喘灵或沙丁胺醇（喘乐宁）气雾吸入，按压 1～2 喷，每天不超过 6～8 喷。口服喘乐宁，每次 2～4 毫克，每日 3 次。

3. 迅速取出学校医务室的吸氧瓶，以每分钟 3L 的高流量氧气通过鼻导管或面罩给病人吸入。

4. 保持室内通风，空气新鲜，但没有过堂风。避免室内有煤油、烟雾、油漆等刺激性气体。

5. 注意为病人保暖，保持环境安静，鼓励病人配合治疗。如情况较严重则须立即向急救中心呼救，或直接去医院急诊室救治。

## 鼻腔出血

鼻腔出血也是平时课堂上、课休间孩子常见的紧急状况。对于症状较轻的鼻腔出血可采用如下方法紧急处理：

冷敷法：用冷水或冰块将毛巾浸湿敷在鼻根、前额中部或后颈部，反复数次。这样可促进血管收缩，减少出血。

压迫止血法：用拇指或食指指头在患者鼻翼往鼻中隔中间压，旋转式加压按摩，持续数分钟。

塞鼻法：麻黄素、肾上腺素具有收缩血管的作用，中药三七粉、云南白药、小蓟等也是良好的止血药。用干棉球蘸取上述药物塞入鼻孔内，或取小蓟鲜汁适量，用干棉球蘸取鲜汁少许塞入鼻孔，均可起到止血作用。

如果有鼻腔反复出血及出血量较大情况出现，应通知家长或送孩子到医院就治，检查原因对症治疗。

## 外伤止血

体育课、运动会上或者下课自由活动期间，有时会遇到学生受伤出血的情况，作为教师要知晓止血的一些相关知识。

出血可分为动脉出血、静脉出血和毛细血管出血。其中动脉出血血色鲜红，速度快，呈间歇喷射状；静脉出血血色暗红，速度较慢，呈持续涌出状；而毛细血管出血血色多为鲜红，从伤口缓慢流出。

现场可采用以下止血方法：

一般止血法。这主要适用于一般小创口出血，可用生理盐水或凉开水冲洗后，用创可贴贴上，或用消毒纱布盖上，再用绷带包扎紧即可。

指压止血法。这是用拇指压住出血的血管上端即近心端，以压闭血管、阻断血流的一种方法。此法适用于头面颈部及四肢的动脉出血，仅用于急救，压迫时间不宜过长。在施行过程中，可参照下面的“人体各部位血管出血的压迫点”图示，根据出血部位，按压相应的压迫点。

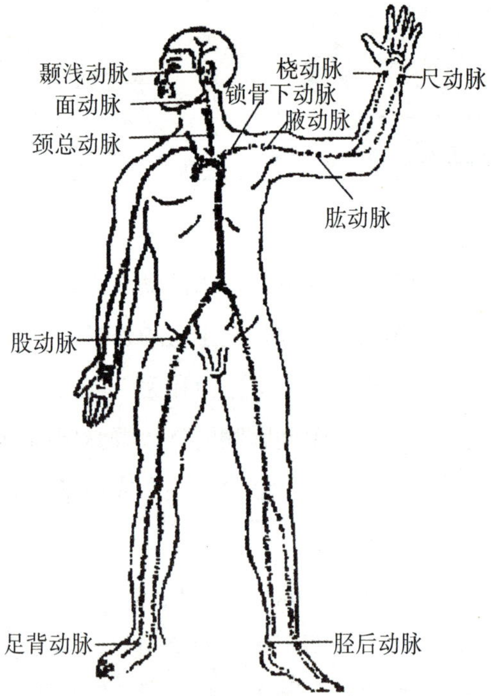


**人体各部位血管出血的压迫点**

填塞止血法。对较大创口可用消毒急救包、棉垫、消毒纱布或干净软布填塞在创口内，松紧度能达到止血目的为宜。

止血带止血法。这个办法适用于四肢较大的血管出血，采用加压包扎不能有效止血的情况下，才选用止血带。采用止血带止血，一般先将受伤肢体抬高 2 分钟，使血液尽量回流；然后在需要上止血带的局部裹上垫布，再将止血带第一道绕扎在衬垫上，第二道压在第一道上面，并适当勒紧，扎到不出血为止。

采用止血带止血要注意的是：首先位置要选择对，止血带要缠绕在伤口上方，尽量靠近伤口，上臂宜在上 1/2 处；大腿宜在上、中 2/3 处；其次，不可直接缠在皮肤上，必须要有衬垫。止血带使用时间要适当，尽量缩短，每小时放松一次，每次半分钟到 1 分钟，放松时如仍流血，应用其他方法止血；对于材质，首选透气性止血带，其次为橡皮管或橡皮带止血带。在急救现场有时只能就地取材用较宽布带、绷带等代替，实在找不到合适止血带材料，可取鞋带、绳索等线材应急，但应注意衬垫物适当加厚。特别要注意的是，要做好标记，说明上带时间、部位。同时要尽快转送到医院进行治疗。

## 包扎

学生意外受伤，除了止血，还要会包扎才行。包扎伤口，不同部位有不同的方法，这里介绍几种常见的包扎材料和方法。

包扎材料最常见的是卷轴绷带和三角巾，三角巾是一块方布对角剪开，即可成为两块三角巾，用于较大创面、固定夹板、手臂悬吊等。

## 绷带包扎法

常用的绷带包扎法有环形包扎法、螺旋及螺旋反折包扎法、“8”字形包扎法等。包扎时注意掌握好“三点一走行”，即绷带的起点、止点、着力点（多在伤处）和行走方向的顺序，以达到既牢固又不能太紧。先在创口覆盖无菌纱布，然后从伤口的远心端向近心端，左右缠绕。绷带包扎一般只适用于四肢和头部。

环形包扎。粗细相同部位的伤口包扎法（如手臂、腿部等）绷带放于需包扎位置的稍上方，第一圈做稍倾斜缠绕，第二、三圈做环形缠绕，并将第一圈斜出的绷带角压于环形圈内，然后重复缠绕，最后在绷带尾端撕开打结固定，或用别针或胶带固定。参见下图。

绷带环形包扎法

绷带蛇形包扎

蛇形包扎：先将绷带的一端在伤口的敷料上环绕一圈。第二圈绕过上臂一圈，第三圈时绕过下臂一圈。第四圈时再绕上臂一圈，第五圈绕过下臂……

三角巾依三角形命名，有顶角、底角、斜边和底边等名称。

头部帽式包扎：先在伤口上覆盖无菌纱布，把三角巾底边的正中放在伤员眉间上部，顶角经头顶拉到枕部，将底边经耳上向后拉紧压住顶角，然后抓住两个底角在枕部交叉返回到额部中央打结。

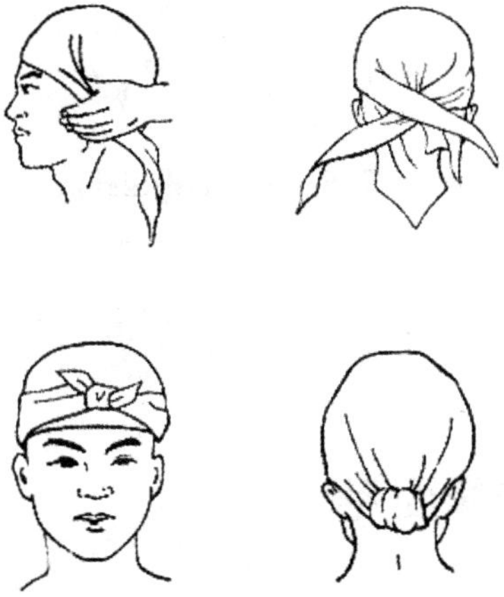

三角巾头部帽式包扎

手臂悬吊：如上肢骨折需要悬吊固定，可用三角巾吊臂。方法为：将患肢成屈肘状放在三角巾上，然后将底边一角绕过肩部，在背后打结即可。

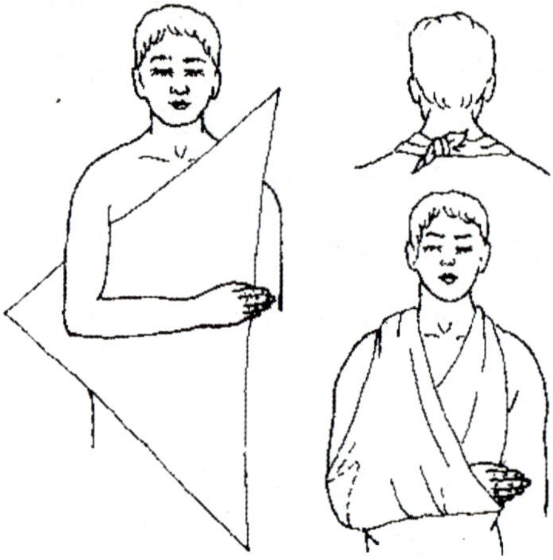

三角巾手臂悬吊包扎法

## 骨折现场固定

骨折固定主要是为了制止肢体活动以减轻疼痛，避免进一步损伤血管、神经等，以利病人转送医院。

固定骨折一般遵循这些基本原则：

1. 有伤口的应先止血包扎再固定，发生休克时应先应对休克。

2. 若有开放骨折（即断骨头刺破皮肤露了出来），不可将刺出的骨端送回创口固定，以防感染。

3. 若采用夹板固定时应选择长宽合适的夹板或直尺，夹板长度要大于骨折处且固定位置在骨折处两端。

4. 夹板与皮肤间垫棉花，尤其在骨突出及凹陷部位，其固定的松紧要适度，并将指、趾端露出，以便观察血液循环情况。

骨折现场的固定材料，可因地制宜选取木板、直尺、铅笔、教鞭、树枝、雨伞、报纸卷等物品。

对患者骨折部位进行妥善固定，是急救处理时最重要的一项。妥善固定首先可以避免骨折端在搬运时移动而更多地损伤软组织、血管、神经或内脏；其次，骨折固定后即可止痛，有利于防止休克；第三，便于患者运送医院。

发生骨折事故后应立即拨打急救电话，积极抢救。

## 突发状况的紧急处理

除了急症突发，在校学生还容易出现一些意外和突发状况，比如中暑、溺水等。如果教师能掌握相应的紧急处理技能，对于缓解危急情况、避免孩子的伤害扩大都是大有裨益的。

## 中暑

中暑是指在高温或烈日长时间作用下，机体体温调节障碍，水、电解质代谢紊乱及神经系统功能损害的症状的总称。主要症状有高热、乏力、头晕、恶心、呕吐、胸闷，脉博细速、血压下降、无汗及烦躁，重者可神志不清，甚至昏迷等，当有学生中暑时，最好采用以下急救方法：

转移：迅速将患者抬到通风、阴凉、干爽的地方，使其平卧并解开衣扣，松开或脱去衣服，如衣服被汗水湿透应更换衣服。

降温：患者头部可捂上冷毛巾，可用 50% 酒精、白酒、冰水或冷水进行全身擦浴，然后用扇或电扇吹风，加速散热。有条件的也可用降温毯给予降温，但不要快速降低患者体温，当体温降至 38℃以下时，要停止一切冷敷等强降温措施。

补水：患者仍有意识时，可给一些清凉饮料，在补充水分时，可加入少量盐或小苏打，但千万不可急于补充大量水分，否则，会引起呕吐、腹痛、恶心等症状。

促醒：病人若已失去知觉，可指掐人中、合谷等穴，使其苏醒。若呼吸停止，应立即实施人工呼吸。

转送：对于重症中暑病人，必须立即送医院诊治。搬运病人时，应用担架运送，不可使患者步行，同时运送途中要注意尽可能地用冰袋敷于病人额头、枕后、胸口、肘窝及大腿根部，积极进行物理降温，以保护大脑、心肺等重要脏器。

## 溺水

发现学生溺水后应尽快将其救出水面（但您自己如不懂游泳，最好不要下水，立即呼喊会游泳的老师或高年级同学帮忙，或立即报警求助）。

若溺水学生已经丧失意识，应置于侧卧位，并注意为其保暖。进行现场抢救的同时，尽快拨打 120 急救电话。

将溺水学生救起后，应平放在地面，立即清除其口、鼻腔内的水、泥及污物，用纱布（手帕）裹着手指将其舌头拉出口外，解开衣扣、领口，以保持呼吸道通畅。

倒出腹腔内吸入物，但要注意不可一味倒水而延误抢救时间。倒水方法：将溺水学生头部朝下放在您屈膝的大腿上，按压其背部迫使呼吸道和胃里的吸入物排出。或采取倒背法，即抱起溺水学生双腿，将其腹部放在您肩上，快步奔跑使积水倒出。

当溺水学生呼吸停止或极为微弱时，应立即实施人工呼吸，必要时施行胸外心脏按压。

因溺水学生呼吸、心跳在短期恢复后还有可能再次停止，所以千万不要放弃人工呼吸，应一直坚持到专业救护人员到达。

## 电击伤

电击伤俗称触电，大多是因人直接接触电源所致，也有被高压电或雷电击伤的。

当有学生触电后，不要惊慌失措，应在立即报警、呼叫医务人员的同时采取以下应急措施：

断电：此时应立即切断电源开关或扳下空开；或用不导电物体如干燥的木棍、竹棒等物挑开断线，使伤员尽快脱离电源（切记，此时不可因心急或慌乱而直接接触触电伤员，防止自身触电）；也可站在干燥的木板上或穿上不带钉子的胶底鞋，用一只手（千万不能同时用两只手）去拉触电者的干燥衣服，使触电者脱离电源。

检查和急救：当伤员脱离电源后应立即检查伤员全身情况，特别是呼吸和心跳。若发现呼吸、心跳停止时，应立即现场抢救：

对于轻症，即神志清醒、呼吸心跳均自主者，让伤员就地平卧，严密观察，暂时不要让其站立或走动，防止继发休克或心衰。

对于呼吸停止但心跳存在者，应就地平卧解松衣扣，通畅气道，立即口对口人工呼吸；有条件的可气管插管，加压氧气人工呼吸。也可针刺或手掐人中、十宣、涌泉等穴。

若心跳停止但呼吸存在者，应立即进行胸外心脏按压。

对于呼吸心跳均停止者，则应在施行胸外心脏按压的同时进行人工呼吸。现场抢救最好能两人分别施行胸外心脏按压及口对口人工呼吸，用 30∶2 的比例进行胸外心脏按压和人工呼吸。

在处理电击伤时，应注意有无其他损伤，如有外伤、灼伤均需同时处理。而且在现场抢救中，注意不要随意移动伤员。若确需移动时，抢救中断时间不应超过 30 秒。在移动伤员或将其送医院时，除应使伤员平躺在担架上并在背部垫以平硬阔木板外，应继续抢救，对心跳呼吸停止者要继续人工呼吸和胸外心脏按压，在医务人员未接替前救治一定不能中止。

## 食物中毒

食物中毒包括细菌性食物中毒、化学性食物中毒（如农药中毒）、动植物性食物中毒（如河豚、木薯、扁豆中毒）、真菌性食物中毒（如毒蘑菇中毒）等，以恶心、呕吐、腹痛、腹泻为主要症状，往往伴有发烧，严重的还会发生脱水，甚至出现休克、昏迷等症状。

发生食物中毒后，可以采取的应急措施：

饮水：立即饮用大量干净的水，对毒素进行稀释。若有绿豆汤，灌喂绿豆汤更好。

催吐：用手指压迫咽喉，尽可能将胃里的食物吐出。

封存：将吃过的食物进行封存，避免更多的人受害。

呼救：马上向急救中心呼救，越早去医院越有利于抢救，如果超过两小时，毒物被吸收到血液里，治疗会比较困难。

对于一些较常见的食物中毒，可参考如下紧急处理：

四季豆中毒。四季豆是人们普遍食用的蔬菜，常因烹调不当食用后中毒。中毒症状表现为进食后半小时至 3 小时，长者可达 15 小时内出现恶心、呕吐、腹痛、腹泻、头晕、头痛，少数人有胸闷、心慌、出冷汗、手脚发冷、四肢麻木、畏寒等，体温一般正常。一般认为与四季豆中毒有关的有毒成分是所含的皂素和红细胞凝集素，具有凝血作用。中毒主要是因为烹调时未熟透，食后引起中毒。豆角宜炖食，炒食不要过于贪图脆嫩，应充分加热，使之彻底熟透。中毒较轻的人经过休息可自行恢复，用甘草、红豆适量煎汤当茶饮，有一定的解毒作用。通常无需治疗，吐泻之后迅速自愈，中毒重者应到医院抢救治疗。

蘑菇中毒。据统计，有毒蘑菇约有 80 多种，其大小、形状、颜色、花纹各不相同，很难鉴别。毒蘑菇含有植物性生物碱，毒性强烈，可损害肝、肾、心及神经系统，即使是微量被吸收到体内也很危险。蘑菇中毒后应立即呼叫救护车赶往现场。同时立即催吐、洗胃、导泻。中毒不久而没有明显呕吐的人，可以先用手指、筷子等刺激舌根部催吐，然后用 1 ∶ 2000 或 1 ∶ 5000 高锰酸钾溶液、浓茶水或活性炭混悬液等反复洗胃。在等待救护车期间，为防止反复呕吐发生的脱水，最好让患者饮用加入少量食盐和食用糖的糖盐水，补充体液，防止休克。对于已昏迷患者不要强行向其口内灌水，防止窒息。

马铃薯中毒。马铃薯中毒往往是因为马铃薯变绿、发芽后未曾注意，其紧急处理首要的是催吐。催吐时用筷子或手指刺激咽后壁诱导催吐，以减少人体对毒素的吸收。也可用导泻的办法，即口服硫酸钠或硫酸镁 20 毫升导泻，以此促进毒素的排泄。饮用茶水、食醋或糖开水，也可饮用甘草绿豆汤，以补充水分，防止脱水。

鱼胆中毒。催吐、洗胃、导泻，这是中毒者的首选方法，只有这样，才能尽快将胃内有毒的物质排出，减少人体对毒素的吸收。中毒患者若出现休克，应让其平卧，头稍低，并立即送医院救治。

剩菜中毒。在前文中提到过剩菜过夜后其中亚硝酸盐含量就会超标，一旦发现剩菜中毒，紧急处理方法是当吃进含毒食物，但尚未发生剧烈频繁呕吐之前，可用茶水、淡盐水或自来水洗胃、催吐。可在病人喝了上述洗胃催吐液后，以布裹住筷子刺激自己或患者咽部催吐。患者吐后，可服烤焦的馒头，它像海绵吸水一样吸附毒素，阻滞胃肠对其的吸收。为了减轻毒物对胃黏膜的刺激，催吐后可口服蛋清或牛奶、豆浆，以沉淀毒物，减轻毒物的腐蚀作用。最后可服用绿豆汤或甘草汤解毒。剧烈呕吐和频繁腹泻后，应及时补充液体。可用食盐一汤匙、白糖两汤匙，加生姜数片冲开水饮服，并及时送往医院。

## 腿抽筋、肌肉损伤

学生游泳或剧烈运动时常有腿抽筋的情况出现，体育课和运动时肌肉损伤的情况也不少。

如果自己发生抽筋,此时要快速收缩脚掌,使脚趾朝脚心弯曲,使脚底板呈弧形,然后用手辅助腿伸直。如果您是坐着的,可以用手按下膝盖使其伸直,坚持5秒钟即可。疼痛消失以后仍然坚持按压膝盖,然后缓慢地放松大腿,如果又感到疼痛接着再伸直腿。

如果是看到学生腿部抽筋时,要快速地指导他伸直腿部,搬起他的脚使其靠向他的头部,坚持几秒钟即可缓解疼痛。

肌肉损伤后,拉伤部位剧痛,用手可摸到肌肉紧张形成的索条状硬块,触疼明显,局部肿胀或皮下出血,活动明显受到限制。肌肉损伤后,要立即用冷水冲局部或用毛巾包裹冰块冷敷,然后用绷带适当用力包裹损伤部位,防止肿胀。

对于肌肉损伤的急救可先冷敷,一个有效的方法是在损伤的肌肉上放一条毛巾,再把冰块装在塑料袋内置干毛巾之上进行冷敷半小时,直至伤处疼痛减轻,一天之内可以反复进行几次。

如果腿部肌肉损伤,可在受伤的部位缠上弹性绷带,将腿抬高,使受伤后出现的肿胀控制在最小限度。缠绷带以30分钟为限,可反复做几次;伤后一周内不要跑跳,但可以做幅度较小的伸展运动。

## 烧、烫伤

一旦发生烧、烫伤后,立即将被烧、烫部位放置在流动的水下冲洗或是用凉毛巾冷敷，如果烧、烫伤面积较大，伤者应该将整个身体浸泡在放满冷水的浴缸中。

绝对不能采用冰敷的方式治疗烧、烫伤，冰会损伤已经破损的皮肤导致伤口恶化。不要弄破水泡，否则会留下疤痕。也不能随便将抗生素药膏或油脂涂抹在伤口处，这些黏糊糊的物质很容易沾染脏东西引起感染。

对于三级烧、烫伤、触电灼伤务必到医院就医。另外，如果病人出现咳嗽、眼睛流泪或者呼吸困难，则需要专业医生的帮助。二级烧、烫伤如果面积大于手掌的话，患者也应去医院治疗，专业的处理方式可以避免留下疤痕。

## 化学灼伤

对于皮肤灼伤，首先应即刻用水清洗。必须在灼伤发生 10 秒钟之内，否则化学品就有可能对人体造成不同程度的伤害。其次，在灼伤后用水冲洗 15 分钟，大量的水可将酸、碱等化学物质从人体表面清除，从而减轻其侵害程度。此外，还可根据不同的化学品以及不同的灼伤部位，用葡萄糖酸钙等进行处理。对于灼伤严重者，经紧急处理后，立即送医院就医。

对于眼部的灼伤，应立即就近取水冲洗眼部，最好用水盆盛满清水。将脸浸入水中，用手将眼睛扒开，同时用力睁大眼睛，头在水中左右晃动，使进入眼睛里的酸或碱性物质迅速被冲掉，至少冲洗 15 分钟，冲洗后迅速就医。

此外，不同的化学物质所致灼伤，有不同的处理方法：

酸类（硫酸、硝酸、盐酸、甲酸、醋酸等）：立即用大量清水冲洗，再用 2% 苏打水洗涤、中和，最后用净水冲洗干净。

碱类（苛性钾、苛性钠、碳酸钾、碳酸钠、氨等）：先用大量清水冲洗，再用 2% 醋酸洗涤、中和，接着用净水冲洗，或 3% 硼酸溶液冷湿敷。

酚类：水冲洗，继用 75% 酒精洗涤，最后用 25% 硫酸钠溶液湿敷。

农药（有机磷、有机氯）：立即用小苏打或肥皂水洗涤，再用清水冲洗。但敌百虫禁用上述碱性液处理，因敌百虫遇碱后毒性反应更大。

焦油、沥青：先用汽油或氯仿、松节油、二甲苯清除附着在皮肤上的焦油或沥青，然后涂上保护膏、羊毛脂或氧化锌软膏。

氯化锌及硝酸银：水冲洗后，用小苏打洗涤。

氧化钙（生石灰）：生石灰烧伤是一个例外，伤后不能立即用水冲洗。因为生石灰遇水会产生大量热，加重创面的损伤程度，所以首先必须将创面上的生石灰完全清除干净，然后用大量清水冲洗创面，或者先用植物油清除表面微料，再用 2% 醋酸溶液洗涤患部。

小贴士

### 实验室药箱必备用物

为了对实验室意外事故进行紧急处理，实验室配备急救药箱，常备药品清单如下：

碘酒（3%）、烫伤膏、碳酸氢钠溶液（饱和）、饱和硼酸溶液、醋酸溶液（2%）、氨水（5%）、硫酸铜溶液（5%）、高锰酸钾晶体（需要时再制成溶液）、氯化铁溶液（止血剂）、甘油、消炎粉、泻药：硫酸镁、催吐剂：镁浆或氧化镁甘油浆液（将200克氧化镁与240克甘油混合）及万能解毒剂（医用活性炭：氧化镁：丹宁酸 =2：1：1）（混合后，保存于干燥处）。

## 动物咬伤

被动物咬伤后具体的处理方法：

洗：尽快用肥皂水冲洗被咬伤口，冲洗半小时，将含病毒的唾液、血水冲掉。

挤：能挤压的伤处，要边冲水边挤压，不让病毒吸收到人体内。

消毒：冲完后，马上用 75% 的酒精擦洗消毒伤口内外，尽可能杀死狂犬病病毒。

就医：尽快注射狂犬疫苗。被动物咬伤后应尽早注射狂犬疫苗，越早越好。首次注射疫苗的最佳时间是被咬伤后的 48 小时内。具体注射时间是：分别于当天、第 3、7、14、28 天各肌肉注射一支疫苗。如因诸多因素未能及时注射疫苗，应本着“早注射比迟注射好，迟注射比不注射好”的原则使用狂犬疫苗。有条件者在伤口周边浸润注射免疫球蛋白，注射的剂量按每公斤体重 20 个国际单位。

如果是蜜蜂蜇伤，可用弱碱性溶液（如氨水、小苏打或肥皂水）外敷，以中和酸性毒素；而如果是黄蜂蜇伤，则用弱酸性溶液中和。如果蜂刺留在伤口内，可用小针挑拨或胶布粘贴，取出蜂刺，切记不要挤压。局部症状较重者，可采用火罐拔毒和局部封闭疗法，并用止痛剂或用抗组胺药止痒。也可采用中草药外敷。对有全身症状者，须立即就医对症治疗。

特别要提及的是毒蛇咬伤。对于毒蛇咬伤，首先捆绑伤口上段 10～15 厘米处，20～30 分钟松绑一次，避免奔跑、心情紧张、激动（防止毒液在血液循环中快速扩散）。同时，找利器沿着被咬伤口作“十”字形切口，不断挤压伤口 20 分钟后用大量清水冲洗伤口，直至血液由暗红色转为淡红色为止。肢体伤口保持下垂姿势，不能上举防止加快毒液回流入血液。切忌用嘴吸吮伤口血液，避免中毒。经上述处理后迅速送医院进行后继治疗。

## 异物入鼻

幼儿园和低年级的小孩顽皮，不小心将异物送入鼻内，可采取以下方法：

1. 嘱患儿取头低坐位，一人固定头部，另一人用镊子将异物夹出。对表面光滑的圆形异物如花生米类，不宜采用此种方法，以免将异物推向鼻腔深处，甚至将其推入鼻孔后而导致掉入气管，此时应及时就医。

2. 如果孩子较大并能与大人配合，可叫他用一只手指堵住无异物一侧的鼻子（或者替他做），然后由有异物的一侧鼻孔擤鼻涕，可使异物松动，随着擤鼻而滑出。如果孩子年纪太小，千万不要这样做，因为这样可能反把异物吸入呼吸道的深部。

3. 让孩子仰卧，用光照亮患鼻，如看到异物近鼻孔出口处且较软，可用镊子夹出。如异物反而向鼻腔后方移动，就不要再夹动了，速去就医。如果婴儿鼻子进入了异物时，要使其仰卧，母亲可用口将异物吸出。孩子不能喷鼻时，可用纸捻刺激鼻孔，利用喷嚏将异物排出。

要注意的是，如果进入鼻子的异物有一部分露在外面，可以轻轻将其捏出，但是不能勉强，否则会将异物推进鼻子深处落入气管，造成危险。在家里用镊子或细棒取异物时，可能会损伤鼻黏膜。所以，如果在家里不能轻易取出异物时，须迅速送医院处理。

## 异物梗喉

如有异物梗喉，可让患者身体前倾，用手掌用力拍患者后背两肩中间的位置。如果不奏效，那么需要站在患者身后，用拳头抵住患者的上腹背部，用另一只手握住那个拳头，上下用力推进推出五次，帮助患者呼吸。患者也可以采取这样的自救措施：将自己的腹部抵在一个硬质的物体上，比如厨房台面，然后用力挤压腹部，让卡在喉咙里的东西弹出来。特别要注意的是，要绝对禁止给患者喂水或其他食物，以防异物堵住气道。

如出现窒息应行人工呼吸，同时及时送医院处理。

最常见的异物梗是鱼刺梗喉，当鱼刺卡到喉咙后，可以按下列步骤处理：

首先，立即停止进食，减少吞咽动作。如果是孩子，不要让其哭闹，以免将鱼刺吸入喉腔；其次，低头大弯腰，做猛咳动作，或用一只筷子刺激咽后壁，诱发呕吐，如果鱼刺刺入软组织不深，就可被挤压喷出；如果仍然无效，可以用汤匙或牙刷柄压住舌头的前部分，举起手电筒或小镜子，仔细观察喉部，发现鱼刺可用镊子夹住，轻轻拔出；如卡刺者咽部反射敏感，恶心难以配合，可以让其张开嘴，发“啊”的声音，以减轻不适；如果还是没有解决，说明鱼刺位置较深，不易发现，这时就要及时到医院就诊，医生使用专业医疗器具，取出鱼刺。

# 14 日常生活中的公共卫生

解决任何问题，从源头入手最简单可靠；要防治疾病，就要从基础着手。公共卫生是通过社区有组织的努力来从源头上预防疾病、延长寿命和促进健康的科学和艺术，也正是疾病防治的基础。

如果教师们注重公共卫生，在日常生活中对学生们言传身教、潜移默化，就会有利于创造健康的环境。

## 何谓公共卫生

2003 年传染性疾病非典型肺炎（SARS）危机之后，公共卫生成了中国家喻户晓的热门话题。然而，现实生活中，每个人对公共卫生概念的理解不同。有人认为，公共卫生就是人人都讲卫生；也有人把公共卫生简单地理解为打扫环境卫生，没有垃圾就算卫生了。那么，究竟什么是公共卫生呢?

公共卫生是关系到一个国家或一个地区人民大众健康的公共事业。公共卫生的具体内容包括对重大疾病尤其是传染病（如结核、艾滋病、SARS 等）的预防、监控和医治；对食品、药品、公共环境卫生的监督管制，以及相关的卫生宣传、健康教育、免疫接种等。例如，不管是对 SARS 还是对禽流感的预防、治疗、控制，都属于典型的公共卫生职能范畴。

公共卫生服务是一种成本低、效果好的服务，但又是一种社会效益回报周期相对较长的服务。许多国家对各级政府在公共卫生中的责任都有明确的规定和限制，以有利于更好地发挥各级政府的作用，并有利于监督和评估。

根据原国家卫生部《国家基本公共卫生服务规范（2011 年版）》中的描述，在国内展开的基本公共卫生服务为 11 项，即城乡居民健康档案管理、健康教育、预防接种、0～6岁儿童健康管理、孕产妇健康管理、老年人健康管理、高血压患者健康管理、Ⅱ型糖尿病患者健康管理、重性精神疾病患者管理、传染病及突发公共卫生事件报告和处理以及卫生监督协管服务规范。在各项服务规范中，分别对国家基本公共卫生服务项目的服务对象、内容、流程、要求、考核指标及服务记录表等作出了规定。概括而言，主要在以下三方面：

一是针对全体人群的公共卫生服务任务，如为辖区常住人口建立统一、规范的居民健康档案，向城乡居民提供健康教育宣传信息和健康教育咨询服务。

二是针对重点人群的公共卫生服务，如为0～36个月婴幼儿建立儿童保健手册，开展新生儿访视及儿童保健系统管理；为孕产妇开展至少5次孕期保健服务和两次产后访视；对辖区65岁及以上老年人进行健康指导服务。

三是针对疾病预防控制的公共卫生服务，包括为适龄儿童接种乙肝、卡介苗、脊髓灰质炎疫苗等国家免疫规划疫苗；及时发现、登记并报告辖区内发现的传染病病例和疑似病例，参与现场疫点处理，开展传染病防治知识宣传和咨询服务；对高血压、糖尿病等慢性病高危人群进行指导，对确诊高血压和糖尿病患者进行登记管理，定期进行随访；对重性精神疾病患者进行登记管理，在专业机构指导下对在家居住的重性症精神疾病患者进行治疗随访和康复指导。

## 建立和管理个人及家庭的健康档案

个人和家庭健康档案看似陌生，实际上前文的“问诊”和“就医前的准备”都已经牵涉到了相关内容。具体来说，个人健康档案是指人从出生到死亡的整个过程中，其健康状况的发展变化情况以及所接受的各项卫生服务记录的总和。家庭健康档案则是以家庭为单位，记录其家庭成员和家庭整体在医疗保健活动中产生的有关健康基本状况、疾病动态、预防保健服务利用情况等的文件材料。那么，如何建立个人和家庭的健康档案呢？

1. 健康档案要有家族病史记录。

2. 既往病史也是健康档案的重要部分，可以追查对比是否旧病复发等。既往病史一定不要漏写，时间和疾病名称一定不要写错。主要写那些自己无法治疗的疾病，而感冒发烧一类的常见小毛病，可以不用写在既往病史里。

3. 除了既往病史，现病史也要做记录。现病史可以用来对比判断并发症等。还可以建立疾病治疗记录，将病因、疾病治疗单位、主治医生、检查项目、用药等都记录下来。治疗记录可以追踪发现药物副作用和治疗不当等问题，还可以用于转院和转治的参考。

4. 生活习惯往往是某些疾病的祸根。健康档案里最好也记录生活习惯，这样可以追查某些疾病的根源。

5. 饮食习惯也往往是某些疾病的根源。还可以记录饮食习惯。除此之外，还可以记录生活情况、家庭环境等。

6. 各种健康相关的医疗资料如病历、诊断书、医疗保健卡、CT 等检查结果以及心电图、化验单、药物过敏记录等，也要归档保存。

填好了健康档案，管理是至关重要的一环：

首先，要分门别类进行保管，纸质部分可以按时间先后顺序进行摆放，大的折叠，小的裱糊；照片档案以相册方式进行保管。

其次，整理好后再进行编目、排序。让健康档案处于有序状态，家庭每个成员的健康档案按时间顺序分门别类组成若干个保管单位后装盒（袋）、编号、登记目录，才能称为真正意义上的家庭健康档案。

最后，家庭健康档案的最佳保管方式是按顺序号集中摆放在专用书柜里，再放上樟脑精块或档案防虫药，这样可以防虫蛀。保管时一定不能与食品混放，尤其不能搁置在潮湿或阳光直射的地方，否则会造成档案霉变、纸张脆化、字迹褪变。

现在大多数家庭已配置了电脑，可以建立电子版家庭健康档案和个人健康档案。

## 家庭小药箱的合理设置及日常管理

都说“书到用时方恨少”，其实，“药到用时恨未备”。家里准备个小药箱，放些常用药品，或病愈后将未用完的药品保存下来以备有病时再用，这些都是省钱省事的好办法。但是，小药箱备用不当也会发生大问题，如过期药品、假劣药品等，这些都成为家庭用药的安全隐患。那么，小药箱究竟该如何设置，又该如何管理呢?

1. 家庭常备药物：应根据每个家庭的具体情况而定。如有高龄的老人、幼小的儿童或有患慢性病的病人等，应以各自不同情况准备常用药。家庭常备药物可以分为两大类：一类是普通常备药，此类药物为解决某些常见病症的治疗之需，如银翘片、感冒清、双黄连口服液、板蓝根冲剂、黄连素片等；另一类是特殊常备药，此类药物是根据家庭某个人的特殊情况所备，如有高血压病患者，应备有复方降压片、各剂型的心痛定、硝酸甘油片等。需要指出的是，这些特殊常备药事先都需经医生同意或在医生指导下服用。

2. 认清处方药与非处方药。处方药通常用“Prescription Drug”表示，简称R（即医生处方左上角常见到的R）。非处方药称为“Nonprescription Drug”，又称之为“Over The Counter”（可在柜台上买到的药物），简称 OTC，已成为全球通用的俗称。

3. 保证有效期与药名清晰。在医院开的药或者自己在药店买的药其瓶、袋、盒上面都有标签，注明药物的名称、组成成分、功效、主治、用法、用量、注意事项、有效期、储存方法等。这种标签实际上是用药指南，千万不可随意丢弃。没有标签时，一定要详细标明内装药品的名称、用途、用法、用量、注意事项和有效期等；若标签破损或丢失，切勿盲目服用。

4. 分门别类放置。分类摆放小药箱中的药品，做到心中有数——成人用药和小儿用药分开、内服药和外用药分开、急救药与常规用药分开，并要标示清楚。这样一来，需要时就能很容易找到所需药品，从而避免因着急误服。尤其是外用药多有刺激性，腐蚀性或毒性较大，不可内服，最好用红字标明。

5. 选择阴凉干燥处存放。药品应放在干燥、避光和温度较低的地方。需要密闭存放的要装入瓶中密闭，不能用纸袋或纸盒保存，以免久贮后氧化或潮解。

6. 药品不宜混装。不宜用以前装药品的空瓶子存放另一种药物，以免引起混淆而错服；即使使用原来的空瓶，也应严格按照药品的实际名称更改标签，以保证用药安全。

7. 中成药更要注意包装和存放，因为大部分中成药都易受潮，热天更容易发霉生虫。蜜丸要放在通风、干燥、阴凉处，而且不宜多存、久存，以防霉变失效。中药散剂尤不可多存、久存。一般每次取一周用药为宜。煎好的中药最好当天服用完。

8. 适时淘汰与补充。经常清查药箱，在存放中如发现药片(丸)发霉、粘连、变质、变色、松散、有怪味，或药水出现絮状物、沉淀、挥发变浓或已过有效期等现象时，应及时淘汰，不可吝惜，并相应补充新药。

9. 因人而异选择用量。一般药品说明书上药物剂量是指18～60岁成人的用量。60岁以上老人的用量应适当减少。儿童用量最准确的方法是按其体重或年龄折算，但此法较繁琐，可根据医生指导或药物说明书中提供的用量服用。

远离儿童。要将药箱置于儿童不能触及的地方，以免儿童好奇误服造成危险。

小贴士

### 家庭小药箱清单

| | | |
|---|---|---|
| 必备物品 | 体温表、血压计、碘酒、生理盐水、棉签、胶布、创可贴、绷带、口罩、手套、一把镊子、剪刀、消毒纱布和一个高频哨等 | |
| 必备药品 | 外用药品 | 清凉油、风油精、皮炎平软膏、正骨水、伤湿止痛膏、红花油等应激外用药 |

续表

| | | |
|---|---|---|
| 必备药品 | 解热镇痛药 | 阿司匹林、去痛片、消炎痛、布洛芬等 |
| | 抗感冒药 | 强力银翘片、康泰克白加黑感冒片、感康、康必得、日夜百服宁、泰诺感冒片、板蓝根冲剂 |
| | 镇咳化痰药 | 蛇胆川贝液、复方甘草片、急支糖浆等 |
| | 抗菌消炎药 | 头孢毒苂胺素、头孢拉定、罗红霉素分散片、克林霉素、阿莫西林、磺胺嘧啶、氟哌酸、泻立停、阿奇霉素、环丙沙星等（要注意这类药不能同时服用） |
| | 抗过敏药 | 扑尔敏、息斯敏等 |
| | 抗酸助消化、止胃痛药 | 复方氢氧化铝片、酵母片、乳酶生、乐得胃、复方颠茄片、山楂丸等 |
| | 通便药 | 果导片、大黄苏打片、甘油栓、开塞露等 |
| | 治疗咽喉肿痛及消暑片 | 六神丸、仁丹、银翘解毒片、西瓜霜、藿香正气水等 |

如果家中有老人，还应该根据其所患的疾病，备好对症的、能及时缓解病症的药物，如硝酸甘油、安宫牛黄丸等心脑血管药。

如果家中有小孩，还要注意准备一些幼儿专用退热药及常用抗生素药。

## 适时接种疫苗

众所周知，预防接种能预防一些传染病的发生。

当某种细菌及病毒侵入人体时，身体会产生一种抵抗这种细菌的物质，这种物质叫做抗体。病好后，这种特异性抗体仍然存留在体内，如再发生有这种细菌侵入人体，人就有抵抗力而不再得此病。如麻疹、水痘、腮腺炎、百日咳等传染病，患过一次后，就不会再患二次，就是这些特异性抗体在起作用。预防接种就是根据这个道理进行人工预防，具体方法是将被特殊处理过的细菌、毒素或病毒做成各种特异的预防针，然后接种到人身上，刺激人体产生特异性抗体。如再有这种病原体侵入人体时，人就有足够的抵抗力去消灭它们，因而不发病或发病很轻。

预防接种很重要：对个人和家庭来说，能够很大程度地降低患相应传染病的概率，减少疾病的经济支出，同时还可以减少或避免某些传染病可能致残、致死的巨大威胁。从政府的角度，可以预防传染病流行，减少应急处理和控制疫情的支出，使得政府能把有限的资源和精力，投入到其他的各项社会建设当中去。

接种疫苗可以预防肺炎球菌疾病（如肺炎球菌肺炎、肺炎球菌脑膜炎、肺炎球菌中耳炎）、流行性腮腺炎、水痘、麻疹、风疹、小儿结核病、甲型病毒性肝炎、乙型病毒性肝炎、脊髓灰质炎、流行性乙型脑炎、百日咳、白喉、破伤风、流行性脑脊髓膜炎、嗜血性流行性感冒杆菌脑膜炎和秋季腹泻等。

## 常见的疫苗有哪些

目前常见的疫苗有15种，分别是卡介苗、脊髓灰质炎疫苗（简称脊灰糖丸）、百白破疫苗、乙肝疫苗、麻疹疫苗、乙脑疫苗、流脑多糖疫苗、甲肝疫苗、腮腺炎疫苗、风疹疫苗、流感疫苗、B型流感嗜血杆菌疫苗、肺炎疫苗、麻风腮疫苗、轮状病毒疫苗。

表 14.1　常见疫苗一览表

| 疫苗 | 预防疾病 | 预防接种流程及功效 |
| --- | --- | --- |
| 卡介苗（BCG） | 预防结核 | 用减毒的结核杆菌制成的活疫苗，用于新生儿及从未接种过卡介苗的儿童。因结核免疫不存在从胎盘传递给胎儿的被动免疫，故要尽早接种 |
| 脊灰糖丸疫苗（OPV） | 预防小儿麻痹症 | 新生儿从母体获得的预防脊髓灰质炎的免疫抗体，在其体内存留时间很短暂，故婴儿 2 月龄就应开始免疫接种，共 4 次，每次服食糖丸疫苗 1 粒 |
| 百白破疫苗（DPT） | 预防百日咳、白喉、破伤风 | 将百日咳疫苗（包括无细胞百日咳疫苗）、白喉和破伤风类毒素制成混合制剂，有全细胞和无细胞两种剂型。目前武汉市主要使用无细胞百白破疫苗，以保证疫苗的效价和降低接种反应 |
| 乙肝疫苗（HBV） | 预防乙型肝炎 | 目前使用的分为乙肝基因工程（CHO）疫苗和重组酵母基因乙肝疫苗两种。乙型肝炎疫苗全程接种共 3 针，按照 0、1、6 个月程序，即接种第一针疫苗后，间隔 1 及 6 个月注射第二及第三针疫苗。新生儿接种乙型肝炎疫苗越早越好，要求在出生后 24 小时内接种<br>为保证效果，疫苗成功接种后最好定期监测抗体滴度。当它小于或者等于 10 国际单位 / 毫升者，应在半年内接种，当它大于 10 国际单位 / 毫升可在 6 年内复种 |

续表

| 疫苗 | 预防疾病 | 预防接种流程及功效 |
| --- | --- | --- |
| 麻疹疫苗（MV） | 预防麻疹 | 系用麻疹病毒减毒株接种于鸡胚细胞培养收获病毒液后冻干制成 |
| 乙脑疫苗 | 预防乙型脑炎 | 乙脑疫苗接种要在流行期前 1 个月结束 |
| 流脑多糖疫苗 | 预防流行性脑膜炎 | 10 月婴儿初免疫接种 2 针，3 岁和 6 岁时分别接种加强 1 针，初免与复种均应在流脑流行季节前完成 |
| 甲肝疫苗 | 预防甲型肝炎 | 国产疫苗接种对象为 1 周岁以上的甲肝易感者，成人与儿童剂量相等。每次注射 1 支，可保护接种者免受感染 3~5 年<br>进口疫苗可提供 20 年保护 |
| 腮腺炎疫苗 | 预防腮腺炎 | 接种对象为 8 月龄以上腮腺炎易感者。免疫成功率达 80%~90%，有效保护期可达 10 年 |
| 风疹疫苗 | 预防风疹 | 目前使用的风疹疫苗为减毒活疫苗，具有良好的免疫原性，接种后抗体阳转率在 95%~100%，免疫效果可以维持 10~20 年 |

续表

| 疫苗 | 预防疾病 | 预防接种流程及功效 |
| --- | --- | --- |
| 流感疫苗 | 预防流行性感冒 | 目前使用的疫苗均为进口疫苗，有巴斯德公司生产的“防感灵”和史克公司生产的“福禄立适”两种，成人及3岁以上一次性注射0.5ml；6个月至3岁儿童每次注射0.25ml，需注射2次，间隔1个月 |
| B型流感嗜血杆菌疫苗（HIB） | 预防由B型流感嗜血杆菌引起的感染 | 此种疫苗目前均为进口疫苗。15月龄以上的儿童只需接种一次 |
| 肺炎疫苗 | 预防肺炎球菌引起的肺炎 | 肺炎疫苗是将临床上最常引起肺炎的23种肺炎球菌制成疫苗，用于预防肺炎球菌引起的肺炎。主要用于50岁以上的老年人和2岁以上体弱多病的儿童，其次为其他易感人群 |
| 麻风腮疫苗 | 预防麻疹、风疹和腮腺炎 | 此疫苗系用特殊工艺将麻疹、腮腺炎和风疹制备成混合疫苗，注射1针可预防三种疾病。此疫苗应使用于12（最好是18）月龄以上儿童，以及未妊娠的青春期妇女和成年妇女进行接种 |
| 轮状病毒疫苗 | 预防秋季腹泻 | 口服轮状病毒活疫苗，该疫苗口服免疫后，可刺激机体产生对轮状病毒的免疫力，用于预防婴幼儿轮状病毒引起的腹泻 |

## 常见的疫苗及所能预防的疾病

要说明的是，国家计划免疫内的第一类疫苗一针都不能少，也就是说，每人一生至少要接种 11 种疫苗。人的一生需要接种的疫苗，主要分两大类：第一类是国家强制免疫的，也是免费的，包括乙肝疫苗、卡介苗、脊灰糖丸疫苗、百白破三联疫苗、麻疹疫苗、麻风腮疫苗、麻风疫苗、乙脑疫苗、流脑多糖疫苗；第二类不属于强制免疫范围，包括风疹疫苗、腮腺炎疫苗、肺炎疫苗、水痘疫苗等。

## 正确观察和看待接种反应

上文介绍预防接种的原理时，曾言就是将无毒或低毒的生物制品接种到人体，使机体产生抵抗感染的有益的免疫反应，以达到预防相应疾病的目的。但是，各种生物制品对于人体来说，毕竟是一种异物，接种后机体在产生有益反应的同时，有时也会产生一系列副反应。多数情况下，一些人接种疫苗后会引起发热、注射局部红肿、疼痛或出现硬结等炎症反应，我们称这类反应为一般反应，也叫正常反应。这是由疫苗本身的性质引起的（各种疫苗均可引起），多为一过性的，不会造成组织器官不可恢复的损伤。这类反应往往不需处理，一般 2～3 天可自行恢复；对于反应较强的个体亦可单纯对症治疗，如降温或局部热敷等。

极个别人由于个体差异（如过敏体质者），接种某种或某些疫苗后可能反应更大、更严重，如接种百白破疫苗后发生的无菌化脓；接种乙脑、麻疹等疫苗后出现皮疹、颜面部水肿甚至过敏性休克等变态反应；接种某些活疫苗造成感染扩散等，这类反应我们称之为异常反应。这类反应症状有时可能很严重，需要及时采取相应措施治疗。异常反应的发生与受种者体质有密切关系，过敏体质者或免疫缺陷者往往更容易发生，这在广泛的预防接种中也是一种正常现象。

无论一般反应或异常反应，在大规模的人群接种中客观上是不能完全避免的。但是我们可以通过受种者或儿童家长、老师主动向医生提供个体健康状况及既往免疫情况来减少上述两类反应的发生。同时，老师、儿童家长或受种者应正确认识接种的异常反应，一旦发生应及时就医，以便尽早采取相应治疗措施，以减小异常反应的危险性。

## 传染病有哪些

传染病是指由细菌、真菌、病毒或寄生虫等感染人体后产生的有传染性、在一定条件下可造成流行的疾病。根据我国传染病防治法，目前共有传染病 39 种。根据其传染性强弱、传播速度及其对人类危害程度的不同，分为甲、乙、丙三类，实行分类管理。

甲类传染病也称为强制管理传染病，两种：鼠疫、霍乱。

乙类传染病又称为严格管理传染病，是指国家规定管理的传染病中，危害性次于甲类传染病但高于丙类传染病的一类传染病，26 种：传染性非典型肺炎、病毒性肝炎、细菌性和阿米巴痢疾、人感染高致病性禽流感、伤寒和副伤寒、淋病、梅毒、脊髓灰质炎、百日咳、白喉、新生儿破伤风、猩红热、流行性出血热、狂犬病、钩端螺旋体病、布鲁菌病、炭疽、肺结核、疟疾、登革热、甲型 $H_1N_1$ 流感、艾滋病、流行性乙型脑炎、血吸虫病、麻疹。对此类传染病要严格按照有关规定和防治方案进行预防和控制。其中，传染性非典型肺炎、炭疽中的肺炭疽和人感染高致病性禽流感这三种传染病虽被纳入乙类，但可直接采取甲类传染病的预防、控制措施。

丙类传染病也称为监测管理传染病，11 种：流行性感冒、流行性和地方性斑疹伤寒、黑热病、丝虫病、包虫病、麻风病、流行性腮腺炎、风疹、急性出血性结膜炎、手足口病，以及除霍乱、痢疾、伤寒和副伤寒以外的感染性腹泻病等。对此类传染病要按国务院卫生行政部门规定的监测管理方法进行管理。

责任报告单位对甲类传染病、乙类传染病和传染性非典型肺炎中艾滋病、肺炭疽、脊髓灰质炎的病人、病原携带者和疑似病人，或发现不明原因疾病暴发时，应于两小时内进行网络报告；未实行网络直报的责任报告单位应于两小时内以最快的通讯方式（电话、传真）向当地县级疾病预防机构报告，并于两小时内寄出传染病报告表。丙类传染病病人、疑似病人和规定报告的传染病病原携带者在诊断后，实行网络直报的责任报告单位应于24小时的进行网络报告；未实行网络直报的责任报告单位应于24小时内寄出传染病报告表，在24小时内进行报告。

## 艾滋病

### 1. 何谓艾滋病

艾滋病又称获得性免疫缺陷综合征（Acquired Immunodeficiency Syndrome，AIDS）。“Acquired”即获得性，而非先天性；“Immunodeficiency”即免疫缺陷；“Syndrome”即综合征。英文简称为AIDS，中文译成艾滋病。艾滋病是由人类免疫缺陷病毒（Human Immunodeficiency Virus，HIV）引

起的一种慢性传染病，药物可控制其进展，但不能根治。

2. 目前我国艾滋病的流行情况

中国 1985 年首次报告艾滋病病例，截至 2013 年 11 月 30 日止，全国累计报告艾滋病病毒感染者和艾滋病病人 575 962 例，死亡 133 807 例。HIV 正由静脉吸毒者及多性伴者等高危人群向一般人群扩散，涉及男女老少，各行各业。中国目前艾滋病为低流行状态，但个别地区和人群流行严重。

3. 艾滋病的传播

艾滋病的传播途径有三种：

性传播：全球 HIV 感染者约 75% 通过性传播。我国近年新发感染者 90% 为性传播，包括异性性接触及同性性接触传播，男男性传播比例上升明显。

血液传播：输注或回输被 HIV 污染的血液或血制品，共用被 HIV 病毒污染的注射器和针头，是艾滋病经血传播的重要途径。另外，医务工作者及公安人员在治疗和护理 HIV 感染者及执行公务时因针刺等职业暴露也可能导致 HIV 感染。

母婴传播：感染艾滋病的母亲可通过怀孕、分娩或哺乳将 HIV 传播给子女。

4. 艾滋病与学生及教师的关系

大学、中学及小学生及其教师均有 HIV 感染者。近年来，武汉大学中南医院感染科诊治的 AIDS 大学生达 120 多人，他们来自不同院校和专业，包括本科生，硕士生及博士生。性传播是上述大学生感染 HIV 的主要途径，男男同性传播最为常见，占

60% 以上。说明学生缺乏防治艾滋病知识，对自身安全缺乏保护意识。

在我省高等院校的教职员工中，也发现有艾滋病患者。教师应了解艾滋病基本知识，提高自身防病意识，为人师表并教育学生。

5. 红丝带的意义

在 20 世纪 80 年代，人们视艾滋病为可怕的疾病，艾滋病患者受到歧视。美国一些艺术家为了悼念因艾滋病而死亡者，用红丝带表示对他们的纪念。在一次世界艾滋病大会上，艾滋病病毒感染者呼吁人们的理解。他们把一条长长的红丝带抛向会场的上空，支持者们将其剪成段，并用别针将折叠好的红丝带别在胸前，代表对艾滋病感染者的关爱之心。从此，红丝带象征人们对艾滋病毒感染者及其照顾者的接纳，也象征对艾滋病防治和研究的支持。

6. 艾滋病预防

目前尚无预防艾滋病的疫苗，预防艾滋病需根据三个传播途径采取针对性措施。

第一，性传播的预防。ABC 是预防艾滋病性传播的原则。A 是 Abstinence 的缩写，指禁欲；B 是 Be Faithful 的缩写，指忠实于性伴侣；C 是 Condoms 的缩写，指在必要时坚持正确使用避孕套。如果做不到禁欲（A），那就要忠实于性伴（B），如果 A 和 B 都做不到，那就必须使用安全套（C）。该方针是预防感染的一个有效方式。

第二，血液传播的预防。我国有偿供血和输血传播艾滋病已得到控制，但还应当大力提倡义务献血，加强血制品和临床输血的管理，禁毒和减少毒品危害，并加强职业暴露的预防。

第三，母婴传播的预防。在未采取预防措施的情况下，艾滋病母婴传播率达 35%。通过给感染 HIV 的孕妇及其新生儿服药、减少产科侵袭性操作及人工喂养等预防措施，艾滋病母婴传播率可降至 2% 以下。

## 肝炎

1. 肝炎的种类

根据病因不同分为病毒性肝炎、脂肪性肝炎、药物性肝炎、中毒性肝炎、遗传代谢性肝炎、自身免疫性肝炎等。

2. 乙型肝炎的预防

从传染源、传播途径和易感人群三方面着手，如乙肝感染者不能献血；加强托幼保育和其他服务行业的监管，严格执行餐具、食具消毒制度；理发、美容、洗浴用具按规定进行消毒处理；使用一次性注射用具，医疗器具实行一用一消毒；按《义务献血法》管理献血和血制品；主动免疫联合被动免疫阻断母婴传播；最重要、最关键的是落实乙肝疫苗接种的计划免疫程序。

3. “大三阳”和“小三阳”的意义

乙肝“大三阳”是指乙肝感染者血清检验中与乙肝病毒

（HBV）相关的表面抗原（HBsAg）、e 抗原（HBeAg）和核心抗体（HBcAb）三项同时阳性。e 抗原（HBeAg）阳性提示其体内乙肝病毒正在复制，具有传染性；乙肝“小三阳”则是指乙肝感染者血清检验中与乙肝病毒相关的表面抗原（HBsAg）、e 抗体（HBeAb）和核心抗体（HBcAb）三项同时阳性。e 抗体（HBeAb）阳性常常在 e 抗原（HBeAg）转阴同时或转阴后出现。其意义有二：若在 e 抗体（HBeAb）阳性的同时 HBVDNA 检查为正常或检测不出，表示 HBV 未活动复制，无传染性或传染性低；若在 e 抗体（HBeAb）阳性的同时 HBVDNA 检查也为阳性则意味着 HBV 出现变异，HBV 仍然在活跃复制，仍具有传染性。

### 4. 乙型肝炎的常见治疗方法

抗病毒治疗：这是慢性乙型肝炎最根本的治疗。HBV 慢性感染是肝脏炎症持续存在、进展、形成肝硬化或肝癌的根本原因。所以，只要乙肝病人有适应症，就要尽早进行规范的抗乙肝病毒治疗来阻止病情进展、改善病人的生活质量和延长患者的生存时间。目前，公认有效的抗 HBV 治疗药物有两类：α - 干扰素和核苷（酸）类。前者包括普通干扰素和聚乙二醇化干扰素（俗称长效干扰素），须注射用药；后者包括拉米夫定、替比夫定、恩替卡韦、阿德福韦酯、替诺福韦 5 种，前三种属核苷类，后两种为核苷酸类，均为口服给药。乙肝抗病毒治疗需要严格掌握适应症和禁忌症，根据患者具体情况，制订治疗方案，个体化用药。因此，乙肝抗病毒治疗方案必须由感染病或肝病专科医生制定，并跟踪监测管理。

抗炎保肝治疗：第一，使用非特异性护肝药，如维生素类、还原型谷胱甘肽、葡醛内酯等；第二，使用降酶药，如五味子类（如联苯双脂）、山豆根类（如苦参碱）、甘草提取物（如甘草酸）、垂盆草、齐墩果酸等；第三，使用退黄药，如丹参、茵栀黄、门冬氨酸钾镁、前列腺素 E1、腺苷蛋氨酸、低分子右旋糖酐等，根据病情轻重，酌情使用。

免疫调节治疗：胸腺肽、特异性免疫核糖核酸及某些中药提取物如猪苓多糖、香菇多糖、云芝多糖等有免疫调节效果，配合有效抗病毒治疗，可增强疗效。

抗肝纤维化治疗：丹参、桃仁提取物、γ - 干扰素等。在长期有效抗病毒的情况下，适量使用，可促进减轻纤维化，改善肝硬化。

## 痢疾

### 1. 痢疾的预防

痢疾，全称“细菌性痢疾”，主要是由痢疾杆菌引起的肠道传染病，主要是通过粪—口途径感染，常年散发，夏秋季可引起流行。痢疾杆菌随病人粪便排出后，通过手、苍蝇、食物和水经口感染。主要通过养成良好的卫生习惯，尤其是手的卫生来预防感染痢疾，特别注意饮食和饮水的卫生，目前尚无有效预防痢疾感染的疫苗。

2. 痢疾的症状及治疗

痢疾主要表现为腹痛、腹泻、排黏液脓血便以及里急后重感，可伴有发热及全身毒血症状，严重者可出现感染性休克和（或）中毒性脑病。出现腹泻的症状后应以流质为主，忌食生冷、油腻及刺激性食物，轻症可留观，重症应及时至医院就诊，规范的使用抗生素，大部分患者可在 1～2 周内痊愈。

## 常用消毒方法

“细菌是疾病之源”——自从法国人路易·巴斯德开创微生物学，将人类的许多疾病归罪于细菌后，医学界便将细菌列为了人类健康的主要敌人。

我们的身边的食物、饮料乃至您此刻翻看的这一页纸上，都附着无法计数的细菌。对于这些无所不在、肉眼无法看见的“健康敌人”，我们当然不能就此放任其生长繁殖。那么，在力所能及的情况下，尽可能杀死、清除我们身周这些致病或积累到一定数量就致病的微生物，就成了我们的不二选择。

## 基础消毒：蒸、煮

说起消毒杀菌，很多人第一反应是这事太正规，好像主要是医院的事。其实，我们常常在不知不觉间就已经践行了，比如我们居家最常用的煮沸消毒法。

家里来客人了，常要烧壶开水沏杯热茶招呼，其实烧开水就是对水的消毒。水煮沸温度即达到 100℃，如果维持 5 分钟则绝大多数的细菌会被杀灭。我国人民有着良好的饮用开水的习惯，这其实无意间就预防了饮水传播的传染病。此外，家庭中使用的碗、筷、盘、碟和毛巾等均可采用煮沸消毒法来消毒。蒸气消毒法与煮沸消毒法的原理相近，它是用蒸锅，将被消毒的物品放在笼屉上加热消毒，实质还是利用 100 ℃ 的水蒸气对物品消毒，但其消毒效果比煮沸消毒法效果稍差。

虽然煮沸和蒸气消毒法优点多多，但也存在着缺陷。一般煮沸消毒法需要 5 分钟左右，蒸汽消毒需要 15～30 分钟，这种消毒法最大的缺陷就是不能完全彻底杀灭细菌，因为有些细菌可形成一种特殊的结构——芽孢，芽孢有较强的耐热性，在煮沸 1～2 小时后，细菌芽孢才能被杀灭。炭疽杆菌和破伤风杆菌是有芽孢的细菌，所以它们对外界环境有很强的抵抗能力，存活的时间也很长。因此，要想达到无菌的目的，光采用煮沸消毒法是不够的。

## 杀菌光剑：紫外线

紫外线杀菌主要通过紫外线的照射，破坏及改变微生物的DNA（脱氧核糖核酸）结构，使细菌当即死亡或不能繁殖后代而达到杀菌的目的。紫外线杀菌属于纯物理消毒方法，适用于室内空气和对物体的表面及水和其他液体的消毒。

如果使用紫外线消毒，要注意以下几点：

灯管的辐射强度要够：紫外线辐射强度是影响消毒效果的最基本的因素。按《消毒技术规范》的要求，新紫外线灯管辐射强度应大于 100VW/cm$^2$（距离 1m 处）为合格，一般室内照射杀菌时间为每次 30 分钟到 1 个小时为宜。如果家里或教室正使用中的灯管辐射强度最低能达到 70VW/cm$^2$ 也暂可使用，但必须延长照射时间。

室内悬吊式紫外线消毒灯安装数量（30W 紫外线灯，在垂直 1 米处辐射强度高于 70VW/cm$^2$）为平均每立方米不少于 1.5W，也即一般一个 30W 的灯管适用空间应为 20 立方米左右，不得大于 30 立方米。

如果是空气消毒，吊装高度距离地面 1.8～2.2 米，连续照射不少于 30 分钟（切记，连续照射）；如果是物体表面消毒，灯管距照射表面应以 1 米为宜，杀菌才有效。

室内温度和湿度：一般以室温 20℃ ～40℃为紫外线消毒的

适宜温度，相对湿度在55%～60%时，紫外线对微生物的杀灭率最强。刚刚湿拖地和擦桌面后立即进行紫外线消毒，会使室内湿度增大，影响消毒效果。因此，使用紫外线消毒时室内要保持清洁、干燥。

防止紫外线辐射损伤和副作用：主要防止紫外线对眼睛、面部暴露皮肤的辐射损伤。另外，紫外线可放出臭氧，臭氧过多可使人中毒，可以通过使用无臭氧的石英灯管、通过打开排气扇或开窗通风来解决。

## 消毒快手：化学剂喷、熏

紫外线消毒使用方便、成本低、效果好，问题在于所需时间相对较长，而且消毒时人不能同时在场。而使用化学剂，采取喷雾与熏蒸消毒可以弥补这个不足。

用化学剂消毒，影响效果的一个重要因素是浓度。在消毒药物配制时，如果家中没有量器也可采用估计方法。可以这样估计：一杯水约250毫升，一面盆水约5000毫升，一桶水约10000毫升，一痰盂水约2000～3000毫升，一调羹消毒剂约相当于10克固体粉末或10毫升液体，如需配制10000毫升0.5%过氧乙酸，在1桶水中加入5调羹过氧乙酸原液即可。

常用空气喷雾与熏蒸消毒的化学消毒剂有：含氯消毒剂、过氧乙酸、二氧化氯等。如以加热法使用戊二醛来消毒空气，相对湿度以80%～90%为宜，用药量为250～500mg/m$^3$，作用约30分钟。喷雾可用1%～2%的浓度，加热熏蒸则可用浓度稍高的溶液。

特别要提及的是二氧化氯。作为美国食品药品管理局和环保局经长期试验确定的安全广谱高效杀菌剂，他具有无致癌致畸性、刺激气味小的优点，因此WHO（世界卫生组织）将其列为Al级高效安全消毒剂。2500mg/L二氧化氯按5ml/m$^2$喷雾消毒空气30分钟，对细菌灭活率达92.39%。使用前轻摇匀，可直接喷洒至空气中（包括地板、桌面、墙壁、壁橱、死角等）或异味源，去除空气中的各种异味。也可将产品稀释1/2后，擦拭物体表面。亦可将产品稀释1/2后，加入加湿器中，去除烟雾或烟草异味，保持室内的空气清新。

最后要提及一下常见的84消毒液。84消毒剂主要成分为次氯酸钠，有效氯含量5.5%～6.5%，广泛用于宾馆、旅游、医院、食品加工行业、家庭等的卫生消毒，但不适宜空气消毒。湖北某医学院曾用浙卫消准字（2003）第122号、有效氯含量2%的84消毒液按4ml/m$^3$浓度空气喷雾，关闭门窗熏气60分钟，对比培养皿中的菌落数，发现其消毒效果较紫外线等为差。如果加大浓度又会对人体有不良反应，浓度达到1000mg/L即可对人体黏膜、皮肤有较强烈的刺激或损伤（对于浓度1000mg/L没概念的可以对比下，我们一般卫生间所用84为5000mg/L）。基于其浓度低了消毒效果不佳、浓度高了对人体不利的尴尬情况，故不建议自行在家里配置84液喷雾对空气消毒。

要注意的是，由于这些药物氧化能力强、酸性大，除了对人体不安全，对家具也有一定的损害，而空气清新剂虽能明显掩盖异味，却无法祛除空气中的恶臭物质，有的还会产生二次污染。用化学消毒剂消毒空气，特别是密闭熏蒸消毒时，人也不能滞留在室内，可见此方法也存在一定的局限性。

## 辅助消毒：中医、药制剂蒸发

除了各种化学制剂，市面上还有将老祖宗们的古方改良的板蓝根、苍术复方消毒剂等中草药制剂。

湖北某医学院校曾对板蓝根空气清新剂、紫外线灯照射、84液喷雾、艾条烟熏等对空气的消毒制剂对比研究，发现板蓝根空气清新剂的总体消毒功效弱于紫外线消毒，强于2%的84液喷雾，对于对室内空气消毒要求不高者而言，板蓝根空气清新剂是一个可选项。

据第二军医大流行病学教研室对苍术复方消毒剂的试验，在1立方米试验柜内，按240mg/小时速度加热蒸发中草药苍术、荆芥复方消毒剂90分钟，可将空气中的金黄色葡萄球菌杀灭100%。在70立方米室内有人情况下，按上述速度蒸发药液60分钟，可杀灭空气中自然菌69.73%，可见其消毒效果还是不错的。另据山东青岛相关人员研究对比，发现苍术复方消毒剂对细菌繁殖体和亲脂病毒有杀灭作用，对于芽孢有抑制作用而无杀灭作用，对甲型流感病毒PR8株无抑制作用。这说明，如果在感冒和流感期间指望这些制剂预防感染，效果不佳。

在饮水中浸泡贯众（取未经加工的贯众约500克，洗净，放置于水缸或水桶之中，每周换药一次）或在住室内放置一些薄荷油，任其挥发，也可净化空气。

另外，有条件的家庭还可用静电吸附式空气机消毒。静电吸附式空气消毒，主要是靠电极间强大的磁场和细菌的电荷，将细菌吸附，从而达到净化空气中浮尘、飞尘和细菌的效果。一般，开机30～60分钟可使50立方米左右房间达到消毒之效。

## 正确刷牙、洗手、洗脸

一场战役的推进过程，总是先扫清外围据点，再层层深入、定点清除。

在我们这场预防疾病保健康的战斗中，周围的外在环境已经消毒，轮到完善体表的卫生清洁了——不管是细菌、病毒、微生物，还是汗液、油脂、老化皮肤细胞等，基本上都可以“洗”去。

## 健康刷牙第一步

要杜绝“病从口入”，健康刷牙是第一步。刷牙是保持口腔清洁的重要自我口腔保健方法。

很多人都以为一早起来必须刷牙，其实正确的刷牙时间应该是吃完食物后。最好每天“三个三”，即一天刷三次，每餐之后应立即刷牙；一次三个面；持续三分钟。

牙刷的选择：“工欲善其事，必先利其器”，牙刷合适与否，直接关系到刷牙和口腔清洁的效果。选择适合自己或孩子的牙刷，首先要刷头大小合适，宁小勿大，能在口腔中转动灵活，牙刷柄和刷毛最好呈垂直或几近垂直状；刷毛柔软，刷面平坦，刷毛尖端磨圆，这样刷牙时不易损伤牙齿和牙龈；刷毛排列合理，一般是 2～3 排，牙刷刷毛间隔要相同，便于清洁牙齿和刷牙后清洗牙刷；刷毛选用优质尼龙丝，细而有弹性。

刷牙用水：刷牙用水水温适宜在 30℃ ～36℃，刷牙时，牙齿如长时间受到骤冷或骤热的刺激，不但容易引起牙龈出血，而且直接影响牙齿的正常代谢，影响牙齿的寿命。

牙刷的保养与更换：每次刷牙后应用清水将牙刷清洗干净并甩干，将刷头朝上置于通风干燥处。另外，牙刷使用时间长了，刷毛就会弯曲蓬乱甚至脱落，减弱了洁齿能力，因此，最多 3 个月应更换一把牙刷。

牙膏的选择：目前我国使用的牙膏分为普通牙膏、氟化物牙膏和药物牙膏三大类。普通牙膏的主要成分包括摩擦剂、洁净剂、润湿剂、防腐剂、芳香剂，具有一般牙膏共有的作用。氟化物牙膏有防龋作用，但6岁以下儿童应选用专门的儿童牙膏，以防氟摄入过量，导致氟骨病。药物牙膏是在普通牙膏的基础上添加一定药物，以期通过药物的作用，达成减少牙菌斑、清热、消炎等效果，但实际上，药物牙膏要真正达到预防口腔病的目的还有待进一步研究。一般来讲，如果牙齿健康情况较好，选择普通牙膏即可。只是要注意，口腔内唾液本身也具有一定的消毒、杀菌功能，口腔内有一些菌落达成了相应的生态平衡，如果使用某种牙膏久了，可能会有意无意地抑制某些菌落，而使某些菌群数量大增，破坏其平衡，所以最好是轮流使用不同的牙膏，维持口腔内正常菌落的平衡。

正确的刷牙方法：很多人习惯于横着刷牙，像拉锯似的。日久天长，不经意间会在牙根处“锯”出一道深沟，医学术语叫楔状缺损。有这种楔状缺损的人，轻者吃冷、热、酸、甜食物时会引起牙齿酸痛，重者会造成牙髓炎。这种刷牙方法有害无益，比较常见的正确刷牙方法，主要有以下几种：

（1）生理刷牙方法：将牙刷毛与牙面接触，刷毛顶端指向牙冠方，然后沿牙面向牙龈轻微拂刷，类似咀嚼纤维性食物对牙面的摩擦动作。这样，能清洁牙面和刺激牙龈组织的血液循环，增进牙周组织健康。

（2）比斯刷牙法：刷毛与牙面呈45°角，刷毛头指向牙龈方向，使刷毛进入龈沟和邻间区，部分刷毛压在龈缘上，作前后向的短距离来回颤动。刷毛紧压在里面，使毛端深入裂沟区作短距离的前后向颤动。这种方法清洁力较强，克服了拉锯式的横刷法的缺点，能有效地除去牙颈部及龈沟内的菌斑，按摩牙龈，还可避免牙颈部楔状缺损牙龈萎缩。

（3）垂直颤动法：将刷毛与牙的长轴平行，紧贴牙面，刷毛指向牙龈方向，尖端轻压在龈缘处，用柔和的拂刷动作旋转牙刷使刷毛与牙的长轴成45° 角，由牙龈刷向切端或咬合面。拂刷动作要慢，使刷毛尖通过牙龈与牙齿交界处时，能将污物除去，但为适应牙列的形态，前牙舌侧应将牙刷垂直，将刷毛的尖端与舌面接触，从龈缘面向切端作弧形的移动，牙齿的咬合面则可将刷毛的尖端直接与之接触，作前后来回拉动。这是一种顺着牙间隙上下垂直颤动拂刷的、比较符合口腔保健要求的刷牙方法，它既能达到去除污物及按摩牙龈的目的，又能避免损伤牙体和牙周组织，值得推广。

（4）旋转式刷牙法：从牙龈往牙冠方向旋转刷。首先，刷前牙唇面、后牙颊面和后牙舌腭面时，牙刷毛束的尖端朝向牙龈，即上牙朝上，下牙朝下，牙刷毛与牙面呈45° 角。然后，将牙刷朝冠向做小环形旋转运动。最后，顺牙缝刷洗，即可将各个牙面刷干净。刷前牙舌腭面时，牙刷毛束尖直接放在牙齿的舌腭面，上牙向下拉，下牙向上提，刷后牙咬合面时将牙毛放在咬面上，前后来回刷。

总的来说，由于口腔结构较复杂，仅用一种刷牙方法，是难以去净口内菌斑的。上述各种刷牙方法，在熟练的基础上也可以综合起来，比如先用水平颤动法，然后要用几下垂直颤动法，综合各种刷牙方法的优点，保持口腔卫生。

## 今天您正确洗手了吗?

看到这可能您就会笑了：洗手嘛，谁不会啊，这事也值得正儿八经拿来说么?

您还别笑，洗手还确实是个需要严肃对待的重要事。据说，人的一只手上可附着数十万个细菌，而我们日常生活的方方面面几乎都要用到手，如果手本身不干净，会连带污染所有手直接或间接接触过的东西。有些人还有揉眼睛、抠鼻子的小习惯，这些动作可能使手上沾染的病菌直接进入体内。

世界卫生组织的一份研究报告指出，用适当的洗手方法、养成洗手的习惯，儿童患腹泻等病症的几率可以减少 53%。世界卫生组织估计，每年有 1800 万儿童死亡，而当中 90% 是五岁以下的幼童，若养成洗手的良好习惯，至少可以拯救一半数目的儿童。为此，世界卫生组织在 2005 年专门设立了“国际洗手日”，就是为了呼吁全世界通过洗手这个简单但重要的动作，加强卫生意识，以防止感染传染病。

洗手是公共卫生的奠基石，新的卫生行为和公共卫生服务是 19 世纪末富裕国家传染病死亡率快速下降的主要因素。正确洗手可阻断多种疾病传播，可预防呼吸道疾病、血液疾病、消化道疾病、皮肤病等，对人的健康具有积极意义，所以十分重要。以我们日常最熟悉的流感为例，接触传播是流感的主要传播途径。当流感病人触摸他的鼻子时，他手上便沾染了流感病毒。这些病毒就会被带到病人所接触的地方，如门把手、电话机、桌椅、书本笔及汽车扶手等。健康人的手一旦接触这些污染物体，手上就会沾染病毒，如果不常洗手就易染上流感。有研究发现，手的带菌率相当高，就痢疾杆菌来说，国内报告达 15%左右，日本报告达 8.2%。每个人手上的皮纹、指甲沟与指甲盖边缘里，都可能携带几十万乃至几千万个细菌。手上可能沾有的细菌种类也非常多，几乎所有引起肠道传染病的细菌，手上都可能有。痢疾、各种食物中毒、传染性肝炎、伤寒、霍乱等都可能经手传染。很多肠道寄生虫病，如蛔虫病、蛲虫病、鞭虫病等都可能经过手来传染。便前不洗手可能增加一些性传播疾病、滴虫性阴道炎以及泌尿系统的感染概率。在性传播疾病中，尤其是尖锐湿疣和淋病，都可能受手带病毒的影响。手上的污垢、各种致病微生物如病菌、霉菌甚至性病微生物会粘到内裤、下身皮肤甚至生殖器上而引起相关疾病。

为了学生、自己和家人的健康，我们一定要习惯勤洗手。同时，还得学会正确洗手。

如果您是幼儿园老师，一定对他们的六步洗手歌很熟悉，我们不妨也来个六步洗手法：

第一步：洗手前脱下手表或戒指，先在水龙头下把手淋湿，在手掌上抹肥皂或洗手液，均匀涂抹，搓出泡沫，让手掌、手背、手指、指缝等都沾满肥皂泡沫，然后反复搓揉双手及腕部。

第二步：掌心相对，手指并拢，相互揉搓。

第三步：手心对手背沿指缝相互揉搓，交换进行；再换掌心相对，双手交叉指缝相互揉搓。

第四步：弯曲手指，使关节在另一手掌心旋转揉搓；右手握住左手大拇指旋转揉搓，左手握住右手大拇指旋转揉搓。

第五步：将手指尖并拢放在另一手掌心旋转揉。

第六步：在水龙头下，将手冲洗干净。

到此，基本上就大功告成了。不过，这里还有几个被很多人都忽视了的、甚至会让您刚才一番清洗全部白费的小问题：第一是在关水龙头前，请记得冲洗水龙头，或用干净的纸巾包住水龙头再行关闭，以避免双手洗净之后，又因为触碰到水龙头上残留的细菌而受到感染。此外，手洗净后，擦手也不可掉以轻心。一定要用干净的个人专用毛巾、手绢或一次性纸巾擦干双手，并勤换毛巾。若是用脏毛巾、脏手绢，或是衣襟擦手，不小心就会造成“二次污染”。如果有自动干手器烘干当然最好，万一身边缺乏毛巾、手绢，又无干手器，自动“风干”也不错，比如外科医生为了保持无菌，一般就是举着双手风干的。

如此小心翼翼、一板一眼地洗手，有人也许会觉得小题大做。其实，“勿以恶小而为之，勿以善小而不为”，如果真想卫生安康，就请讲究方法勤洗手。

小贴士

### 用什么洗手更好

美国北卡罗来纳州大学附属医院的感染控制专家通过对比发现，与用消毒泡沫、消毒湿巾擦拭等新的净手方式相比，传统上用肥皂和水洗手的方法除菌效力更强。

研究人员给62名志愿者的手上涂上细菌和病毒，然后让他们分别用14种净手用品和自来水清洗或擦拭。最后发现，使用肥皂和水洗手的效力并不亚于使用氯消毒剂，能够除去绝大部分病菌，甚至包括炭疽病毒孢子。另外，使用消毒湿巾擦拭的方法，消除病菌的效率最低。

## 洗脸也有讲究

洗脸最基本的功能是保证皮肤的清洁卫生、预防皮肤病，而对于女士们来说最重要的功能是美容、美肤。但另一方面，很多皮肤问题其实都是因为洗脸方法不正确、洗不干净所致。即便使用昂贵的化妆品，如果操作不得法，同样起不到清洁美容的效果。

怎样正确洗脸呢？也同样分6个步骤：

第一步：用温水湿润脸部。洗脸用的水温非常重要。水温过低（20℃以下），对皮肤有收敛作用，但长期使用过冷的水洁肤会引起皮肤血管收缩，使皮肤变得苍白、枯萎，皮脂腺、汗腺分泌减少，弹性丧失，出现早衰，对皮肤滋养不利。尤其是对于油性皮肤，如果长期采用冷水洗脸，使毛孔收缩，无法洗净积于面部的皮脂、尘埃及化妆品残留物等污垢，不但不能美容，反而易引起痤疮之类的皮肤病。水温过热（38℃以上）对皮肤有镇痛和扩张毛细血管的作用，但经常使用会使皮肤脱脂，血管壁活力减弱，导致皮肤毛孔扩张，皮肤容易变得松弛无力、出现皱纹。合适的水温应在 34℃左右，用手试有温热感，但不会觉得烫。

第二步：将洁面乳充分起沫。无论用什么样的洁面乳，量都不宜过多，倒在手心中的面积有一角硬币大小即可。在向脸上涂抹之前，一定要先把洁面乳在手心充分打起泡沫，如果洁面乳不充分起沫，不但达不到清洁效果，还会残留在毛孔内引起青春痘。

第三步：涂抹面乳、轻轻按摩。顺着面部肌肉纹理走向涂抹洗面奶，时间不宜过长，以 3～4 分钟为宜。把泡沫涂在脸上以后，轻轻打圈按摩，让泡沫遍及整个面部，前后持续五分钟。

第四步：清洗洁面乳。用洁面乳按摩完后，就可以清洗了。用湿润的毛巾轻轻在脸上按压，反复几次后就能清除掉洁面乳，又不伤害皮肤。

第五步：检查发际。清洗完毕，还要照照镜子检查一下，看发际周围是否有残留的洁面乳，这个步骤常易被人忽略。

第六步：用冷水撩洗 20 下。最后，用双手捧起冷水撩洗面部 20 下左右，同时用蘸了凉水的毛巾轻敷脸部，这样做可以使毛孔收紧。至此，洗脸大业才算大功告成。

除此之外，还有必要补充几点：

洗脸的顺序：应遵循先洁后脏的原则，先洗较干净的部位，再洗较脏的部位。比如眼睛，由于有睫毛和眉毛的遮挡，眼睑的皮脂也较少，较干净；嘴唇，因周围的汗腺、皮脂腺分泌物较多，以及进食的原因，相对较脏；鼻腔，由于不停地呼吸，吸入了大量的尘埃和细菌，更是较脏的部位。因此，洗脸的顺序应该是：先洗眼部，再洗口，最后擦洗鼻子，并且把鼻孔内的脏物掏干净。如果不注意洗脸顺序，常会把鼻孔里或嘴唇上的脏物或病菌随毛巾带到眼睛里，引起眼疾。

洗脸专用毛巾本身的清洁：最好采用分巾，也就是洗脸毛巾专人专用。毛巾使用后最好挂在有阳光照射的地方或通风处，让阳光中的紫外线杀菌，使毛巾保持干净。

水源的洁净度：最好用流水洗脸，同时分水、分盆，也就是与他人洗脸的水和盆也要分开。因条件限制不能一人一盆时，则应在洗脸前把盆清洗干净后再使用。

皮肤的种类：您自己的皮肤是干性、油性还是中性，决定了您每天应该洗脸的次数、水温。对于干性皮肤，一般应减少洗脸的次数；对于油性皮肤，应适当增加洗脸的次数，防止油污堵塞毛孔。洗脸后，用热毛巾敷 10 分钟，可有效清除油脂，保持皮肤清爽。对于混合性皮肤，每日洗脸的次数以两次为宜。

另外，如果每日盯着电脑，或晚上看过电脑的，临睡前一定要再擦把脸。

# 附录一
# 体检标准值参考

**一般检查：**

| 检查项目 | 参考值 | 检查意义 |
| --- | --- | --- |
| 血压 | 正常：＜140/90mmHg | 休息时非同日 2 次或 2 次以上测血压 ≥140/90mmHg 可诊断为高血压，应到医院进行治疗 |
| 心率 | 60~100 次 / 分 | 过快或过慢均提示可能存在心脏疾病，一般来说，运动员心率偏慢，可在 50~60 次 / 分之间 |
| 体温 | 36℃ ~37℃（腋测法） | 一般来说，早晨体温略低，下午略高，但波动不超过 1℃。运动或进食后体温略高，老年人体温略低，月经前后或妊娠期妇女体温略高 |

血常规检查：

| 检查项目 | 参考值 | 检查意义 |
| --- | --- | --- |
| WBC<br>白细胞 | 成人：（4.0~10.0）× $10^9$/L<br>新生儿：（15.0~20.0）× $10^9$/L<br>6 个 月 ~2 岁：（11.0~12.0）× $10^9$/L | 值↑提示细菌感染、白血病等<br>值↓提示病毒感染、肝硬化、血液系统疾病等 |
| RBC<br>红细胞 | 男性：（4.0~5.5）× $10^{12}$/L<br>女性：（3.5~5.0）× $10^{12}$/L<br>新生儿：（6.0~7.0）× $10^{12}$/L | 值↑可能在烧伤、脱水、多血症中出现，也有可能是正常<br>值↓提示贫血，可在怀孕时发生，也可见于血液系统疾病 |
| Hb<br>血红蛋白 | 男性：120~160g/L<br>女性：110~150g/L<br>新生儿：170~200g/L | 值↑目前较多见<br>值↓提示贫血，可在胃肠疾病、怀孕、营养不良中出现 |
| PLT<br>血小板 | （100~300）× $10^9$/L | 过高或过低应警惕血液系统疾病 |

肝功能检查：

| 检查项目 | 参考值 | 检查意义 |
| --- | --- | --- |
| AST<br>天门冬氨酸氨基转移酶 | 10~40 U/L | 值↑提示肝功能受损，应注意肝脏疾病 |
| ALT<br>丙氨酸氨基转移酶 | 10~40 U/L | |
| T—Bil<br>总胆红素 | 3.4~17.1 umol/L | 值↑可见于多种肝脏疾病，如肝炎、肝硬化、各种原因引起的黄疸等 |
| D—Bil<br>直接胆红素 | 0.0~6.8 umol/L | |
| TP<br>血清总蛋白 | 60.0~80.0g/L | 值↓可作为营养不良的指标，多见于老年人 |
| ALB<br>血清清蛋白 | 40~55g/L | |
| GLO<br>血清球蛋白 | 20.0~30.0g/L | |

**血脂检查：**

| 检查项目 | 参考值 | 检查意义 |
| --- | --- | --- |
| TG<br>三酰甘油<br>（甘油三酯） | 0.56~1.70mmol/L | 值↑提示高脂血症 |
| TC<br>总胆固醇 | 2.86~5.98mmol/L | 值↑提示高胆固醇血症 |
| HDL—C<br>高密度脂蛋白胆固醇 | 0.94~2.00mmol/L | 抗动脉粥拌硬化作用 |
| LDL—C<br>低密度脂蛋白胆固醇 | 2.07~3.12mmol/L | 致动脉粥拌硬化作用值↑提示高脂血症 |

**肾功能检查：**

| 检查项目 | 参考值 | 检查意义 |
| --- | --- | --- |
| BUN<br>尿素氮 | 成人：3.2~7.1mmol/L<br>儿童：1.8~6.5mmol/L | 值↑提示肾功能受损，应注意肾脏疾病；<br>值↓可见于进食少的老年人 |
| Cr<br>肌酐 | 男性：53~106umol/L<br>女性：44~97umol/L | |
| UA<br>尿酸 | 男性：208~428umol/L<br>女性：155~357umol/L<br>儿童：119~327umol/L | 值↑提示高尿酸血症，可引起痛风，也可因肾脏疾病与 BUN、Cr 一起升高 |

**血糖检查：**

| 检查项目 | 参考值 | 检查意义 |
| --- | --- | --- |
| FPG<br>空腹血糖 | 正常：3.9~6.0mmol/L<br>空腹血糖调节受损：<br>6.1~6.9mmol/L<br>糖尿病：≥ 7.0mmol/L | ①糖尿病症状（口渴、多饮、多尿、消瘦）＋任意时间血糖≥ 11.1mmol/L<br>② FPG ≥ 7.0mmol/L<br>③ 2hPG ≥ 11.1mmol/L<br>符合以上三项其中一项即可诊断糖尿病 |
| 2hPG<br>糖耐量实验中2小时血糖 | 正常糖耐量：< 7.7mmol/L<br>糖耐量减低：<br>7.8~11.0mmol/L<br>糖尿病：≥ 11.1mmol/L | |
| 糖化血红蛋白 | 3.8%~5.8% | 反映近3个月内的平均血糖情况 |

电解质检查：

| 检查项目 | 参考值 | 检查意义 |
| --- | --- | --- |
| Na<br>钠 | 135~145mmol/L | 低钠血症多见于水过多、恶性肿瘤、肝硬化晚期、营养不良、年老体衰等情况；高钠血症多见于失水、心衰、肾病、原发性醛固酮增多症等疾病 |
| K<br>钾 | 3.5~5.5mmol/L | 低钾血症多见于摄入不足、使用利尿剂、透析等情况；高钾血症常见于摄入过多、肾衰竭等情况 |
| Cl<br>氯 | 95~105mmol/L | 同血钠 |
| Ca<br>钙 | 2.25~2.58mmol/L | 低钙血症常见于钙摄入不足；高钙血症多见于甲状旁腺疾病 |
| P<br>磷 | 0.97~1.61mmol/L | 高钙血症常见于肾病、尿毒症等 |

**癌症标记物检查：**

| 检查项目 | 参考值 | 检查意义 |
| --- | --- | --- |
| AFP<br>甲胎蛋白 | ＜25μg/L | 在活动性肝炎肝炎、妊娠、生殖腺胚胎瘤时可升高，但若明显升高或持续高水平，应警惕肝癌发生 |
| CEA<br>癌胚抗原 | ＜5μg/L | 通常患有结肠癌、直肠癌、胰腺癌、乳腺癌、胃癌、肺癌时，会升高 |
| CA125<br>癌抗原 125 | ＜3.5 万 U/L | 是卵巢癌的特异性标志物，在输卵管腺癌、子宫内膜癌、宫颈癌、胰腺癌、肠癌、乳腺癌和肺癌患者中也会升高 |
| CA199<br>癌抗原 199 | ＜3.7 万 U/L | 胃肠道肿瘤相关抗原，阳性率以胰腺癌为最高 |
| CA153<br>癌抗原 153<br>（女） | ＜2.5 万 U/L | 乳腺癌的特异性标志物，在肺癌、结肠癌、卵巢癌、肝癌中也可能有升高 |
| PSA<br>前列腺特异抗原 | ＜4.0μg/L | 可见于前列腺肥大，也应警惕前列腺癌的发生 |

甲状腺功能检查:

| 检查项目 | 参考值 | 检查意义 |
| --- | --- | --- |
| T3<br>血三碘甲腺原氨酸 | 1.6~3.0nmol/L | T3↑、T4↑、TSH↓提示甲状腺功能亢进<br>T3↓、T4↓、TSH↑提示甲状腺功能减退 |
| T4<br>血甲状腺素 | 65~155nmol/L | |
| TSH<br>血促甲状腺激素 | 2~10mU/L | |

尿常规检查:

| 检查项目 | 检查意义 |
| --- | --- |
| 白细胞 | 正常均为阴性，若出现阳性结果，建议至医院检查，尽早发现疾病。如尿红细胞可能与结石有关，尿蛋白可能提示早期肾脏疾病 |
| 红细胞 | |
| 尿糖 | |
| 尿蛋白 | |
| 尿胆原 | |

乙肝检查：

| 检查项目 | 参考值 | 检查意义 |
|---|---|---|
| HBsAg<br>乙肝表面抗原 | 阴性 | 阳性表示乙肝携带 |
| HBsAb<br>乙肝表面抗体 | 阴性或阳性 | 阳性表示机体对乙肝有免疫力 |
| HBeAg<br>乙肝 E 抗原 | 阴性 | 病毒复制程度的标志，阳性时表明 HBV 复制活跃，提示传染性大 |
| HBeAb<br>乙肝 E 抗体 | 阴性 | 阳性表示血中有大量病毒存在，是乙肝病毒复制的主要指标 |
| HBcAb<br>乙肝核心抗体 | 阴性 | 阳性表示血中病毒减少，病后进入恢复期，传染性较低 |

临床上常将 HBsAg（+）、HBeAg（+）、HBcAb（+）称为“大三阳”。这类患者病毒复制活跃，传染性强。多见于急性肝炎、慢性肝炎、肝硬化、乙肝潜伏期、无症状乙肝表面抗原携带者。而 HBsAg（+）、HBeAb（+）、HBcAb（+）叫做“小三阳”。这类患者病毒复制已缓解，传染性弱，临床大多表示疾病在好转或恢复。

# 附录二
# 中国公民健康素养——基本知识与技能（试行）

## 中华人民共和国卫生部

### 公 告

2008年 第3号

健康是人全面发展的基础，关系到千家万户的幸福。为界定我国公民健康素养的基本内容，普及现阶段健康生活方式和行为应具备的基本知识和技能，我部组织专家制定了《中国公民健康素养——基本知识与技能（试行）》。现予发布，以促进我国公民健康素养水平的提高。

特此公告。

二〇〇八年一月四日

# 中国公民健康素养

## ——基本知识与技能（试行）

### 一、基本知识和理念

1. 健康不仅仅是没有疾病或虚弱，而是身体、心理和社会适应的完好状态。

2. 每个人都有维护自身和他人健康的责任，健康的生活方式能够维护和促进自身健康。

3. 健康生活方式主要包括合理膳食、适量运动、戒烟限酒、心理平衡4个方面。

4. 劳逸结合，每天保证7～8小时睡眠。

5. 吸烟和被动吸烟会导致癌症、心血管疾病、呼吸系统疾病等多种疾病。

6. 戒烟越早越好，什么时候戒烟都为时不晚。

7. 保健食品不能代替药品。

8. 环境与健康息息相关，保护环境促进健康。

9. 献血助人利已，提倡无偿献血。

10. 成人的正常血压为收缩压低于140毫米汞柱，舒张压低于90毫米汞柱；腋下体温36℃～37℃；平静呼吸16～20次/分；脉搏60～100次/分。

11. 避免不必要的注射和输液，注射时必须做到一人一针一管。

12. 从事有毒有害工种的劳动者享有职业保护的权利。

13. 接种疫苗是预防一些传染病最有效、最经济的措施。

14. 肺结核主要通过病人咳嗽、打喷嚏、大声说话等产生的飞沫传播。

15. 出现咳嗽、咳痰 2 周以上，或痰中带血，应及时检查是否得了肺结核。

16. 坚持正规治疗，绝大部分肺结核病人能够治愈。

17. 艾滋病、乙肝和丙肝通过性接触、血液和母婴三种途径传播，日常生活和工作接触不会传播。

18. 蚊子、苍蝇、老鼠、蟑螂等会传播疾病。

19. 异常肿块、腔肠出血、体重减轻是癌症重要的早期报警信号。

20. 遇到呼吸、心跳骤停的伤病员，可通过人工呼吸和胸外心脏按压急救。

21. 应该重视和维护心理健康，遇到心理问题时应主动寻求帮助。

22. 每个人都应当关爱、帮助、不歧视病残人员。

23. 在流感流行季节前接种流感疫苗可减少患流感的机会或减轻流感的症状。

24. 妥善存放农药和药品等有毒物品，谨防儿童接触。

25. 发生创伤性出血，尤其是大出血时，应立即包扎止血；对骨折的伤员不应轻易搬动。

## 二、健康生活方式与行为

26. 勤洗手、常洗澡，不共用毛巾和洗漱用具。

27. 每天刷牙，饭后漱口。

28. 咳嗽、打喷嚏时遮掩口鼻，不随地吐痰。

29. 不在公共场所吸烟，尊重不吸烟者免于被动吸烟的权利。

30. 少饮酒，不酗酒。

31. 不滥用镇静催眠药和镇痛剂等成瘾性药物。

32. 拒绝毒品。

33. 使用卫生厕所，管理好人畜粪便。

34. 讲究饮水卫生，注意饮水安全。

35. 经常开窗通风。

36. 膳食应以谷类为主,多吃蔬菜水果和薯类,注意荤素搭配。

37. 经常食用奶类、豆类及其制品。

38. 膳食要清淡少盐。

39. 保持正常体重，避免超重与肥胖。

40. 生病后要及时就诊，配合医生治疗，按照医嘱用药。

41. 不滥用抗生素。

42. 饭菜要做熟；生吃蔬菜水果要洗净。

43. 生、熟食品要分开存放和加工。

44. 不吃变质、超过保质期的食品。

45. 妇女怀孕后及时去医院体检，孕期体检至少 5 次，住院分娩。

46. 孩子出生后应尽早开始母乳喂养，6 个月合理添加辅食。

47. 儿童青少年应培养良好的用眼习惯，预防近视的发生和发展。

48. 劳动者要了解工作岗位存在的危害因素，遵守操作规程，注意个人防护，养成良好习惯。

49. 孩子出生后要按照计划免疫程序进行预防接种。

50. 正确使用安全套，可以减少感染艾滋病、性病的危险。

51. 发现病死禽畜要报告，不加工、不食用病死禽畜。

52. 家养犬应接种狂犬病疫苗；人被犬、猫抓伤、咬伤后，应立即冲洗伤口，并尽快注射抗血清和狂犬病疫苗。

53. 在血吸虫病疫区，应尽量避免接触疫水；接触疫水后，应及时预防性服药。

54. 食用合格碘盐，预防碘缺乏病。

55. 每年做一次健康体检。

56. 系安全带（或戴头盔）、不超速、不酒后驾车能有效减少道路交通伤害。

57. 避免儿童接近危险水域，预防溺水。

58. 安全存放农药，依照说明书使用农药。

59. 冬季取暖注意通风，谨防煤气中毒。

**三、基本技能**

60. 需要紧急医疗救助时拨打 120 急救电话。

61. 能看懂食品、药品、化妆品、保健品的标签和说明书。

62. 会测量腋下体温。

63. 会测量脉搏。

64. 会识别常见的危险标识，如高压、易燃、易爆、剧毒、放射性、生物安全等，远离危险物。

65. 抢救触电者时，不直接接触触电者身体，会首先切断电源。

66. 发生火灾时，会隔离烟雾、用湿毛巾捂住口鼻、低姿逃生；会拨打火警电话 119。